인권, 교문을 넘다

학생인권 쟁점탐구

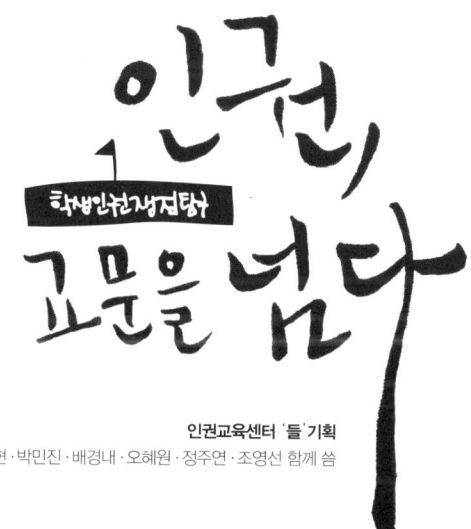

인권, 교문을 넘다
학생인권침해탐사

인권교육센터 '들' 기획
공현·박민진·배경내·오혜원·정주연·조영선 함께 씀

한겨레에듀

추천사 1

학생의 일상 속에서 살아 숨 쉬는 인권을 위해

행복한 학교는 우리 모두가 꿈꾸는 학교입니다. 이 꿈의 실현은 결코 쉽지 않지만 불가능한 일도 아닙니다. 저는 인권 문제와 관련해서 우리가 제일 먼저 넘어야 할, 가장 높은 벽이 우리 모두가 잘못된 관행 속에서 익숙해진 선입견과 편견이 아닐까 생각합니다. 인권이라는 것을 마치 위험한 장난감인 것처럼, 인권이 학생들을 교육하는 데 걸림돌이 되는 것처럼 근거 없이 두려워하거나 오해하고 있지는 않은지 돌아보아야 할 때입니다.

지금 우리 교육에서 가장 커다란 쟁점 중 하나는 학생인권에 관한 문제입니다. 우리나라에서 최초로 법제화되어 공포된 '경기도학생인권조례'는 대한민국의 교육과 사회적 현실에 대한 성찰과 함께 미래교육 방향을 둘러싼 커다란 논란의 기폭제가 되었습니다. 아울러 학생인권 보장의 범위와 방법, 학생인권과 교권의 상관관계, 학생인권 보장이 학생과 학교 문화에 미치는 영향, 나아가 한국 교육이 나아가야 할 목표와 방향에 대한 본질적 질문으로까지 확대되면서 생각과 이해를 달리하는 수많은 사람들이 다양한 매체와 네트워크 등을 통해 현실에 대한 분석과 대안적 논의들을 펼치고 있습니다. 물론, 이 과정이 항상 지성적·민주적 방식의 논의로만 이루어지는 것은 아닙니다만, 저는 한국 사회가 지닌 사회적 지성과 민주적인 역동성을 믿습니다. 학생인권조례와 체벌 금지가 몰고 온 파장 또한, 한층 선진화된 교육 문화와 교육 시스템을 구축해 나가는 과정의 진통이며, 한국 사회는 충분히 그러한 역량과 지성을 가지고 있다고 믿고 있습니다.

이러한 때에, 오랫동안 우리나라 학생인권을 위해 애써 오신 '인권교육센터 들'에서 현장 활동과 교사로서의 경험을 살려 학생인권에 관한 이해를 높이고 새로운 학교 문화를 만들어 갈 수 있는 길을 모색하는 데 도움이 되는 인권교육 책자를 발간하게 된 것은 학생인권에 대한 '의식혁명'을 앞당기는 데 큰 도움이 될 것입니다.

우리나라 많은 학생들이 이 책을 통해서 권리의 주인으로서 인권에 대한 폭넓은 이해를 바탕으로 책임 있게 권리를 행사하고, 모든 인권의 기본이 되는 인간의 존엄성과 상호 존중의 정신을 이해하고 실천하는 힘을 길렀으면 좋겠습니다. 모든 학생들이 법률 문서 속 인권이 아니라 일상생활 속에서 '살아 숨 쉬는 인권'을 이해하는 데도 이 책은 친절한 지침서가 될 것입니다. 나아가, 학생인권에 관한 주요 쟁점들을 사회현상과 연결지어 이해하면서, 학생인권이 학생들만의 문제가 아니라 우리 사회 전체의 인권, 그리고 민주주의 발전과도 밀접하게 연관되어 있음을 이해하게 된다면 더욱 큰 기쁨이 될 것입니다.

시의적절하게 좋은 책을 집필해 주신 필진 여러분과 '인권교육센터 들'의 노력에 존경의 마음을 보냅니다.

김상곤 _경기도 교육감

추천사 2

학생인권을 넘어 인간으로 살아가기

내가 이 책의 저자들을 알게 된 것은, 내가 일하던 전교조 밀양지회에서 이들을 초대해서 인권 연수를 하면서부터이다. 벌써 6년 전의 일이다. 학교는 20년 동안 조금도 달라지지 않았는데 나 자신은 아무것도 하지 않고 있다는 자책감 속에서 많이 괴롭던 시절이었다. 그 강좌에서 나는 적지 않은 것을 배웠고, 나름의 논리를 벼릴 수 있게 되었고, 작게나마 행동할 수 있게 되었다.

그들은 가르치려 들지 않았고, 어떻게 해 보라고 설교하지 않았다. 그들은 우리의 허위와 딜레마를 스스로 찾아낼 수 있도록 도와주었다. 그들은 한 명 한 명이 자신의 이야기를 할 수 있도록 이끌어 주었고, 모조리 귀 기울여 들어 주었다. 그리고, 그들은 명랑했다. 힘든 싸움의 최일선에 서 있는 활동가로서 맥 빠지는 일들, 숨이 턱턱 막히는 일들을 적잖이 겪었을 터인데도 도무지 그늘이 없었다.

그들이 책을 냈다. 추천사를 부탁받고 교정지를 읽어 보았다. 그 6년 동안 나 또한 '열성 팬'이 되어 그들이 기획한 강좌들을 쫓아다니며 토론하고 술 마시며 주고받은 많은 이야기들의 알짬들이 곳곳에 박혀 있었다. 나도 이 책의 한 숨은 저자가 된 듯한 기분마저 들어 적잖게 뿌듯하다.

이 책은 현장에서 몸으로 부딪치며 일구어 낸 오랜 활동의 결과물이므로 탄탄하고 강력하다. 그들은 우리에게 '질문하라'고 권한다. 학생인권은 당연한 것이며, 그러므로 다들 잘 알고 있다고들 믿고 있다. 그런데, 왜 행동하지 않느냐고 물으면 그렇게 해서 바뀌는 것이 아니기 때문이라고 말한다. 그러나 모두 틀렸다. 잘 알지 못하기 때문이다. 알지 못하기 때문에 질문이 없고, 질문이 없으므로 성찰도 행동도 없는 것이다. 우리들의 앎이란 얼마나 허위와 모순에 가득 차 있는 것인지, 불철저한 것인지, 그래서 실은 우리가 아는 것이 얼마나 없는지를 이 책을 읽는 동안 깨닫게 될 것이다.

당연하게도, 이 책이 문제 삼고 있는 것은 학생인권의 범위를 훌쩍 넘어서 있다. 이 책은 폭력과 야만으로 점철된 이 절망적인 사회에서 한 인간으로 살아간다는 것의 의미에 대하여 말하고 있다. 이 책은 그러므로 이 사회에서 인간으로서의 존엄을 다치지 않고 살아가는 일이 얼마나 간단없는 싸움의 과정인지를 보여 주는 파노라마이기도 하다.

고마운 일이다. 누가 있을까 했는데, '들'이 있다. 광야에 서 있지만, 그들은 명랑하다. 그들은 유쾌하게 학생인권을 둘러싼 논리를 펼쳐 놓고 실천을 향하여 나 있는 수많은 거리와 골목들의 지형도를 그려 준다. 그들에게서 배우자. 그리고 행동하자.

이 계 삼 _밀성고등학교 교사

차례

추천사

학생의 일상 속에서 살아 숨 쉬는 인권을 위해 김상곤 **4**

학생인권을 넘어 인간으로 살아가기 이계삼 **6**

1부
학생인권의 봉인을 푸는 질문들 10

2부
학생인권 쟁점 탐구 34

❶ **두발 자유는 머리카락의 자유인가** | 한낱 머리카락에 학교가 그토록 목매는 이유 **36**

❷ **맞을 짓 한 자? 맞아도 되는 자!** | 체벌과 폭력 사이 **64**

❸ **우아한 거짓말과 구차한 양심** | 양심의 자유, 사뿐히 지르밟고 가시더이다! **88**

❹ **접속 금지, 발신 금지** | 휴대전화와 함께 추방되는 것들 **116**

❺ **교복은 메시지다** | 복장 단속, 무엇을 단속하는가? **138**

❻ **도둑맞은 시간과 비어 있는 시간** | 강제 보충과 야자는 누구를 울리나? **158**

❼ **중립이라는 감옥, 정치적 미성숙의 감옥** | 집회의 자유는 학생의 삶을 어떻게 바꿀까? **180**

❽ **사랑은 아무나 하나** | '연애질', 금지된 것을 꿈꾸다 **202**

3부

학생인권 논리 탐구 236

❶ 성숙은 나이와 함께 찾아오는가? | '미성숙의 갑옷'을 벗는다는 것 238

❷ 보호는 안전망인가, 올가미인가? | 청소년 보호주의 넘어서기 250

❸ 학생인권, 학생과 교사의 다툼인가? | 학생인권과 '교권'의 관계 찾기 262

❹ 인권이 살면 규칙이 죽는가? | '법과 규칙이 살아 있는 학교'가 놓친 질문들 273

❺ 탯줄은 몇 살에 끊기나? | 학생인권, 가족과 부모의 벽 넘기 283

❻ 학교는 어떻게 '찌질이'를 만드나? | 학교 안 차별 들여다보기 294

1부

학생인권의 봉인을 푸는 질문들

머리 좀 길러 보겠다는 게, 밥이나 좀 편히 먹자는 게, 재미없는 걸 재미없다고 하는 게, 아파서 아프다고 하는 게 뭐가 그리 문제가 되는 것일까? 무슨 홍길동도 아니고, 당연한 걸 왜 당연하다고 이야기하기 힘든 것일까? 학생인권의 무엇이 호통치는 이들의 똥줄을 타게 만드는 것일까?

학생인권의
봉인을 푸는 질문들

"학생의 인권이 중요하다는 데 이의를 제기할 사람은 없다. 그러나……"로 시작하는 말은 십중팔구 "학생에게는 인권이 없다(제한되어야 한다)"는 말로 끝을 맺는다. 이때 "학생의 인권이 중요하다"는 말은 일장 연설을 시작하기 전 "아아아" 목청을 가다듬는 소리나 다름없는 관용어에 불과하다. 군인의 인권, 죄수의 인권도 이야기되는 시대에 왜 유독 학생의 인권에 대해서는 호통을 치는 이들이 많을까? 머리 좀 길러 보겠다는 게, 밥이나 좀 편히 먹자는 게, 재미없는 걸 재미없다고 하는 게, 아파서 아프다고 하는 게 뭐가 그리 문제가 되는 것일까? 무슨 홍길동도 아니고, 당연한 걸 왜 당연하다고 이야기하기 힘든 것일까? 학생인권의 무엇이 호통치는 이들의 똥줄을 타게 만드는 것일까?

경계를 넘어서는 일은 누군가에겐 유쾌한 도전일지 몰라도 또 다른 누군가의 눈살을 찌푸리게 만든다. 우리 사회에서는 학생인권에 관한 이야기가 대표적인 경우다. 예전 신분제 사회에서 강요됐던 '아랫것들'의 비루한 삶은 지금 '어린것들', '머리에 피도 안 마른 것들'의 비루함으로 이어지고 있다. 그 어린것들이 학교에 들어서는 순간 비루함은 더해진다. 학생은 단지 배우는 과정에 있는 '상태'를 뜻하는 말이 아니다. 학생은 '학생다운 존재'가 되어야 비로소 학생이 된다. 학생답기 위해서는 해야 할 것도 많고 하지 말아야 할 것도 많다. 하고 싶고 할 수 있는 것들은 대개 지워져 버린다. 학생에게 금지된 수많은 것 가운데 하나가 바로 질문을 던지는 일이다. 의문을 갖는 자는 위험하다. 그 의문을 버젓이 드러내는 자는 더더욱 위험하다. 아랫것들은 아랫것의 삶과 신분을 운명으로 받아들여야지, 신분 질서에 의문을 가져서는 안 된다. 주어진 틀이 과연 정당한가라는 질문만큼 바로 그

틀 안에서 이득을 보는 이들에게 위험한 것은 없기 때문이다. 학생이기 이전에 인간이라는 주장, 학생다움보다 더 중요한 것은 인간다움이라는 주장이 뿜어져 나오는 것은 질서를 흔드는 일이다. 거대한 지각변동을 가져올, 봉인을 푸는 주문이다. 그래서 봉인이 다 풀리기 전에 서둘러 주문을 잠재우려는 호각 소리가 유난히 요란할 수밖에 없다. 호각 소리가 워낙 요란하다 보니, 워낙 오랫동안 같은 호각 소리를 듣다 보니 학생들 자신도 자기가 아랫것이 아니라 인간임을 주장하는 데 주저하곤 한다. 예전 아랫것들이 아랫것의 삶을 자연이자 운명으로 받아들였던 것처럼.

그 강고해 보이던 신분 질서도 아랫것들이 던진 질문과 도전에 부딪혀 결국 무너졌듯, 현재 학생이라는 신분 질서에 감히(!) 질문을 던지는 이들에 의해 지금은 당연해 보이는, 너무도 강고해 보이는 질서가 변동을 일으킬 수 있다. 이 질문들은 아주 미묘한 감정을 불러일으킨다. 하찮은 것 같으면서도 뭔가 심오하고, 불쾌한 것 같으면서도 뭔가 유쾌하고, 지끈지끈 머리를 아프게 하는 것 같으면서도 뭔가 머릿속을 환하게 만들어 주는 것 같기도 하다. 그 질문들 속으로 들어가 보자.

교직원 화장실 몰래 쓰는 재미로
학교 다니는 중학생이 던지는 질문

"학생 출입 엄금" 표지판이 달려 있는 교직원 화장실을 몰래 사용하는 재미로 학교에 다니는 중학생이 하나 있다. 학생 화장실은 지저분해서 금방이라도 토할 것 같은데 교직원 화장실에서는 여유롭게 볼일을 볼 수 있단다. 이 친구, 볼일이 끝나면 화장실 문 안쪽에다 메모를 남기고 나오는 것도 잊지 않는다. 감사하다, 죄송하다 따위의 말이 아니다. "우리 학교 교사 수는

80명인데 화장실 개수는 10개! 학생 수는 1천 명 가까운데 화장실 개수는 대체 몇 개일까요?"라는 어려운 질문부터 "3학년 복도 끝 화장실 문고리 고장 난 지 어언 2개월! 안 고쳐지는 이유는 대체 뭐임?" 식의 내용으로 속 편하자고 변기에 앉은 교사들의 속을 불편하게 만드는 메모다. 이 학생의 버르장머리 없는(?) 행동은 중학교 3년을 다니면서 자연스레 찾아온 울분과 깨달음에서 비롯했다. '화장실을 어떻게 사용하는지를 보면 그 사람의 사회적 처지가 보인다!' 똥오줌을 싸는 순간에도 인격을, 존엄성을 보장받을 수 있어야 하는데, 화장실 수준을 보면 그 사람이 어떤 대우를 받는지가 보인다는 얘기다.

정말 그렇다. 몇 해 전, 흔히 '노가다'라 불리는 건설 노동자들이 건설 현장에 제대로 된 화장실을 설치해 달라고 요구한 적이 있었다. 위험하기로는 둘째가라면 서러운 일을 하면서도, 온몸에 골병이 들 정도로 무거운 건축자재를 옮겨야 하는 그들은 화장실에서 자기들의 기막힌 처지를 온몸으로 느꼈다. 문짝도 제대로 달리지 않은 간이 화장실에서 볼일을 보면서 삭였던 울분은 "똥이라도 존엄하게 싸 보자!"는 외침으로 이어졌고 결국 근로기준법이 손질됐다. 공사비 얼마 이상의 건설 현장에는 간이 화장실과 간이식당을 설치해야 한다는 규칙이 마련된 것이다. 2007년 대한민국에서 일어난 일이다. 학생들의 처지는 과연 다른가?

내가 다니고 있는 학교 화장실의 수준은 어떤가? 고장 난 채 내버려진 문짝은 없나? 쉬는 시간 북새통을 이루지는 않나? 볼일을 보기 위해 기다려야 하는 평균 시간은 어느 정도인가? 겨울에 따뜻한 물은 나오나? 휴지와 비누는 갖추어져 있나? 화장실 가는 데도 허락이 필요한가? 점심시간 칫솔을 입에 물고 복도에서 기다려야 하지는 않나? 이보다 더 중요한 질문이 남아 있다. 교사들도, 교장도 비슷한 처지에 놓여 있는가? 그것은 단지 학생 수가 더 많기 때문에 발생하는 일인가, 아니면 학생들에게는 그런 처우가 당연시되기 때문인가? 학생이라는 '아랫것들'이 던지는 첫 번째 질문은 바로 이것이다.

공짜 밥과
두발 자유의 차이

2010년 대한민국을 뜨겁게 달군 이슈 가운데 하나는 '무상급식' 논쟁이었다. 무상급식이란 이전처럼 저소득층에 한해서만 급식비를 지원해 주는 방식이 아니라 의무교육에 해당하는 초·중학생 전체에게 공짜로 급식을 제공하자는 것이다. 6월 2일 지방선거를 앞두고 야당에서 전면 무상급식을 공약으로 내세우자 된다, 안 된다 논쟁이 순식간에 불타올랐다. 여당 쪽에서는 예산이 부족하다, 부자 학생까지 공짜로 먹이자는 거냐, 선거를 앞두고 나온 인기 영합성의 공약이다 등 여러 반론을 내놓으며 비난을 퍼부었다. 그러나 얼마 가지 않아 무상급식은 소속 정당에 관계없이 하나의 대세로 자리 잡기 시작했다. 눈치 빠른 정치인들이 속으로는 무상급식에 쓰이는 돈이 아까워도 대놓고 반대했다간 닦아 놓은 표마저 잃을 수 있는 상황임을 직감했던 것일까? 지방선거와 함께 치러진 전국 16개 시·도 교육감 선거에서도 교육감 후보들이 너도나도 무상급식 공약을 내걸었다. 의무교육이 학교를 다녀야 할 '학생의 의무'가 아니라, 국민에게 학습 기회를 제공해야 할 '국가의 의무'라면 당연히 수업료도 급식비도 무상(공짜)이어야 한다는 데 누구도 대놓고 이의를 제기할 수 없는 상황이 순식간에 찾아왔다.

어떻게 이런 일이 가능해졌을까? 애들 먹는 것 갖고 어른들이 다 퉈서야 되겠나, 밥에 무슨 이념이 있나, 자라는 애들 잘 좀 먹이자는 데 돈이 아깝냐와 같은 말들이 공감을 얻은 덕분도 있을 것이다. 저소득층으로 분류되지는 않았지만 날로 치솟는 생활비와 교육비 때문에 허리가 휘는 서민들이 급식비라도 줄여 보자는 마음이 컸던 덕분도 있을 것이다. 선택적인 급식 지원은 지원받는 학생들에게 심리적 상처를 줄 수 있다는 이야기도 누군가의 심금을 울렸을 것이다. 어쨌거나 무상급식은 어른들이 '애들'에게 좋은 걸 주자는 것이었기에, 실현 시기의 차이는 있었으되 커다란 정서적 저항감 없이 어른들에게 받아들여질 수 있었다.

  '공짜(free) 밥'에 대한 주장이 이토록 빠른 속도로 기성세대의 동의를 얻은 반면, 학생의 '자유(freedom)'에 대한 주장은 여전히 낯설고 위험한 것으로 받아들여진다. 무상급식에는 적극 찬성하는 이들도 두발 자유 주장에는 한발 뒤로 뺀다. 이 차이는 어디에서 비롯한 것일까? 머리 모양을 어떻게 할지 결정할 자유부터 밥을 먹을지 말지 결정할 자유, 치마 길이를 결정할 자유, 귀가 시간을 결정할 자유, 학교 보충수업을 들을지 말지를 결정할 자유, 부모나 교사에게 내 고민을 말할지 말지 결정할 자유, 비밀 이야기나 비밀의 공간을 가질 자유, 학교의 결정에 질문을 던질 자유에 이르기까지, 학생의 자유에 대한 모든 주장은 어설퍼 보이거나 위험해 보이거나 뭔가 불편한 것으로 받아들여진다. 밥은 말이 없지만 학생들은 말이 많기 때문일까? 공짜 밥은 어른들이 허락한 울타리 안에서 아이들을 기르는 방법에 관한 문제인 반면, 자유는 그 울타리가 과연 우리에게 좋은 것인가를 묻기 때문일까? 학생이라는 '아랫것들'이 던지는 두 번째 질문은 바로 이것이다.

무엇이 가려지고
무엇이 들춰지나?

2009년 인기 아이돌 그룹 동방신기 멤버 중 세 명이 소속사와 맺은 계약이 불공정하다며 이의를 제기했을 때, 동방신기 팬클럽은 "그들은 원숭이가 아닙니다"라는 광고를 만들어 신문에 실었다. 이들은 소속사가 강요한 전속 계약의 부당성을 조목조목 짚으면서 동방신기에게 강요되는 굴욕적 조건을 세 가지로 요약했다. 알려고 들지 말라! 주장하지 말라! 답을 기대하지 말라!

놀랍게도, 동방신기 팬클럽은 이탈리아의 대표적 작가로 손꼽히는 프리모 레비가 쓴 《이것이 인간인가》가 다루고 있는 핵심 내용을 동방신기 멤버들이 당하고 있는 원숭이 취급의 본질과 연결시키고 있다. 유대계였던 프리모 레비는 2차대전 말 파시즘에 저항하는 운동에 참여하다 아우슈비츠 수용소에서 노예와 같은 비참한 나날을 보낸 뒤 간신히 살아남은 사람이다. 아우슈비츠에서의 경험을 되짚어 보면서 프리모 레비가 던진 질문은 이러했다. 그토록 많은 이웃들이 어느 날 갑자기 사라져 수용소나 가스실로 보내졌는데도 히틀러 체제는 어떻게 유지될 수 있었나? 사람들은 그 수많은 학살에 대해 세세하게는 아니더라도 알고자 했다면 알 수도 있었을 텐데 왜 몰랐을까? 고민 끝에 그가 찾은 대답은 바로 '알려고 하지 않았기 때문에, 알고 싶지 않았기 때문에 몰랐다'는 것이었다. "히틀러 치하의 독일에는 특별한 불문율이 널리 퍼져 있었다. 아는 사람은 말하지 않고, 모르는 사람은 질문하지 않으며, 질문한 사람에겐 대답을 하지 않는다는 것이었다. 이런 식으로 해서 독일인들은 자신들의 무지를 획득하고 방어했다." 위험해지고 싶지 않았던 독일인들이 획득했던 이 불문율이 오늘날 동방신기 멤버들에게는 소속사에 의해 강요되고 있다는 것이 동방신기 팬클럽의 참으로 놀라운 통찰이다.

그런데 이토록 놀라운 통찰력을 지닌 팬클럽의 성숙한 모습은 왜 사람들에게 잘 알려지지 않을까? 왜 많은 사람들이 여전히 팬클럽을 '빠순이'라며 평가절하할까? 이런 평가절하는 팬클럽 구성원들이 주로 우리 사회에서 별로 사회적 지위가 높지 않은 10대, 20대 여성들로 이루어져 있다는 사실과 아무런 상관이 없을까? 왜 누군가의 성숙함은 이토록 잘 가려지는 반면, 그들이 저지르는 실수는 더 잘 부각되는 것일까? 동방신기 멤버들뿐 아니라 팬클럽 구성원들 또한 원숭이와 다름없는 신세, 인격권과 자기결정권이 없는 신세이기 때문에 이들의 목에 고삐를 건 이들에 의해 쉽게 규정되고 평가절하되고 있는 것은 아닌가?

학교 폭력이라는 말에도 같은 의문을 던질 수 있다. 학교 폭력을 영어로 번역하면 뭐가 될까? Violence in School? Violence by School? 이 말을 처음 듣는 사람이라면 당연히 학교에서 일어나는 폭력 아니면 학교가 저지르는 폭력을 뜻한다고 생각할 것이다. 그런데 우리 사회에서 이 말은 오직 학생들 사이에 일어난 폭력, 곧 가해자도 피해자도 학생인 경우의 폭력을 의미하는 말로 제한적으로 사용된다. 왜 이런 일이 일어날까? 왕따, '빵 셔틀', 졸업식 알몸 뒷풀이, 집단 구타, 집단 성폭행 등 학생들 사이에서 일어나는 일들이 폭력이 아니라는 말이 아니다. 그렇지만 유독 학생들이 가해자인 폭력만 혀를 찰 일이 되고 카메라 세례를 받고 특별법을 제정해야 할 대상이 되는 것은 뭔가 석연치 않다. 똑같은 일을 학교장의 명령이나 교사의 지시로 하면 '교육'이 된다. 교사에 의해 왕따가 되는 학생, 교사의 잔심부름을 도맡아 하는 학생, 국가 행사를 위해 행사장 청소에 동원되는 학생, 교문 지도와 얼차려 등에 의문을 제기하는 이들은 많지 않다. 교사의 체벌은 폭력이 아니라 여전히 '사랑의 매', '어쩔 수 없는 교육 수단'으로 옹호되고, 이를 명백히 금지하는 법률조차 없다. 같은 행위를 했음에도 왜 어떤 사람의 행위는 세세히 들춰지고 지탄을 받는 반면, 왜 다른 사람의 행위는 당연한 일상사로 여겨지고 폭력으로 분류되지도 않는가? 이런 조건 자체가 불공평하다는 생각을 드러내는 일에 왜 용기가 필요하단 말인가. 체벌은 학생이 잘못을 해서 일어나는 일인가, 아니면 학생이 때려도 되는 존재로 분류되어 있기 때문에 일어나는 일인가? 사랑이나 교육이란 가면 뒤에 숨는 것은 권력의 위선일 뿐이라는 생각은 왜 발칙한, 아니 몹쓸 생각 취급을 받아야 하는가? 학생이라는 '아랫것들'이 던지는 세 번째 질문은 바로 이것이다.

      던져진 질문에 대한 답을 찾기 위해서는 먼저 두 개의 관문을 통과해야 한다. 하나는 학교란 어떤 공간인지를 살펴보는 관문이고, 또 다른 하나는 '어린것들'이 '아랫것들'로 대접받는 이 현실이 과연 정당한가를 살펴보는 관문이다. 두 관문을 통과하고 나면 답을 찾을 수 있을까? 그럴 수도 있고 아닐 수도 있다. 이 책을 다 읽고 나서도 각자가 찾은 대답은 다를 수 있다. 다만, 여기서는 이 두 가지 관문을 통과하는 것이 왜 필요한지를 짚어 보자.

마침내 그날이 왔다, 제기랄!

프랑스에는 새해가 오는 것에 반대하는 '새해반대전선(포나콩, Fonacon)'이란 이색 단체가 있다. 이 단체는 "시간이 흐른다는 건 지구와 우리가 무덤으로 한 발짝 더 가까이 다가간다는 뜻"이라며 그런데도 이 비극을 기뻐할 이유가 어디에 있느냐고 묻는다. 나이 든다는 것에 대한 철학적 질문에다 환경오염으로 몸살을 앓는 현재 지구의 모습에 대한 정치적 문제제기까지 섞여 있는 심오한 물음이다. 아무리 거부해도 시간의 화살을 거꾸로 돌릴 수는 없는 일이고 달력을 버린다 해도 새해는 기어이 오고야 말 테지만, 이 황당무계한 '새해 반대 시위'는 사람들로 하여금 현재 세계가 당면한 문제들을 돌아보게 만드는 계기를 만들었다.

"새해가 오면 무덤에 다가가는 것이 가까워질 뿐"이라며 프랑스의 '새해반대전선(포나콩, Fonacon)'이란 이색 단체가 벌인 시위

이와 비슷하게 한국에서는 '개학 반대 시위'가 있었다. 몇몇 학생들이 자기가 사는 지역 교육청 앞에서 개학 반대 1인 시위를 벌인 것이다. 학교에 가봤자 또다시 숨이 턱턱 차오를 정도로 내달려야 할 테고 사람 취급도 받지 못할 텐데, 이런 상태에서 왜 학교에 가야 하느냐는 질문을 던진 것이다. 아무리 거부해도 개학 날은 기어이 오고 학교에 가지 않는다면 결석 처리 될 뿐이었지만, 이 부질없는 '개학 반대 시위'는 오늘날 학교 현실을 돌아보게 만드는 계기를 제공했다.

2010년 2월에는 또 다른 학생들이 졸업식장 앞에서 두부를 먹는 퍼포먼스를 선보였다. 감옥 같은 학교를 졸업해서 비로소 출소, 아니 탈출

했으니 두부를 먹는다는 것이었다. 대한민국에 그토록 많은 학생이 있고 그토록 많은 학교가 있는데, 왜 어서 내일이 왔으면 좋겠다며 밤잠을 뒤척이게 만드는 학교는 없는 것일까? 학교와 가장 비슷한 공간을 물어보면 왜 늘 감옥이 1순위를 차지하는 것일까? 교복을 입고 등교하는 일이 왜 죄수복을 입고 감옥에 들어가는 일처럼 여겨질까? '안습닷컴'이라는 사이트에 게시된 한 누리꾼의 풍자처럼, 개학은 왜 '중·고생 최후의 날'이 되어야 하는 것일까?

학생들이 숨 막혀 하는 것은 단지 입시 스트레스 때문만은 아닐 것이다. 공부에 대한 부담, 등급이 매겨질 때의 비참함, 미래에 대한 불안 이외에 학생들의 마음을 헤집는 칼날은 없을까? 시인이자 영화감독인 유하는 학교가 남긴 내면의 흉터를 시로 토해 냈다. 유하의 시에는 '아랫것들'이 감히 인권을 이야기하는 이유가 잘 드러나 있다.

2007년, 한국의 한 초등학생이 '개학 반대' 1인 시위를 벌이고 있다.

학교에서 배운 것

유하

인생의 일할을
나는 학교에서 배웠지
아마 그랬을 거야
매 맞고 침묵하는 법과
시기와 질투를 키우는 법
그리고 타인과 나를 끊임없이 비교하는 법과
경멸하는 자를
짐짓 존경하는 법
그중에서 내가 살아가는 데
가장 도움을 준 것은
그런 많은 법들 앞에 내 상상력을
최대한 굴복시키는 법

아직 사람이 아니다!

우리 사회에서 청소년은 '나이가 어린 사람'이 아니다. '덜된 사람', '사람이 되어 가는 존재'로 취급된다. 청소년은 미숙하다. 그래서 하지 말아야 할 것들을 미리 정해 주어야 한다. 청소년은 판단력이 부족하다. 잘못된 판단을 막기 위해서는 사전에 어른들의 '허락'을 구하도록 해야 한다. 청소년은 충동적이다. 그래서 휩쓸리지 않도록 보호하고 '지시'해야 한다. 국민의 20%를 차지하는 청소년을 바라보는 기본 관점이 이런 식이다. 그렇기 때문에 아직 사람이 아닌 청소년에게 인권을 제한하는 것은 당연한 일이 된다. 특히나 학생으로서 본분을 다해야 할 청소년에게 자유와 권리는 불필요하거나 위험한 것이 된다.

그런데 모든 사회에서 청소년이 이런 대접을 받고 있을까? 청소년이 나이가 어리다는 이유로 구속당하는 일은 세계 어느 나라에서나 있는 일이다. 그러나 그 정도는 다르다. 프랑스에서는 초등학생들로 구성된 어린이 의회를 두고, 어린이들이 직접 만든 법률안 가운데 가장 많은 지지표를 얻은 법률안은 지역구 의원의 발의를 거쳐 국회에 제출한다. 이렇게 어린이 의회를 통해 제정된 법률이 지금까지 4개에 이른다. 그 반면에, 한국에서는 청소년들이 학교에 제출하는 소박한 건의들마저도 휴지통으로 직행한다. 대통령 직속으로 설치됐다는 대한민국청소년특별회의를 비롯해 여러 지방자치단체에 설치돼 있는 청소년 참여 기구들 역시 장식물 취급을 당하고 있다. 유럽의 많은 나라들이 열일곱이나 열여덟 살이 되면 대통령과 국회의원을 뽑는 과정에 투표권을 행사할 수 있도록 하는 반면에, 한국에서는 학교 운영에도 참여할 수 없고 교육감을 뽑는 선거에도 참여하지 못한다. 스페인에 있는 벤포스타 공동체에선 청소년이 시장직을 수행하고 수업료를 받으며 공부를 한다. 공부는 공동체에 대한 기여라고 생각하기 때문이다. 반면에, 한국에서는 돈 없으면 공부도 못 한다. 이런 차이는 대체 어디에서 비롯한 것일까? 같은 또래임에도 다른 삶을 살고 있는 걸 보면, 문제의 뿌리가 나이가 아니라 청소년을 대하는 그 사회의 태도에 있음은 분명하다. 우리와 다른 태도를 선택한 나라에선 무슨 일이 있었던 것일까?

돌이켜 보면 인권의 역사에는 '사람이 아닌 존재'들의 끊임없는 도전과 저항이 있었다. 오래전 여성들은 남편의 '재산'이었기에 인권이 부정됐다. 노예는 거룩하신 주인님의 '말귀를 알아듣는 가축'이었기에 인권이 부정됐다. 조선 사람은 대일본제국의 지배를 받아야 할 '야만인'들이었기에 인권이 부정됐다. 장애인은 '쓸모없는 존재'였기에 수용됐다. 그리고 그들은 오랜 저항과 도전 끝에 '사람 이하'에서 '사람'으로서 지위를 획득했다. 완전히 동등한 지위는 아닐지라도 사람 취급은 받는다. 하지만 여전히 청소년은 사람 이하까지는 아니더라도 '사람이 덜된 존재'로 취급받는다. 한국보다 앞서 청소년의 사회적 지위가 높아진 사회는 청소년들이 직접 나서 "우리는 누구의 소유물도 아니고 덜된 사람도 아니다. 우리도 사람이다!"를 외쳤기에 다른 선택의 길이 열렸다. 청소년을 잘 돌보는 것도 중요하지만, 무엇이 좋은 돌봄인지를 결정할 때 그들의 의견을 존중해야 한다는 원칙은 국제적 기준으로까지 올라섰다. 그리고 지금 그 외침은 뒤늦게 대한민국을 울리고 있다.

2008년 12월 청소년인권활동가네트워크는 "나이가 적다고 누리지 말아야 할 인권은 없다!"는 아주 당돌한(?) 주장을 내놓았다. 청소년인권활동가네트워크가 전국 방방곡곡 청소년들의 의견을 모아 직접 쓴 〈2008 청소년 인권선언〉은 청소년을 바라보는 우리 사회의 관점에 근본적인 질문을 던진다. '미성년자'라는 말 자체가 사전에서 사라져야 할 차별적인 말이 아닌가? 나이가 좀 많다는 이유로 곧장 반말을 하거나 함부로 대하는 것이야말로 인간에 대한 예의에 어긋나는 것 아닌가? "왜 때려요?" 나 "왜 맞아야 해요?"라는 말이 예의나 학생의 본분이라는 말로 공격당하는 건 불공평하지 않나? 부모는 선택할 수 없다 하더라도 누가 내 마음을 가장 잘 알아주는지, 누가 내 의견을 지지해 줄 만한 사람인지, 특히 교장이나 교육감 정도는 선택할 권리가 있어야 하는 것 아닌가? 학생들의 목소리는 왜 좋게 말하면 재잘거리는 새소리 정도이고 나쁘게 말하면 고장 난 스피커 음향 정도로만 취급될 뿐, 학교를 술렁거리게 만드는 의미 있는 언어가 되지 못하나? 이와 같은 질문들이 봉쇄된 사회는 과연 정의로운 사회인가? 만약 이런 질문들이 불편하게 느껴진다면, 그건 질문이 잘못되었기 때문이 아니라 그런 질문 자체가 학생들에게 금지되어 왔기 때문은 아닌가?

주연배우와
행인1 만큼의 거리

2009년 경기도 교육청이 학생인권을 지방자치법규인 조례를 통해 보장하겠다며 학생인권조례 초안을 발표하자 갖가지 우려가 쏟아져 나왔다. 전국 최초로 경기도 학생인권조례가 제정, 공포된 지금까지도 그 우려는 가라앉지 않고 있다. 여전히 많은 이들이 권리의 남용을 우려하고 교육 현장의 질서가 무너질까 염려하지만, 정작 진짜로 염려해야 할 것들은 본무대에 오르지조차 못한다. 학생인권의 부작용을 우려하는 목소리는 스타급 주연배우의 지위를 차지하지만, 설령 약간의 부작용이 있을지라도 이제 막 등교를 시작한 인권을 퇴학시켜서는 안 된다는 목소리는 행인 1 정도의 초라한 행색을 하고 있다.

많은 학부모들이 보충수업과 야간자율학습을 자유롭게 선택하도록 하면 사교육비가 늘어나지 않을까 걱정한다. 그러나 학교가 끝난 이후에도 학원과 피시(PC)방 외에는 갈 곳이 없는 황량한 청춘들을 걱정하는 사람은 드물다. 입시 경쟁이 강화되면 학생들이 밥 먹을 시간, 잠잘 시간조차 없게 되는 것은 아닌가 걱정해 주는 사람은 그나마 많다. 그러나 정작 아무의 지시나 통제도 받지 않은 채 무얼 하며 보낼지 스스로 결정할 수 있는 '비어 있는 시간'이 사라진 현실에 대해 걱정하는 이는 드물다. 많은 사람들이 체벌이 사라지면 교사가 일부 학생의 폭력적 행동을 제지할 수 없을까 봐 걱정한다. 그러나 스스로 또는 주위 사람의 힘을 모아 폭력을 제압할 생각은 하지 못한 채 다만 선량한 독재자가 나타나 주기만을 기다리는 학생들의 태도에 대해서는 걱정하지 않는다. 많은 사람들이 학교 안에서 집회의 자유를 보장하면 학교가 시끄러워질까 봐 걱정한다. 그러나 '학교는 어차피 변하지 않는다'는 무기력과 체념이 앞으로 학생들의 삶에 미칠 영향은 생각하지 않는다. 많은 사람들이 사상·양심의 자유를 보장하면 학생들이 정치에 휩쓸릴까 걱정한다. 그러나 '중립'을 가장하면서 아무런 판단도 하지 않는 데 너무도 익숙해진 학생들, 그래서 학교가 공식 허락한 생각만이 독점하고 있는 현실에 대해 걱정하는 이는 드물다. 많은 사람들이 잘못을 저질러 놓고도 책임지거나 반성하지 않는 학생들을 걱정한다. 그러나 반성하는 척하거나 친구를 고발하고 벌점을 면제받는 제도가 무엇을 가르치고 있는지에 대해서는 걱정하지 않는다.

학생인권을 생각한다는 것은 이처럼 많은 질문을 이끌고 다닌다. 사실, 무대에 반짝 출연도 하지 못한 걱정들이야말로 우리가 정말 관심을 기울여야 할 과제가 아닌지 질문해야 한다. 그렇기에 학생 인권은 지금과는 다른 학교의 풍경을 만들어 내는 열쇠가 될 수 있다.

학생인권 부적과 시험 대박 부적 중
어느 것을 고를 테냐?

학생인권에 대해 가장 주저하는 이는 학생들 자신인지 모른다. 인권을 존중하다 보면 교실이 개판 된다, 노는 애들이 분위기를 흐리게 만든다는 우려가 학생들 입에서 흘러나온다. 그 정도까지는 아니더라도 인권을 찾다 보면 공부에서 멀어질 것 같다. 〈정글고〉라는 만화에 등장하는 교장 선생님의 말마따나, '학생인권 부적'과 '시험 대박 부적' 중 하나만 고르라면 많은 학생들이 시험 대박 부적을 고를 것이다. 그러나 정말 양자택일의 문제일까? 두발 규제도 없고, 체벌은 상상도 못 하고 오후 2, 3시면 수업이 끝나는 핀란드의 학생들이 OECD(경제협력개발기구) 국가들을 대상으로 한 국제학력조사(PISA)에서 1위를 차지한 비밀은 무엇일까? 인권을 존중하면서도 재미있게 공부할 수 있다는 얘기이다. 반면, 같은 조사에서 한국 학생들은 종합 2위를 차지했지만, 학생의 흥미도는 17위, 학생의 자아개념은 19위에 불과했다. 성적은 높지만 흥미는 낮고, 앞으로 어떤 사람이 될 것인지, 공부를 왜 하는지에 대한 자기만의 생각은 부족하다는 얘기다.

남의 나라 일은 꿈같은 얘기이고 한국의 학교가 바뀌지 않는 한 버텨야 한다는 심정으로 학교생활을 견디는 학생들도 많다. 졸업한 후에나 인권을 찾으면 된다는 생각으로 끊임없이 현재를 유예한다. 그러나 고등학교를 졸업한다고 확 달라진 세상이 열릴까? 초·중·고를 거치는 동안 몸에 밴 습관과 사고방식은 쉬 바뀌지 않는다. 자기 인권을 맡겨둔 전당포의 위치는 아무리 비싼 내비게이션을 장착한다 해도 찾기 힘들다. '우리는 맞아야 사람 된다'고 생각하는 학생들을 종종 볼 수 있다. 심리학에서는 이와 유사한 상태를 '학습된 무기력'이라 부른다. 남편의 폭력에 시달려 온 아내는 남편이 때리는 이유를 자기에게서 찾는다. 주인의 채찍질에 시달려 온 노예도 채찍질의 이유를 자기에게서 찾는다. 폭력 그 자체, 때리는 자에게 폭력을 휘두를 수 있는 힘을 부여한 질서는 탓하지 않는다. 학교에서 학습된 무기력은 이렇게 인생 전체를 지배할 수 있다.

우리 학교에는 별일 없다, 우리 학교 선생님들은 괜찮다며 내 문제가 아니라고 생각하는 것은 괜찮을까? 올해 만난 담임이 괜찮은 사람이고, 올해 배정된 학교가 좋다는 우연에만 기댄 채 살아가야 할까? 가정폭력방지법은 모든 남편이 아내를 때리기 때문에 만들어진 것이 아니다. 사랑으로 만나 결혼했고 지금도 서로 존중하며 살아가는 부부에게도 이 법은 영향을 미친다. 부부간에도 지켜야 할 도리가 있고 아무리 상대에게 화가 나도 넘어서는 안 될 선이 있음을 알려 주기 때문이다. 이렇게 두 사람이 선택해서 이룬 가족 안에서도 행여나 있을 수 있는 강자의 약자에 대한 폭력을 예방하는 체계가 갖춰져 있다. 반면, 학생들은 학교를 선택하지도 못하는데 주어진 학교 안에서 '행운'만을 기대할 수 있을 뿐이다. 매일 위험천만한 도로를 간신히 건너 '휴, 오늘도 살아남아 다행이다'라며 가슴을 쓸어내려야 한다면, 폭주하는 차를 통제하거나 도로 설계를 뜯어고쳐야 하지 않을까? 내가 순발력이 뛰어나고 뜀박질을 잘한다고 해서 어린아이나 노인이 위험하게 도로를 건너는 모습을 놔둬도 괜찮은 걸까? 나의 현재 상태, 나의 만족도와 상관없이 학생인권을 함께 고민해야 할 이유이다.

"무서워요"에서
"우리가 무섭지 않은가"로!

인권은 사실 시끄럽다. 누군가는 나는 괜찮지 않다고, 왜 그래야 하냐고 끊임없이 질문하고, 그 질문이 불편한 누군가는 불쾌함을 드러내고 윽박지르는 풍경이 곧잘 연출된다. 조회 시간 교장 선생님만 마이크를 쥐고 있을 때 운동장은 숨죽인 듯 고요하다. 누군가에게만 권리가 독점되어 있다면 소란은 없다. 인권이 보장되는 순간, 사람들은 입을 열기 시작하고 그래서 소란스러워진다. 그렇다고 인권이 괜한 갈등을 만들어 내는 것은 아니다. 묻혀 있던 갈등이 비로소 드러나기 때문에 소란스러워지는 것이다. 이 소란을 거쳐야 갈등의 뿌리를 없앨 수 있다.

소란을 일으키는 데 주저하지 않는 학생들이 늘어나는 건 그만큼 변화가 앞당겨지고 있다는 얘기다. 2008년 광우병 위험 미국산 쇠고기가 수입된다고 했을 때 중·고등학생들이 거리로 쏟아져 나와 "살고 싶어 나왔다!"고 외쳤다. '대통령이나 공무원들이 알아서 해 주겠지!'라는 순진한 생각에 머물러 있지 않았다. 처음에는 "죽는 게 무서워요!"라고 말하던 학생들은 꼼짝도 하지 않는 정부에 이렇게 외쳤다. "우리가 무섭지 않은가?" 인터넷에서 대통령 탄핵 소환을 처음 제안해 100만 명이 넘는 서명을 이끌어 낸 이도 열일곱 살 학생이었다. 결국 미국과 재협상이 이루어지고 수입 쇠고기 검역이 강화됐다.

2010년 10월, '노량진녀'라 불리는 한 예비 교사의 이야기가 화제가 된 적 있다. 그녀는 "이주호 장관님 데이트 신청"이라고 쓴 분홍색 피켓을 들고 정부청사 앞에서 1인 시위를 벌인 끝에 결국 교육과학기술부 장관을 면담하게 됐다. 시험을 코앞에 두고서야 과목별 교사 채용 규모를 발표하는 행태 때문에 교사 임용시험을 준비하는 이들이 큰 혼란을 겪고 있다며, 최소한 연초에는 채용 규모를 발표해 달라는 것이 그녀의 요청이었다. 장관은 제도 개선을 약속했다. 임용고사를 준비하던 이들도, 소식을 접한 누리꾼들도 열광했다. 이 이야기가 아름다운 결말을 맺을 수 있었던 것은 장관 앞에 던져진 제안이 껄껄 웃으며 받아들여 줄 만한 것이었기 때문이다.

2008년, 광우병 위험 미국산 쇠고기의 수입을 반대하는 집회에 참여한 청소년들의 함성

　그리고 사뭇 아름다워 보이는 이 이야기에서 가장 큰 이득을 챙긴 사람은 바로 교과부 장관이었다. 장관은 아무것도 손해 보지 않았고 양보하지도 않았다. 선발 교사 수를 앞당겨 발표하면 그뿐, 교사 정원을 늘리라는 것도 아니니 재정 부담을 떠안을 필요도 없었다. 합리적 제안은 수용하는 장관이라는 정치적 이미지도 챙겼다. 일방적으로 발표되는 과목별 채용 규모에 맞춰 메뚜기 뛰듯 시험 준비를 해야 하는 예비 교사들의 신세는 그대로다.
　정부청사 앞에 모여 교사 채용 정원을 늘려야 한다고 목청을 높였던 사람들의 목소리에는 수용할 수 없는 '비합리적 요구'라는 이미지가 덧씌워졌다.
　그렇다면 "학생도 사람이다!", "학생이라고 누리지 못할 권리는 없다!", "학생인권을 보장하는 시스템을 마련하라!"는 주장은 애교 섞인 부탁과 매달림으로 받아들여질 수 있을까? 그렇지 않다고 생각하는 학생들이 갈수록 늘어나고 있다. 어른들의 발밑에서 꼬리를 흔들며 간청하는 일 따위는 하지 않겠다는 학생들이 늘어나고 있다. "바꿔 주지 않을 테야? 그럼 우리가 바꿀 테다"라고 이야기할 때 비로소 약간의 변화라도 일어난다고 생각하는 이들이 늘고 있다. 자기도 똑같은 사람임을, 인권의 주인임을 선언하고 곧장 동등한 듯이 행동하는 이들이 늘고 있다. 너무 오래 기다려도 오지 않는 정의는 결코 오지 않을 정의임을 아는 이들이 늘고 있다. 아무리 오래 기다려도 버스가 오지 않는다면, 기다림을 멈추고 버스를 찾아 나서야 한다는 걸 아는 이들이 늘고 있다.

그렇다면 이들이 원하는 변화는 이루어질 수 있을까? 확실하지 않다. 그러나 이것만은 확실하다. '나중에 그곳에서(later and there)'라는 주술이 아무리 강력하더라도 '지금 이곳에서(now and here)' 사람으로 대접받고 싶은 학생들의 출현을 막을 수는 없다는 사실이다. 역사는 자유가 확대되는 방향으로 움직여 왔다. 학생인권도 이미 돌이킬 수 없는 시대의 흐름으로 자리 잡고 있고, 갈수록 더 많은 학생과 시민들이 "학생인권 보장은 선택이 아니라 필수"라는 목소리에 동참하게 될 것이다. 경기도를 시작으로 지방자치법인 학생인권조례를 만들어 학생인권 수준을 높이자는 흐름이 확산되고 있고, 학생이라는 이유로 모욕당하는 일은 더 이상 참을 수 없다는 생각도 퍼져 나가고 있다. 학생인권을 밀봉했던 상자의 봉인은 이미 풀어졌다. 그 상자 안에는 얼마나 많은 이야기들이 숨어 있을까? 이 책에서는 그 상자 안을 구석구석 들여다보기로 한다.

2부

학생인권 쟁점 탐구

체벌의 대안은 '체벌을 없애는 것'밖에 없다. 교사가 학생에게 공부든 생활 태도든 뭔가를 강제하기 위해 체벌을 유지해 왔다면, 서로를 강제하지 않으면서 배우고 가르칠 수 있는 관계와 조건을 만든다면 굳이 체벌을 할 필요가 없을 것이다. 결국 체벌 없는 학교를 꿈꾼다는 것은 학생과 교사가, 학생과 학생이 서로 존중하면서 배움의 기쁨을 일구어 나가는 학교를 만들자는 것이다. 그 꿈이 그토록 비현실적이고 거창한 것인가?

① 두발 자유는 머리카락의 자유인가
한낱 머리카락에 학교가 그토록 목매는 이유

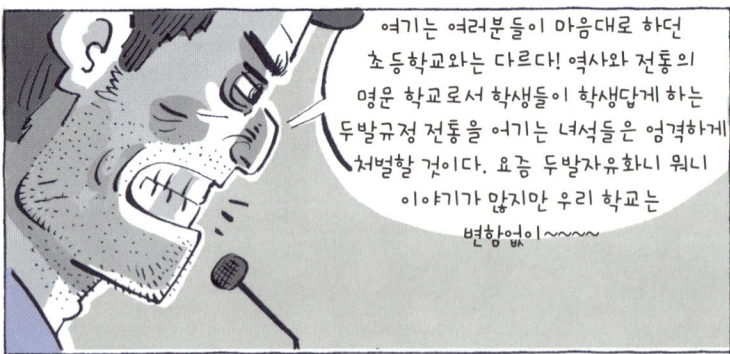

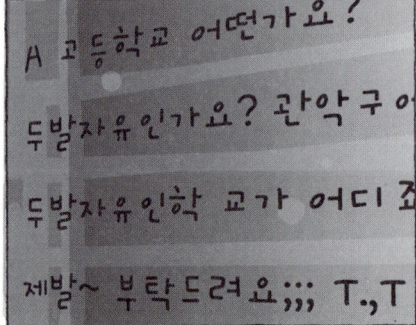

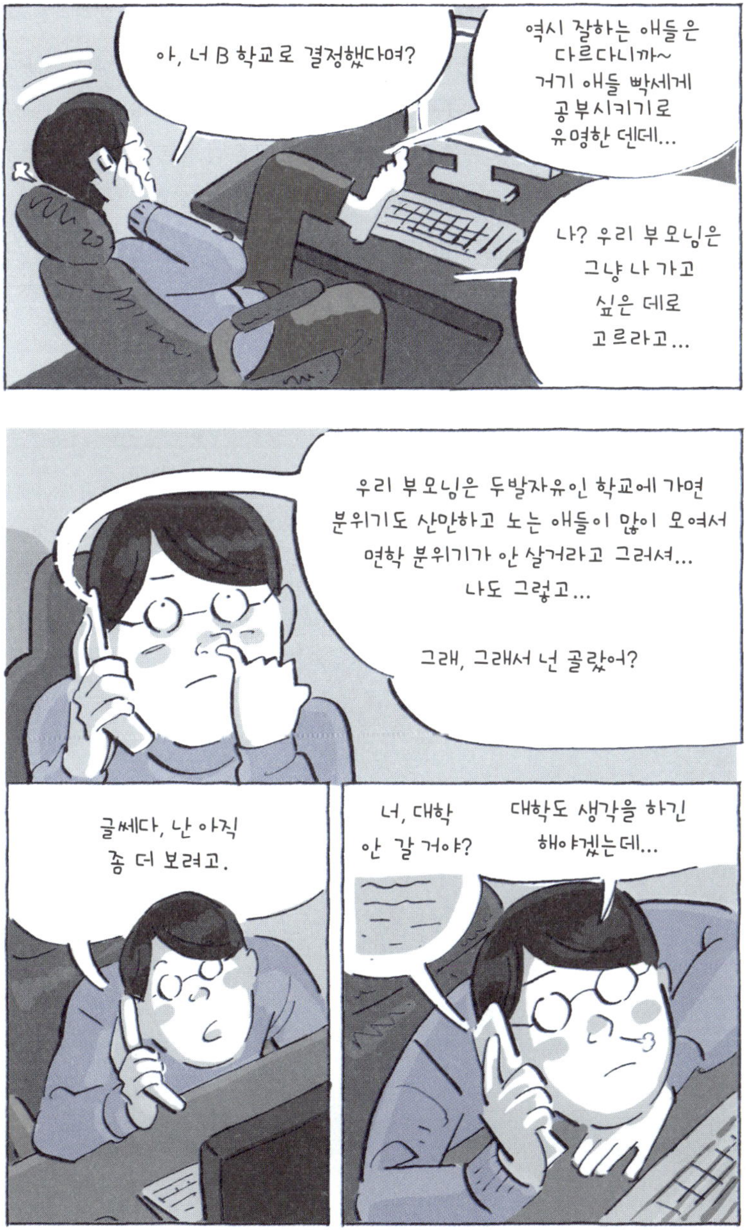

학생들의 힘으로 두발 규정을 바꿔요!

학생 여러분, 행복시 교육청에서 학생인권 보장을 위해 두발 규정을 정하라는 지침을 학교에 내려보냈다고 합니다. 학생들의 의견을 꼭 반영해야 한다는 지시도 있었다고 하고요. 우리에게 드디어 학교 두발 규정을 바꿀 기회가 찾아왔습니다! 여러분도 잘 아시다시피, 표 왼쪽 칸에 적혀 있는 것이 우리 학교의 두발 규정입니다. 완전 안습이죠. 여러분은 두발 규정을 어떻게 바꾸고 싶나요?
그 이유는 무엇인가요? 오른쪽 빈칸을 채워 주세요.

	현재 두발 규정	내가 원하는 두발 규정
남학생 앞머리, 옆머리	앞머리는 눈썹에 닿지 않도록, 옆머리는 귀에 닿지 않도록 함	
남학생 뒷머리	목 덮으면 잘라야 함	
여학생 머리	머리끝은 무조건 일자로, 어깨선 넘으면 묶어야 함	
파마, 염색	금지	

오른쪽 칸에는 어떤 내용이 채워졌나? 실제 서울미술고등학교에서는 2005년 학생들의 의견을 반영해 두발 규정을 개정했다. 학생들에게 두발 규정 개정을 맡겨 '두발 자율화'를 이루어 냈다고 언론에 몇 차례 소개되면서 유명해진 사례다. 서울미술고 학생들이 바꾼 규정에 만족하는가? 두발 규제를 완전히 없앨 수 있는 절호의 기회가 찾아왔는데도 서울미술고 학생들은 왜 규제 완화를 선택했을까? 학생 두발을 둘러싸고 무슨 일이 벌어지고 있는 것일까?

서울미술고등학교 학생생활규정 변화

	바뀌기 전	바뀐 뒤
남학생 앞머리, 옆머리	귀 꼭 노출	귀 반 길이까지 허용
남학생 뒷머리	목 덮으면 잘라야	옷깃 끝까지 허용
여학생 머리	머리끝을 반드시 일자로, 어깨선 넘으면 묶어야	자유화
치마 길이	무릎선 밑까지 내려와야	무릎선 위 5cm까지
사제품 착용	학교 지정 카디건만 인정	후드 티셔츠 허용
변형된 교복	금지	어느 정도 허용
신발	지나친 원색, 고광택 신발 및 에나멜 구두 금지	허용
양말	하복 입을 때 흰색 양말만 허용	다양한 색 허용
파마·염색	금지	심한 파마 아니면 허용
화장·매니큐어	금지	기초 화장, 반투명 매니큐어 허용
귀고리	절대 불허	작은 귀고리 허용

꼭꼭 숨어라
머리카락 보일라

일본의 어느 시골 마을. 이 마을에 사는 남자아이들은 모두 요시노 아줌마네 이발관에서 관습에 따른 바가지 머리를 해야만 한다. 그러던 어느 날 바가지 머리가 아닌 것은 물론 염색까지 한 아이가 전학 온다. 전학 온 아이는 자기 머리까지 바가지 머리로 만들려는 마을 사람들에 맞서 헤어스타일의 자유는 표현의 자유라고 주장한다. 전학 온 아이의 행동에 영감을 받은 다른 아이들도 바가지 머리만 해야 하는 관습에 저항하는 유쾌한 소동이 시작된다. 오기가미 나오코 감독이 만든 일본 영화 〈요시노 이발관〉의 줄거리다. 〈요시노 이발관〉은 낡은 관습에 대한 문제의식을 기발한 소재로 풀어낸 영화라고 격찬받았지만, 한국 사람들이 보기에 이 '기발한 소재'는 '평범한 일상'이다. 한국의 중·고등학교에서는 흔하고 흔한 풍경이다.

오기가미 나오코 감독의 〈요시노 이발관〉, 바가지 머리만 해야 하는 관습에 저항하는 청소년들이 등장한다.

학교마다 지역마다 약간씩 차이는 있다 해도 두발 규제가 없는 중·고등학교는 찾아보기 힘들다. 초등학교를 졸업하고 중학교에 입학하면서 가장 신경 쓰는 일이 학교 규정에 맞춰 머리를 자르고 파마를 풀고 염색을 지우는 일이다. 방학을 마치고 개학한 뒤 학교에서 가장 신경을 곤두세우는 일도 두발 단속이다. 규정을 어긴 학생을 잡으려는 교사와 피하려는 학생 사이의 숨바꼭질이 숨 가쁘게 펼쳐진다. 교문 지도를 피하기 위해 새벽같이 등교하거나 아예 1교시 수업 종이 친 다음에야 교문을 들어서는 학생도 있다. 아침 교문 지도는 간신히 피했다 해도 촘촘히 이어지는 단속을 피하기는 쉽지 않다. 원래 머리카락 색깔이 갈색인 학생과 염색한 학생을 구별하기 위해 '자연머리 확인증'까지 발급하며 공정한 단속에 최선을 다하는 학교가 있는가 하면, 아예 학교 안에 미용실을 설치해 단속에 걸린 학생들의 머리카락을 친절하게 잘라 주는 학교도 있다. 교사가 직접 가위나 바리캉을 들고 머리카락을 자르고 일명 '고속도로'를 내는 직접적인 강제 이발은 과거에 비해 줄었다. 하지만 두발 규정을 지키지 않으면 체벌이나 벌점을 받아야 하고 교사가 직접 미용실 앞까지 안내하는 '서비스'까지 이루어지니 사실상 강제 이발은 계속된다고 봐야 한다.

　　이른바 공부 잘한다는 학생들만 모아 놓은 학교는 오히려 두발 규정이 까다롭지 않다. "똑똑한 애들은 시키지 않아도 알아서 잘합니다." 이 말을 뒤집어 보면, "공부 잘하는 애들은 학교에 반항할 시간에 참고서 한 권을 더 본다"는 말과 크게 다르지 않다. 하위권으로 분류된 학교들에서는 아예 두발 단속을 포기하기도 한다. '어차피 해도 안 될 애들' 붙잡고 숨바꼭질해 봤자 시간 낭비라 생각하는 것이다. 두발 규제가 가장 엄하게 이루어지는 곳은 중상위권 학교들이다. '가능성은 있지만 알아서는 못 하는 애들'을 잡아서 '좀 더 좋은' 대학에 보내는 것이 학교의 사명이라 생각하는 것이다.

　　학교가 두발 단속에 열을 올리는 만큼 학생들은 단속에서 벗어나고픈 뜨거운 열망을 가지고 있다. "지금 학교에서 가장 먼저 개선되어야 할 학생인권 문제는?"이라고 물어보면 어김없이 "두발 자유" 또는 "두발 규정 완화"가 1순위를 차지한다. 2000년 두발 규제 폐지를 요구하는 온라인 서명운동이 벌어졌을 때는 삽시간에 서명자가 무려 16만 명을 돌파하기도 했다. 2010년 경기도에서 학생인권조례가 제정되었을 때도 경기도 학생들 사이에서는 '두발 자유 조례가 통과됐다'는 소문이 퍼지기도 했다. 그만큼 두발 자유는 학생인권의 대명사와 다름없는 위치를 차지하고 있는 셈이다.

대체 머리카락이 무엇이기에 한쪽에서는 이토록 단속 못 해 안달이고 다른 한쪽에서는 목이 터져라 자유를 외치는 걸까? 두발 자유를 원하는 학생들은 '어른들의 꼰대스러운 편견' 때문에 쓸데없는 다툼이 일어난다고 투덜거린다. 반면에, 두발 규제에 찬성하는 이들은 '어릴 적 한때 멋이나 부리고픈 마음' 정도로 두발 자유 외침을 깔본다. 1970년대, 1980년대에도 학생들이 두발 자유를 요구하는 운동을 벌인 기록이 남아 있는 걸 보면, 지금 두발 규제에 찬성하는 성인들 중에도 한때는 두발 자유를 외친 이들이 있을 것이다. 그렇다면 두발 규제를 둘러싼 갈등은 세대 간의 갈등일까? 애초 학교에 두발 규제가 들어온 이유는 무엇일까? 두발 규제와 두발 자유 사이에는 대체 무엇이 가로놓인 것일까?

머리카락은 머리에 난 털일 뿐인가?

두발 자유를 원하는 학생들에게 "왜 사소한 머리카락 하나에 그렇게 집착하느냐"고 핀잔을 주는 이들이 있다. "머리카락이 뭐 그리 중요한 문제냐, 6년만 참으면 될 텐데 왜 굳이 목숨을 거냐"는 충고를 건네는 이들도 있다. 이토록 사소한 문제인데도 왜 학생들은 그토록 강렬히 열망하는 것일까? "다른 건 다 참아도 머리카락 건드리는 건 못 참아요"라고 말하는 학생들의 진심은 무엇일까? 머리카락은 그저 머리에 난 털일 뿐일까?

예로부터 머리카락은 여러 가지 의미를 가진 것으로 해석되었다. 고대에 머리카락은 지도력이자 힘, 강인함의 상징이었다. 남성들도 머리를 길게 길렀고, 구약성경에 등장하는 장사인 삼손은 머리카락을 잘리자 힘을 잃었다. 《서유기》에 나오는 손오공은 머리카락을 뽑아 분신술을 부렸다. 머리카락은 한 사람의 인격이나 존재 자체를 뜻하기도 한다. 정인(情人)과 헤어지면서 머리카락을 잘라 정표로 남기기도 하고, 시신을 수습하기도 힘든 위급한 전쟁터에서 사람들은 머리카락이라도 잘라 가족에게 전하고 고이 묻어 준다. 이처럼 머리카락이 존재 자체를 뜻하다 보니, 머리카락을 자르는 일은 자기 자신을 내어놓는 일이 된다. 스님은 출가하면서 머리카락을 정갈히 삭발함으로써 속세에서의 자신을 버리고 부처님에게 나아간다. 정부를 향해 무언가를 요구하는 집회에서 거행되곤 하는 삭발식은 자기 존재를 걸 만큼 확고한 의지를 갖고 있다는 표현이자 자기를 희생함으로써 타인에게 기여하겠다는 의지의 표현이기도 하다. 같은 의미로, 어떤 이들은 머리카락을 지킴으로써 '자존'을 지킨다. "내 팔다리를 자를지언정 머리카락을 자를 수는 없다!" 개화기 때 조선의 선비들은 상투를 자르라는 단발령을 거부함으로써 일제가 강요하는 개화에 맞섰다. 애인과 헤어진 뒤에 머리카락을 잘라 과거의 자신을 버리고 현재의 자신을 지키겠다는 의지를 다지는 사람도 있다.

　　　　　　머리의 모양을 둘러싸고도 긴장과 다툼이 벌어진다. 20세기 초반 근대화 과정에서 쪽머리와 비녀는 여성에 대한 구시대적 억압을 나타내는 것이라며 '비녀 빼기 운동'을 전개한 여성들이 등장했다. 여성의 성적 매력을 한껏 발산하기 위해 머리카락을 묶어 올려 목덜미를 드러내는가 하면, 여성을 통제하기 위해 장옷이나 두건을 쓰게 하는 일이 있다. 록 밴드의 긴 머리, 조직폭력배의 '깍두기' 머리, 해병대의 '돌격형' 머리, 걸 그룹들이 즐겨 하는 찰랑찰랑한 긴 생머리에도 어떤 뜻이 담겨 있다.

◀
이슬람을 믿는 국가에서는 여성들이 머리에 히잡을 쓰지 않거나 온몸을 차도르나 부르카로 휘감지 않으면 외출을 금지하는 관습이 있다. 가톨릭 성당에서는 미사에 참여하는 여성들에게 미사포를 쓰게 하고 수녀들은 머리를 가린다.

이처럼 머리카락은 단지 '머리에 난 털'이 아니다. 머리카락에는 한 사람의 인격과 자존, 다짐과 정체성이 담겨 있다. 사람을 지배하려면 그 사람의 인격까지 지배해야 한다. 그래서 대체로 권위적이고 억압적인 사회에서는 두발 규제가 극성을 부린다. 1970년대 한국에서는 남성 시민을 상대로 대대적인 두발 단속이 벌어졌다. 당시 박정희 정부는 무분별한 외래 풍조를 바로잡는다는 명분으로 여성에게는 미니스커트 금지령을 내리고 남성에게는 '장발 추방령'을 내렸다. "성별을 알아볼 수 없을 정도로 장발을 한 남자"가 단속 대상이었다. 장발의 기준은 "옆머리가 귀를 덮고 뒷머리가 와이셔츠 깃에 닿는지" 여부였다. 여성처럼 단발머리를 한 남성도 단속에 걸려들었다. 당시 경찰은 직접 가위나 바리캉을 들고 다니면서 장발을 한 시민들을 잡아 머리카락을 잘랐고, 여기에는 대학생도 직장인도 예외가 아니었다. 거리에 간이 이발소가 설치될 정도였다. 1976년 4월 현재, 55만 9887명이 단속에 걸렸다는 통계가 나와 있다. 당시 시민들은 장발 단속에서 독재의 냄새를 맡았고, 머리를 기름으로써 독재정권에 저항하기도 했다. 지금 중·고등학교에서 일어나는 풍경과 흡사하다.

◀
「치안본부, 장발 일제 추방령」, 〈경향신문〉 1976년 5월 14일.

노동자들이 두발 자유를 외쳐야 했던 시절이 있었다. 1980년대 현대중공업에서 일하는 노동자들은 회사 규정에 따라 모두 스포츠머리를 해야 했다. 매일 아침 출근하는 회사 정문 앞에서는 덩치 큰 경비대원들이 손에 바리캉을 든 채 두발 단속을 벌였다고 한다. "중공업 출근하려면 간도 쓸개도 정문에 빼 두었다 퇴근할 때 찾아 간다"는 얘기가 나올 정도로 노동자들은 심한 굴욕감을 느꼈다. 1987년, 수만 명의 노동자들은 노동조합을 만들고 "인간답게 살고 싶다. 민주노조 인정하라!"를 소리 높여 외쳤다. 이때 노조가 노동자를 상대로 가장 원하는 변화가 뭔지를 묻는 설문조사를 실시했는데, 1순위로 꼽힌 것이 "월급을 올려 달라!"는 것이 아니라 바로 두발 자유였다. 왜 온갖 고난과 탄압을 무릅쓰고 간신히 만든 노조가 가장 먼저 해결해 주었으면 하는 과제가 한낱 두발 자유였을까? 당시 노조 위원장이었던 이갑용 씨는 이렇게 회상했다. "(그때) 우리들에게 머리카락은 단순한 머리카락이 아니었다. 굴종, 체념, 부끄러움, 억울함, 그런 것들의 상징이었다." 당시 노동자들에게 두발 자유는 단지 머리를 기를 권리가 아니라 사람으로 대접받을 권리(인격권)이자 내 몸을 내 뜻대로 결정할 권리(자기결정권)이기도 했던 것이다. 바로 사람이 될 권리였던 셈이다.

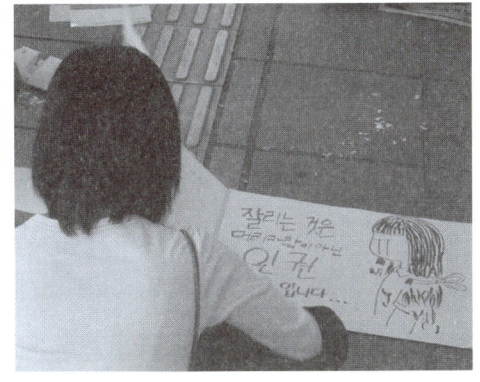

"잘리는 것은 머리카락이 아닌 인권입니다." 청소년 인권 집회에 참여한 한 학생이 손팻말을 만들고 있다.

마찬가지로 학생들의 두발 자유 요구도 단지 '한때'의 요구, '철없는' 학생들의 요구로 평가절하해서는 안된다. 1970~1980년대 시민과 성인 노동자를 상대로 한 두발 단속과 지금 학생을 상대로 한 두발 단속은 과연 다른 문제일까? 머리 모양이 그리 사소한 것이라면, 왜 거의 모든 학교가 두발 단속에 열을 올리는지 설명되지 않는다. 단속을 강요받은 교사들이 단속을 피하려는 학생과 벌이는 숨바꼭질과 신경전은 코미디가 아니라 리얼 다큐멘터리다. 학생의 머리 모양을 둘러싼 갈등은 '학생을 사람으로 볼 것인가, 아직 사람이 아닌 자로 볼 것인가'를 둘러싼 싸움이 아닐까? "내 머리카락의 주인은 나다", "내 머리카락을 통제하지 말라!"는 학생들의 주장에는 사람으로 대접받고 싶은 열망, 인격을 존중받고자 하는 열망이 담겨 있는 것은 아닐까? "잘리는 것은 단지 머리카락이 아니라 인격입니다"라는 외침에는 인간다움을 빼앗기지 않으려는 간절함이 담겨 있는 것은 아닐까?

'멋 낼 권리'는
하찮은 걸까?

머리카락에 이토록 깊은 의미가 담겨 있다 하더라도 현실에서 두발 자유를 둘러싼 이야기는 그리 진지하게 오가지 않는다. "애들은 그냥 멋 부리고 싶어서 그러는 건데 거기에 무슨 인권을 들먹이냐!"며 빈정거리는 이들도 있고, "노는 애들이나 두발 자유 두발 자유 입에 달고 다니지, 정신 똑바로 차리고 공부 열심히 하는 애들은 관심도 없다"며 고개를 돌려 버리는 이들도 많다. 이런 말을 듣고 있노라면 멋 내고 싶은 마음은 고상한 인권 이야기와는 상관없는 말처럼 들리기도 한다. 정말 그럴까?

머리 모양은 사람의 인상에 상당한 영향을 미친다. 그래서 사람들은 대개 자기에게 어울리는 머리 모양을 찾아 잡지를 뒤지고 미장원을 바꿔 다닌다. 남들이 뭐라 하든 머리 모양에 별로 신경 쓰지 않는 소신파도 있고 파격적인 스타일을 끊임없이 시도하는 개성파도 있다. 선택의 방향이 무엇이든, 어떤 머리 모양을 할 것인지는 최종적으로 자기가 결정한다. 물론 주변의 시선이나 평가 때문에 하고 싶은 대로 머리 모양을 결정하지 못하는 사람도 많다. 새치를 감추기 위한 목적이 아니라면 50대 남성 공무원이 염색을 하는 일은 흔치 않다. 결혼식을 앞둔 여성들은 머리를 짧게 자르지 않는다. 머리를 길러 꽁지머리를 한 대학교수를 보는 일은 간혹 있어도 같은 머리를 한 국회의원을 만날 일은 없다. 교사들도 머리 모양을 결정할 때 교사라는 신분이 발목을 잡는다. 사실, 성인들 중에서도 사회가 요구하는 기준에 따라 보이지 않는 두발 규제를 당하는 이들이 있는 셈이다. 그러나 최소한 세세하게 정해진 규정에 따라 심판대에 오르고 그 대가로 벌점을 받거나 맞거나 하는 일은 일어나지 않는다. 학생들만 예외다.

평소와 다른 머리를 하고 온 사람을 보면 멋지다는 둥, 오늘 무슨 일 있냐는 둥, 신선하긴 한데 너랑은 별로 안 어울리는 것 같다는 둥의 반응을 보이는 것이 보통이다. 반면에, 학생들은 학교에서 정해 놓은 기준에서 조금만 벗어나도 "학교생활 똑바로 안 하고 어디 멋이나 부리고 있어?"라는 꾸지람을 듣기 쉽다. 멋스럽게 머리를 단장한 사람을 보면 "스타일이 좋다"는 반응을 보인다. 하지만 그 주인공이 학생일 때는 자기만의 멋을 가꾸는 일이 '멋이나 부리는 일'로 하찮은 취급을 당한다. 왜 이런 불공평한 반응이 일어날까? 학생들에게 멋 낼 자유는 사치이고 학생답지 못한 일로 여겨진다. 멋 낼 자유조차 없다는 건 학생들의 처지가 얼마나 비참한지를 단적으로 보여주는 사례이다. 그토록 하찮은 멋 낼 자유도 없다면, 그보다 더 중요한 다른 자유도 누릴 수 없다는 것 아닐까? 그렇다면, 두발 자유에 대한 학생들의 '집착'은 머리카락에 대한 집착, 멋에 대한 집착이 아니라 무엇 하나 스스로 결정할 수 없는 '부자유' 상태에 대한 분노가 아닐까?

두발 자유를 외치는 학생들의 언어가 아무리 투박해도 그 속엔 깊은 열망이 담겨 있다. 2007년 "두발 자유, 바로 지금!"이란 제목으로 서울 광화문 네거리에서 열린 청소년 행사에 참가한 한 학생은 자유 발언대에 올라 이렇게 말했다. "멋 내기라고 하면 왠지 안 좋은 것 같고, '개성의 자유로운 발현'이라고 말하면 좋게 들리는 세상이다. '밥 좀 먹고 살자'라고 하면 투박하게 들리지만 '생존권'이라고 말하면 뭔가 있어 보이는 거랑 비슷하다. 어려운 단어를 쓰지 않는다고 해서 우리의 당연한 권리가 대수롭지 않은 일로 취급돼선 안 된다." 고상한 말로, 유식한 개념으로 포장된 말이 아닐지라도 학생들이 뱉어 내는 거친 이야기 속에도 자유와 권리에 대한 갈망이 똑같이 녹아 있다는 말이다. 그렇게 '멋이나 내고 싶은 하찮은 마음'은 '인권을 존중받고픈 고귀한 열망'과 만난다.

두발 규제에 대한 나의 생각

다음은 두발 규제에 찬성하는 사람들의 의견을 모아 놓은 것이다.
읽고 마음 가는 대로, 끌리는 항목에 V 표시해 보자.

"난 완전 동의"

❶ "학생은 학생다운 머리를 해야지. 두발 자유 되면 술, 담배, 연애질, 이런 비행이 늘어날걸?"

☐ 완전 동의   ☐ 글쎄…   ☐ 말도 안 돼!

❷ "교복하고 어울리는 머리를 해야지. 학생 때는 지금처럼 단정한 머리 모양이 제일 예뻐."

☐ 완전 동의   ☐ 글쎄…   ☐ 말도 안 돼!

❸ "머리에 신경 쓰느라 공부할 시간 뺏기고 학교 분위기도 산만해져서 안 돼."

☐ 완전 동의   ☐ 글쎄…   ☐ 말도 안 돼!

❹ "우리 학교 두발 자유 되면, 노는 애들만 많이 올걸? 물이 흐려지면 안 돼!"

☐ 완전 동의   ☐ 글쎄…   ☐ 말도 안 돼!

❺ "두발 자유 원하는 거 다 연예인 따라 하고 싶어서 그러는 거야."

☐ 완전 동의   ☐ 글쎄…   ☐ 말도 안 돼!

❻ "학교에는 일정한 규칙이 필요해. 두발 규제도 그런 규칙 가운데 하나일 뿐! 학교에 다니는 이상 지켜야지. 그게 싫으면 학교를 떠나거나 다른 나라 가서 공부해야지."

☐ 완전 동의   ☐ 글쎄…   ☐ 말도 안 돼!

❼ "두발 규제를 원하는 학생들도 많이 있잖아. 소수 의견에 따를 수는 없지."

☐ 완전 동의   ☐ 글쎄…   ☐ 말도 안 돼!

❽ "머리 모양 같은 사소한 문제에 목숨 걸지 말고 더 중요한 문제나 신경 써!"

☐ 완전 동의   ☐ 글쎄…   ☐ 말도 안 돼!

❾ "두발 자유 들어주면 이것도 해 달라, 저것도 해 달라 요구가 끊이지 않아서 학생 통제가 안 될걸."
　　☐ 완전 동의　　☐ 글쎄…　　☐ 말도 안 돼!

❿ "학교는 학생을 바른 길로 이끌 책임이 있어. 단정함을 유지하는 건 학생의 기본 자세야. 학교의 책임을 다하기 위해서라도 두발 규제는 꼭 필요해."
　　☐ 완전 동의　　☐ 글쎄…　　☐ 말도 안 돼!

⓫ "군대 가려면 머리 깎아야 하고, 회사에서도 어느 정도 두발 규제가 있어. 학교에서 미리 연습하고 사회에 나가야지."
　　☐ 완전 동의　　☐ 글쎄…　　☐ 말도 안 돼!

⓬ "두발 자유가 되어서 염색과 파마가 허용되면, 그렇게 할 돈이 없는 학생들이 위화감을 느끼게 될 거야."
　　☐ 완전 동의　　☐ 글쎄…　　☐ 말도 안 돼!

⓭ "파마와 염색은 건강에도 안 좋고, 환경도 오염시켜."
　　☐ 완전 동의　　☐ 글쎄…　　☐ 말도 안 돼!

⓮ "학생들이 너무 개성을 추구하다 보면 세대 간 갈등이 생길 수 있어. 많은 학부모들도 두발 통제를 원하잖아? 함께 사는 사회니까 다른 사람들의 의견도 존중해야지."
　　☐ 완전 동의　　☐ 글쎄…　　☐ 말도 안 돼!

'바리캉의 교육'은
무엇을 가르칠까

교사도, 학부모도, 학생 자신도 선뜻 두발 자유를 선택하지 못하게 만드는 이야기들은 이렇게 다양하다. 어떤 논리는 서서히 빛이 바래고 있지만, 어떤 논리는 여전히 강력한 힘을 발휘한다. 두발 자유 앞에 버티고 선 장벽은 높고 단단하다. 그 장벽을 이루고 있는 벽돌 하나하나가 과연 타당한지 두드려 본다 해도 '그래도 두발 규제는 필요하다'는 장벽은 쉽게 무너지지 않을 것 같다. 그렇다면 그 장벽이 세워진 이유를 먼저 생각해 보는 것은 어떨까? 직접 머리를 깎든 깎게 만들든, 이 '바리캉의 교육'이 무엇을 가르치고 있는지 살펴볼 필요가 있다.

학교 이외에 두발 규제가 이루어지는 대표적인 곳은 바로 군대다. 군인의 머리카락은 왜 짧을까? 누구는 실용적 이유를 든다. 머리 감는 데 시간이 걸리지 않고 단체 생활에서 위생 관리에도 효과적이라는 것이다. 사실, 실용성만 놓고 보면 굳이 규제를 하지 않아도 업무에 방해가 된다 싶으면 알아서 자를 확률이 크다. 누구는 다른 이유에 주목한다. 머리카락을 자른다는 건 민간인에서 군인이 되었음을 마음에 새기는 과정, 민간인이었던 자기를 버리고 군대의 일원으로서 충실하겠다고 다짐하는 과정이라는 것이다. 군대만큼은 아니지만 감옥에 갇힌 재소자에게도 두발 규제가 있다. 1980년대 전두환 정부 시절 사회를 정화한다는 명분으로 사람들을 불법으로 잡아 가뒀던 삼청교육대에 끌려간 이들이 가장 먼저 당한 봉변은 몰매를 맞고 바리캉으로 머리를 깎이는 일이었다. 짧은 머리카락은 '자유인'이 아닌 '죄수'임을 확인시켜 준다. '나에게는 이제 권리는 없고 의무만 남았다'는 걸 끊임없이 되새기도록 만든다. 이처럼 사람을 강제로 묶어 두는 곳에서는 머리카락을 잘라 그들의 몸과 마음을 통제한다. 학교라고 과연 다를까?

"초등학교 때까지는 여러분 하고 싶은 대로 살아왔을지 모르지만, 이제 그런 어리광은 안 통합니다." 한 중학교 학생부장의 말은 두발 규제의 속뜻을 잘 말해 준다. 머리를 단정하게 정리하면서 학생들은 이제부터는 내 머리카락 하나 마음대로 할 수 없는 학교의 현실을 절감하게 된다. 이 말을 뒤집으면 내 몸과 마음에 대한 결정권이 학교에 있다는 얘기다. 학교 입장에서 보면 학생의 머리 모양만 봐도 학교의 규율을 받아들인 자와 그렇지 않은 자를 한눈에 구분할 수 있다. 누가 문제아인지 식별하기 쉽다. 학생들은 주위 친구들의 똑같은 머리 모양만 봐도 학교 규율의 힘이 얼마나 대단한지를 매일 확인한다. '모두들 같은 머리를 하고 있는 걸 보니 주어진 현실을 고분고분 받아들이고 있구나!' 이런 마음이 들기 시작하면 처음에 가졌던 터질 것 같던 불만도 어느새 고개를 숙이기 시작한다. 결국, 학생들에게 남는 선택지는 별로 없다. 학교와 나를 일치시킴으로써 권리를 헌납하는 데 익숙해지거나, 아니면 적당히 눈치껏 숨 돌릴 구멍을 찾는 눈치 보기 생존 기술을 배우거나.

학교에서 배운 이런 삶의 태도가 사회에 나가면 확 달라질까? 사회에 나가서도 윗사람 눈치 보느라 자기 목소리를 내지 못한 채 야근을 되풀이하는 삶을 살게 되는 것은 아닐까? 내가 내 몸과 마음의 주인이 되는 일은 계속해서 '나중'으로 미뤄지는 것은 아닐까? 결국, 아무 때에도 행복해질 수 없는 삶을 그저 견디며 사는 법을 '바리캉의 교육'으로부터 배우고 있는 것은 아닐까?

길이 자유, 그 이상은 위험하다?

두발 자유 문제는 흔히 머리카락 길이의 문제로 이해된다. 머리 길이 자유만으로도 감지덕지라고 생각하는 학생이 대다수다. 그 이상을 상상하는 건 왠지 '위험한' 일로 느껴진다. 그런데 "머리카락이 짧고 단정해야 학생답다"는 말과 "염색이나 파마를 하지 않아야 학생답다"는 말 사이에는 어떤 차이가 있을까? 결국, 학교가 정해 놓은 '학생다움'을 기준으로 머리 모양을 통제하는 것은 똑같지 않을까? 지금껏 학교에서 허락한 선 안에서 자신의 자유를 제한하는 법을 배워 온 학생들에게는 어쩌면 염색이나 파마는 도에 넘치는 요구처럼 느껴질 수 있다. 그런데 거리를 걷고 있는 수많은 사람들이 염색을 하고 파마를 했지만 그들이 '위험한' 사람으로 취급받진 않는다. 그들이 염색과 파마를 선택한 것이 도에 넘치는 행동으로 해석되지도 않는다. 원래부터 머리카락 길이를 선택할 자유와 염색, 파마를 선택할 자유 사이에는 벽이 존재하지 않는다. 다만 지금껏 두발 규제에 길들여져 왔기 때문에 두 가지 자유 사이에 넘을 수 없는 벽이 존재하는 것처럼 보이는 건 아닐까?

"학교가 한 번에 바뀌겠냐? 규정을 완화라도 시켜 보자!" "길이만이라도 자유롭게 해 달라고 요구하자!" 현실적 판단으로 두발의 전면 자유가 아니라 두발 규제 완화를 주장하는 일은 어떻게 봐야 할까? 학생들이 직접 목소리를 내고 변화를 일구어 낸다면 분명 의미 있는 일이다. 그렇지만 두발 규제가 완화된다 하더라도, 머리 길이의 자유를 얻어 냈다 하더라도 '학교는 학생의 머리카락을 규제할 권한이 있다'는 전제는 고스란히 남는다. 깡패에게 매일 만 원씩 '삥'을 뜯기다가 5천 원씩만 바쳐도 된다고 해서 깡패에게 당하고 있다는 사실 자체가 바뀌는 것은 아니지 않은가? 염색이나 파마가 건강이나 환경에 좋지 않기 때문에 염색, 파마는 규제해야 한다는 의견은 어떨까? 염색이나 파마가 건강과 환경에 좋지 않다면 다른 사회 구성원들에게 하듯이 사실을 알리고 자발적으로 염색이나 파마를 멀리하도록 권하면 될 일이다. 그런데도 유독 학생에게만 염색, 파마를 금지하자는 주장은 '학교는 학생의 머리카락을 규제할 권한이 있다'는 전제를 여전히 갖고 있기 때문은 아닐까? 그렇다면 염색과 파마에 대한 규제는 길이 규제와 별다른 차이가 없는 것 아닐까? 두발 길이의 자유 그 이상을 상상할 수 있을 때, 비로소 그 전제가 제대로 흔들리기 시작한다.

　　　　두발 규제에 워낙 길들여져 있다 보니, 두발 자유라는 말이 모두가 머리를 기르고 파마하고 염색하자는 주장으로 잘못 해석되기도 한다. "나는 머리가 짧은 게 좋다"면서 두발 자유에 찬성하지 않는 학생들도 있다. 두발 자유는 머리 모양을 어떻게 할지 결정할 사람은 '개인'이지 '학교'가 아니라는 뜻이다. 당연히 모두가 똑같이 머리를 기르거나 염색을 하자는 말일 수 없다. 만약 학생들에게 머리를 기르거나 염색을 해야 한다는 두발 규정이 만들어진다면, 그것 역시 두발 규제가 아닌가.

토론과 합의가
우리를 구원하리라?

학교가 일방적으로 정한 두발 규정이 아니라, 학교 구성원들의 의견을 충분히 모으고 토론해서 만든 규정이라면 이야기는 달라질까? 이때 학교 구성원이란 교사, 학생, 학부모를 말한다. 일부 학교에서는 학생회에 학생들의 의견을 모아 두발 규정을 만들 권한을 주기도 한다. 학생들이 알아서 정하도록 하면 두발 규제에 대한 불만도 사라지고 규정을 지킬 확률이 높아질 거란 믿음 때문이다. 이렇게 학생들끼리 정한 규정이라면 이야기는 달라질까? 여기서 중요한 질문은 "머리카락의 문제가 협상의 대상이 될 수 있는가?" 하는 것이다.

생각해 보기

다음 표에는 각자 마음대로 정하면 되는 일, 마음대로 정해도 되지만 다른 사람들의 의견을 들어 보면 도움이 되는 일, 관련된 사람들과 함께 토론하고 논의해서 정해야 하는 일이 섞여 있다. 항목별로 어떻게 정하는 것이 좋을지 생각해 보고, 그 이유를 적어 보자.

	바람직한 결정 방법	이유
동네 길의 보도블록 공사를 언제 어떻게 할지		
오늘 낮에 내가 사 먹을 간식		
내 방 책꽂이에 있는 책 중에 내가 뽑아서 읽을 책		
학교 등교 시간		
좋아하는 이성에게 사랑을 고백하는 방법		

세상에는 공동체의 구성원이 함께 논의하고 토론해서 정해야 할 문제와 각자의 마음대로 결정할 수 있는 문제가 있다. 오늘 내가 사 먹을 간식을 반 학생들의 토론과 합의로 결정한다고 생각해 보자. 함께 나눠 먹을 간식을 사는 것도 아닌데 왜 내가 먹을 간식을 합의해야 하는 것일까? 죄 없는 사람을 잡아다 놓고 '유죄냐 무죄냐'를 따지지 않고 다만 감옥에 가둘지 사형시킬지 중에서 결정하라는 요구를 받았다고 해 보자.

아무리 진지하게 토론하고 민주적 방식으로 합의에 이르렀다고 해도 그 결정이 정당성을 가질 수 있을까? 죄 없는 사람을 잡아다 자유를 빼앗고 심지어 생명까지 빼앗는 결정을 '민주적'이라고 볼 수 있을까?

두발 규정의 문제도 이와 비슷하다. 내 머리 모양을 왜 남들과 합의해야 하나? 아무리 민주적 절차를 거쳤다고 하더라도 '죄 없는 머리카락'을 얼마만큼 규제할지 결정한 것을 과연 민주적이라고 할 수 있을까? 게다가 교사, 학생, 학부모 3자가 모여 두발 규정에 합의한다면, 이 자리는 정작 학생들에게는 승산 없는 게임이 되기 쉽다. 학생의 의견이 비중 있게 고려되는 일도 드물뿐더러, 똑같은 비중으로 고려된다 하더라도 2:1의 결론이 이미 나 있을 확률도 높다. 이처럼 자리 자체가 불공정하게 구성되어 있는데 민주적 합의라는 것이 애초에 가능할까?

두발 자유는 머리카락의 자유인가

중·고등학교 배정을 앞둔 학생들 사이에서 후보 학교의 두발 규정은 초미의 관심사다. 인터넷을 보면 어느 학교의 두발 규정이 어떤지를 물어보는 글이 수도 없이 올라온다. 두발 규정이 덜 까다로운 학교에 가고 싶어 하는 학생들도 있지만, 또 어떤 학생들은 '빡센' 학교를 택해 학교가 강하게 잡아 주기를 기대한다. 두발 규제가 풀리면 '노는 애들'이 다 몰려온다는 위기감이 널리 퍼져 있고, 두발 규제가 강한 것을 명문의 상징으로 여기는 사람들도 있다. 공부를 위해서는 두발 규제가 필수라는 전제는 "달이 차면 기울게 마련"이라는 말만큼이나 확고한 진리로 여겨진다. 인생에 보탬이 되는 좋은 질문을 만나고 스스로 답을 찾는 즐거움을 느낄 때 사람은 누가 시키지 않아도 공부가 하고 싶어진다. 그런데

"두발 규제는
다수결에 의해
정당화될 수 없다."
두발 규제에 반대하는
고교생의 1인 시위

지금 한국 학교에서의 공부는 어떤가? '질문을 만나는 것이 아니라 답을 외우는 것, 하고 싶은 것이 아니라 강제로 하는 것, 그래서 어쩔 수 없이 견뎌야 하는 것'이다. 이 같은 현실 속에 두발 규제가 자리 잡고 있다.

학생들 사이에서 "꿈의 나라"라고 불리는 핀란드를 비롯해 영국, 미국, 프랑스, 독일 등에서는 몇몇 사립학교를 제외하고는 대부분의 학교가 두발 규제를 하지 않는다. '두발 자유'라는 말이 어색할 정도로 두발 자유를 보장하는 것을 당연한 일로 본다. 두발 규제가 없는 이들 나라의 학생들은 마냥 행복할까? 두발 규제가 사라지면 학생들이 완전한 자유를 누리게 될까? 그렇지는 않을 것이다. 행복과 자유는 두발 자유에서 오는 것이 아니니까. 그러나 이것만은 분명하다. 학생을 믿는 교육, 강제가 아닌 자발성에 기반을 두는 교육, 다양성이 살아 있는 교육, 학생을 위하고 단 한 명의 학생도 내치지 않는 교육, 이런 교육을 추구하는 나라에선 결코 두발 규제를 선택하지 않는다는 점이다. 학생을 위한 교육은 학생의 자유 없이는 불가능하기 때문이다.

두발 자유는 단지 머리 모양의 자유가 아니다. 두발 자유가 실현된다면 학교와 학생의 관계도, 교육의 목표도 지금과 똑같지 않을 것이다. 반대로, 지금 학교와 학생의 관계가 정당하고 교육의 목표가 바람직하다고 여기는 이들은 두발 규제를 지키고 싶을 것이다. 이것이 바로 한낱 머리카락에 학교가 그토록 목매는 이유 아닐까?

두발 규제에서 두발 자유화로
<일본과 대만의 사례>

일제 강점 아래 한국 최초로 근대 학교가 세워졌을 때부터 두발 규제는 존재했다. 일본은 세계대전을 일으키면서 일본 본토는 물론 식민지까지 병영처럼 지배했고, 학교도 마치 군대처럼 운영했다. 당연히 두발 규제도 엄격하기 이를 데 없었다. 그래서 학교의 두발 규제를 일제 잔재라고 이야기하는 이들이 있다.

그런데 정작 일본에서는 두발 자유화가 이루어졌다. 대부분의 학교가 염색도 규제하지 않는다. 1960년대에 일어났던 학생운동의 결과로 자유화된 학교도 있고, 1990년대에 이른바 '학교 붕괴' 현상에 대처하기 위해 학교를 개혁하면서 두발 자유화가 이루어진 곳도 많다. 학교 붕괴를 막기 위해 두발 규제를 '강화'한 것이 아니라, 학생을 믿고 '자유'를 기초로 문제에 대처한 것이다. 지금도 간혹 일부 농촌이나 산간 지역 학교에 두발 규제가 남아 있어서 변호사회나 인권단체들이 교칙 폐지를 요구했다는 기사가 보도되고 있기는 하지만, 대다수 학교에서는 두발 자유가 원칙이다.

우리와 정치적 상황이 유사했던 대만에도 최근까지 두발 규제가 있었다. 2000년대 들어 대만 정부가 민주화되고 2005년 학생들이 반발금(反髮禁: 두발 규제 반대) 운동을 벌이면서 대만 교육부는 두발 규제를 전면 폐지할 것을 결정했다.

교실 안 끝장 토론

두발 자유는 머리카락의 자유인가
한낱 머리카락에 학교가 그토록 목매는 이유

다 연예인 따라 하면 그게 무슨 두발 자유예요?

저는 중학교에 다니는 여학생입니다. 우리 학교는 남학생들 머리는 좀 제재가 남아 있지만, 여학생들 머리는 거의 잡지 않습니다. 길이도 자유이고 가벼운 염색이나 파마도 선생님들이 거의 단속하지 않아요. 머리 색깔이 너무 튀거나 심하게 꼬불꼬불 파마를 한 것만 아니면요. 사실상 두발 자유인 셈이죠. 그런데 여자애들 머리 모양을 보다 보면 '이게 두발 자유가 맞나?' 이런 생각이 들 때가 있습니다. 여학생 대부분이 긴 머리에 찰랑찰랑 애즈 파마를 하고 다니거든요. 어떤 드라마가 유행하면 잠깐씩 그 드라마의 여주인공 머리를 따라 하는 애들이 생기기도 하지만, 유행이 지나고 나면 다시 긴 생머리로 돌아오는 거예요. 짧은 머리 모양을 한 여학생은 아주 적어요.

제 초등학교 때 친구 한 명이 두발 규제가 아예 없는 대안학교에 들어갔는데, 거기도 다들 머리 모양이 비슷비슷하대요. 남자애들 대부분은 아이돌 그룹 멤버가 하고 나오는 비대칭 컷 따라 하고, 여자애들은 죄다 찰랑찰랑한 생머리!

우리 개성을 인정해 달라고 하면 선생님이나 부모님들이 "개성은 무슨 개성이냐. 개성 찾으라고 두발 자유 해줘 봤자 다들 연예인이나 따라 하고 비슷비슷하게 하고 다니지 않냐?", 이렇게 말씀하시곤 하잖아요? 그렇다고 강제로 모두 서로 다른 머리를 해야 한다고 정해 주는 것도 이상하고……. 두발 자유를 해 봤자 다들 똑같은 머리를 할 거라면 두발 규제를 할 때와 다른 것이 뭘까요?

토론거리

1 왜 이런 현상이 나타나는 걸까?

2 다른 사람이나 연예인의 머리 모양을 따라 하는 것은 나쁜 걸까?

3 특히 여학생들이 긴 생머리를 선호하는 이유는 무엇일까?

4 두발 자유화가 이루어진다면, 이런 현상이 대다수 학생에게 나타날까? 나타난다면 언제까지 계속될까?

5 학교에서 두발을 규제하는 것과 규제가 없는데도 학생들이 똑같은 머리 모양을 하는 것은 같은 현상이라고 봐야 할까, 다른 현상이라고 봐야 할까?

6 우리는 '따라 하기'에서 벗어나 자유로워질 수 있을까? 그러려면 무엇이 필요할까?

② 맞을 짓 한 자? 맞아도 되는 자!
체벌과 폭력 사이

다음의 행동을 한 학생이 몇 대를 맞으면 좋을지 써 보자.

❶ 숙제를 안 해 온 학생 (   )
❷ 수업 시간에 떠든 학생 (   )
❸ 교복을 줄여 입은 학생 (   )
❹ 교사의 소지품 검사를 거부한 학생 (   )
❺ 학교에 지각한 학생 (   )
❻ 같은 반 친구를 괴롭힌 학생 (   )

다음의 행동을 한 사람이 몇 대를 맞으면 좋을지 써 보자.

❶ 보고서를 쓰지 않은 회사원 (   )
❷ 강의 시간에 떠든 대학생 (   )
❸ 넥타이를 매지 않은 공무원 (   )
❹ 경찰의 신분증 조사를 거부한 청년 (   )
❺ 학교에 지각한 교사 (   )
❻ 술 먹고 행인에게 시비를 건 사람 (   )

왼쪽 칸에 기록된 체벌 대수의 합계는 얼마인가? 또, 오른쪽 칸에 기록된 체벌 대수의 합계는 얼마인가? 왼쪽 칸은 학교에서 흔히 체벌의 이유가 되는 행동들이다. 하지만 비슷한 행동을 학생이 아닌 사람, 성인이 하면, 아무도 때려서 잘못을 깨우치도록 해야 한다고 생각하지는 않는다. 근무 태만을 이유로 직장 상사가 부하 직원을 때리는 일, 교수가 대학생을 때리는 일, 지각했다고 교장이 교사를 때리는 일은 상상조차 하기 힘들다. 만약 경찰이 길거리 검문에 불응한다는 이유로 시민을 때렸다면 당장 인권 침해로 신문 1면에 대문짝만하게 실릴 수도 있다. 그런데 학교 밖, 다른 사회 구성원들에게는 상상조차 하기 힘든 체벌이 학교 안, 학생을 대상으로 이루어질 때는 당연하게 받아들여진다. 간혹 문제가 되는 것은 '과도한 체벌'이나 격한 감정이 실린 '감정적 체벌'뿐이다. 대개는 '맞을 짓'을 한 학생이 문제의 주범이 된다.

체벌을 둘러싼 찬반 논쟁은 참으로 오랜 기간 지속되어 왔음에도 의견이 통일되지 않는 대표적인 사회문제로 남아 있다. 체벌 사고가 터질 때면 잠시 금지 여론이 뜨겁게 달아올랐다가 이내 차갑게 식어 버리는 일이 끊임없이 반복된다. 체벌이 점차 줄어드는 추세이기는 해도 매년 체벌로 학생이 다치거나 자살하는 사건은 끊이지 않는다. 체벌은 이제 구시대의 유물로 박물관에나 들여보내야 한다는 목소리가 커져 왔지만, 다른 한편에서는 버젓이 '사랑의 매 전달식'이 학교 공식 행사로 엄숙하게 거행된다. 어떤 학교에서는 1천 대를 맞으면 'In 서울(서울에 있는 대학에 들어간다)', 3천 대를 맞으면 'SKY(서울대·고대·연대 입학)'라는 기치를 내걸고 공부를 시키기도 한다. 입학 시 "어떠한 체벌을 받아도 이의를 달지 않겠다"는 이른바 '신체포기 각서'를 받는 학교도 있다.

'사랑의 매'가 정말 존재할까?

▶ 2010년 7월 서울의 한 초등학교 교사가 학생의 뺨을 때리고 발로 밟는 등 지속적으로 체벌을 해 온 것이 밝혀지는 바람에 결국 교사직에서 물러나게 된 사건이다.

이런 상황에서 일명 '오장풍 교사 체벌 사건'◀을 계기로 2010년 하반기부터 서울 시내 학교에서 체벌이 전면 금지되기에 이르렀다. 경기도 2010년 10월 학생인권조례를 제정하면서 체벌 금지 대열에 동참했다. 체벌 금지 조치에 대해 "필요하고도 뒤늦은 조치"라며 환영하는 사람도 많았지만, 학생을 지도할 대체 방안이 없는 상태에서 체벌을 곧장 없애는 건 시기상조라는 의견도 거세게 일었다. "급작스러운 조치"라는 비판의 목소리를 자세히 들어 보면, 현재 학교 현실에서는 체벌이 불가피하다는 현실론과 체벌에 의존해 왔던 지난 교육에 대한 향수가 짙게 배어 있다. 그런데 체벌은 정말 필요악일까?

'맞아도 싼' 사람은 누구인가?

체벌이 필요악이라는 말에는 학생들이 '맞을 짓'을 하기 때문이라는 전제가 깔려 있다. 과연 문제의 핵심은 '맞을 짓'에 있을까? 지하철에서 큰 소리로 전화하는 50대 남성을 주위 사람에게 피해를 준다며 때리는 일은 거의 일어나지 않는 반면에, 같은 행동을 초등학생이 하면 나무라면서 머리를 쥐어박는 일이 종종 일어나기도 한다. 어머니를 때리는 아버지의 버릇을 고치기 위해 아버지를 때리는 자식은 "아무리 그렇다고 해도 제 아비를!"이라는 주위의 따가운 비난을 감수해야 한다. 반면에, 친구를 때리는 학생의 버릇을 고치기 위해 체벌하는 교사는 학생을 올바로 '교육'한 것으로 이해된다. 체벌에 찬성하는 사람들은 대개 '말로 해서는 통하지 않는 사람은 때려야 알아듣는다'고 생각한다. 그런데 아무리 말을 하고 애원해도 통하지 않는다고 해도 윗사람을 때리는 것은 예의에 어긋나는 일이고 해서는 안 되는 일이다. 결국, 핵심은 맞을 짓을 했느냐의 여부가 아니라 '누가 때릴 수 있고 누가 맞아도 되는 자인가'에 있다. 힘의 우열이 본질인 것이다.

부부끼리 다투다 주먹이 오가는 것은 '가정 폭력'이지만, 부모가 자녀를 가르치기 위해 매를 들거나 머리를 쥐어박는 일은 '자녀 교육'이다. 학교 회식이 끝나고 교사끼리 시비가 붙어 덩치 큰 교사가 힘이 약한 교사를 때려눕혔다면 '폭력' 사건이지만, 교사가 자신에게 순종하지 않고 대드는 학생을 진압하는 행위는 정당한 '교권의 행사'로 이해된다. 부모는 자녀에 비해, 교사는 학생에 비해 상대적으로 강한 힘을 갖고 있다. 무엇보다 부모와 교사는 때려도 되는 사람이고, 자녀와 학생은 맞아도 되는 사람으로 구분돼 있다. 자녀를 때리지 않는 부모도, 학생을 때리지 않는 교사도 있지만 그것은 '때려서는 안 되기 때문'이 아니라 그분들이 '때리지 않겠다고 결심한 까닭'이다. 때릴 것인가 말 것인가의 선택은 부모나 교사에게 달려 있다. 그리고 그들이 때리는 순간, 그들은 잘못을 심판하는 사람이 되고, 맞는 사람은 '맞을 짓'을 한 사람이 되어 버린다.

체벌은 무엇을 가르치나?

체벌을 당연한 것으로 생각하며 성장한 사람은 어떤 메시지를 받아들이게 될까? 19세기 미국의 노예 농장주들 사이에서 교본처럼 떠돌았던 '노예 훈련법 5단계'를 보면 체벌을 통해 무엇이 학습되는지 명확하게 알 수 있다. 이 훈련법은 주인의 말을 듣지 않은 노예에게 채찍질을 하면 노예는 주인이 가진 우월한 권력과 기준을 뼛속 깊이 받아들이게 되며, 주인님의 뜻을 거스르고 노예 해방을 꿈꾸는 못된 생각 따위는 더 이상 품지 않게 된다고 말한다. 체벌의 본질은 자기의 몸을 좌지우지할 수 있는 주인이 얼마나 우월한 존재인지를 인식시킴과 동시에, 그 채찍에 자기 몸을 온전히 내맡겨야 하는 자신이 얼마나 열등하고 무력한 존재인지를 각인시키는 데 있다는 것이다. 결국, 체벌의 최종 목표는 '신체'를 정복하는 것이 아니라 '정신'을 정복하는 데 있다.

노예 훈련법 5단계

- 엄격한 체벌
- 열등성에 대한 자각
- 주인이 가진 우월한 권력에 대한 믿음
- 주인의 기준을 받아들이기
- 자신의 무력함과 의존성을 뼛속 깊이 느끼기

19세기 노예 훈련법과 지금의 학교 체벌이 주는 메시지는 과연 다를까? '사랑의 매'가 가졌던 권위는 노예 농장주가 휘둘렀던 채찍의 권위와 본질적으로 다른가? 매우 다양한 이유로 체벌이 이루어져 왔지만 체벌이 가장 자주 일어나는 때는 언제인가? 체벌이 공식 금지된 서울과 경기도에서 체벌을 부활하라는 목소리가 터져 나오는 장면은 무엇인가? 그것은 다름 아닌 학생이 '교사에게 대드는 순간', '학교의 지시를 따르지 않는 순간'이다. 두발 규정에 따르지 않는 행위도 학교의 기준을 받아들이지 않는 반항으로 간주되기 때문에 강제 이발이나 체벌이 이루어졌던 것 아닌가? 결국, 매를 들 수 있는 자의 권위에 도전하는 행위야말로 가장 큰 체벌의 사유가 되는 것이다. 때릴 수 있는 권위를 교사에게 부여해야 한다는 주장은 곧 교사나 학교가 무엇이 잘못인지를 결정할 수 있는 독점권을 갖겠다는 욕구와 긴밀히 결합되어 있다. 그렇기에 학생을 때려서 교육하겠다는 것은 시민이 아니라 노예의 교육을 유지하겠다는 것과 다르지 않다. 바로 이러한 체벌의 본질 때문에 유엔 고문방지위원회는 체벌을 "공포에 기대어 자신의 양심에 반하게끔 만드는 고문의 일종"이라고 강력히 비판한 바 있다.

　　그렇다고 체벌이 모든 학생들로 하여금 교사와 학교의 권위를 마음속 깊이 받아들이도록 만드는 만병통치약인 것은 아니다. 체벌에 노출된 학생들은 정말 잘못했다고 생각하지 않으면서도 매질을 피하기 위해, 그 순간을 모면하기 위해 "잘못했어요!"라며 거짓 고백을 하게 된다. 그러다 보니 자신의 행동을 되돌아보고 어떻게 행동하면 좋을지 생각하기보다는 '반성하는 척'하며 상황을 빠져나가는 요령만 익히는 경우도 많다. 학생들 사이에서 일어난 폭력 사건이 들통 난 경우에도 피해를 입은 학생에게는 진심으로 사과하지 않으면서 자신을 체벌한 교사에게는 "잘못했습니다"라는 말을 반복한다. 그토록 오랜 세월 동안 학교에서 체벌이 이루어져 왔지만, 많은 교사들이 학생을 지도하기 위해 체벌에 의존해 왔지만, 교사 스스로도 체벌은 순간적 제재 효과만 있을 뿐이라고 인정하게 되는 이유다.

맞는 자와
지켜보는 자

그럼에도 체벌이 그동안 유지돼 온 것은 잘못을 저지른 학생을 교정한다기보다 그것을 지켜보는 다른 학생들에 대한 '예방적 전시효과'를 노리기 때문 아닐까? 체벌은 학교가 금지한 행동, 교사의 권위에 도전하는 행동을 했을 때 어떤 결과를 받아들여야 하는지를 보여 주는 데 더 큰 비중을 두고 있는지도 모른다.

지금은 사형이 교도소 안의 사형 집행장에서 조용히 거행되지만, 조선 시대에는 국법을 어긴 사람의 목을 잘라 성문 밖에 내다 걸었다. 전쟁 기간 동안에는 군의 기강을 바로잡기 위해 군사들이 지켜보는 가운데 군의 명령을 어긴 병사를 공개 처형한다. 프랑스혁명 기간 동안 루이 15세는 광장에 설치된 단두대에서 목이 잘렸다. 이 모든 행위는 그 잘못을 엄히 처벌하려는 것뿐 아니라 생명을 좌지우지할 수 있는 권력자의 힘과 권위를 보여 줌으로써 동일한 행위의 재발을 막고자 하는 것이기도 했다. 권력자의 관심은 처벌을 당하는 자가 아니라 그 처벌을 목격하는 자에게 있다.

학교 체벌이 수행해 왔던 역할도 같다. 교사들 사이에서는 "3월에 본때를 보여 줘야 1년이 편하다"는 말이 떠돈다. 신학기가 시작되는 3월에 모든 학생이 지켜보는 앞에서 교사나 학교가 가진 힘과 엄격한 권위를 보여 주어야 학생들이 어떤 지시에든 군말 없이 복종하게 된다는 것이다. 그러다 보니, 3월에는 교문 앞 지도가 강화되고 지각과 같은 사소한 잘못으로도 따귀를 맞는 일이 일시적으로 증가하기도 한다.

체벌과 관련된 소송이 끊이지 않자, 2004년 대법원에서는 체벌을 가한 교사가 형사처분을 면제받기 위해서는 일정한 절차와 요건을 거쳐야 한다는 판결을 내린 적이 있다. 대법원이 제시한 요건은 네 가지이다. 첫째, 체벌을 하는 교육적 의미를 미리 알려라. 둘째, 공개적으로 체벌함으로써 모욕하지 말라. 셋째, 물건이나 교사의 신체를 이용해 부상의 위험이 있는 신체 부위를 때리지 말라. 넷째, 학생의 성별, 연령, 개인적 사정에 따라 견디기 어려운 모욕감을 주는 행위는 하지 말라. 하지만, 이러한 체벌 규정은 대부분의 학교에서 지켜지지 않았다. 왜냐하면 이 요건을 모두 지키자면 체벌을 할 수 없고, 체벌이 노리는 효과를 거둘 수도 없기 때문이다. 순간적 감정을 자제할 수만 있다면 교사가 첫째 요건을 지키기는 어렵지 않다. 그런데 둘째 요건을 지키자면 전시효과는 포기해야 한다. 게다가 다수의 목격자가 없는 곳에서 행하는 체벌은 오히려 더 위험할 수 있다. 정해진 매를 이용해 때린다고 하더라도 신체적 고통을 가하는 체벌은 부상을 불러오기 마련이다. 부상의 흔적인 자국을 남기지 않고 때린다는 건 고도의 기술자가 할 수 있는 일이다. 교사는 그런 특수 훈련을 받은 적이 없다. 모욕감을 주지 않는 체벌도 불가능하다. 누군가의 매를 견뎌야 한다는 것 자체가 모욕이 아닌가. 체벌의 이유가 된 잘못을 지적하는 과정(맞아야 하는 이유를 설명하는 과정) 역시 대개 모욕이 뒤따르기 마련이다. 그렇기에 대법원이 제시한 요건은 그 비현실성으로 인해 학교 체벌을 관리하는 기준으로 정착될 수 없었다. 이 가운데 가장 포기하기 힘든 것은 바로 전시효과다. 공개적으로 이

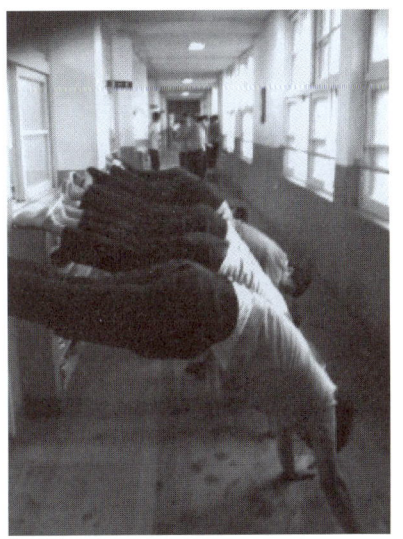

몸으로 질서와 기강을 익히게 한다는 단체 기합

루어지지 않는 체벌은 힘이 없다. 대법원 판결 이후에도 체벌로 인한 사건 사고가 지속된 비밀이 바로 여기에 있다. 결국, '지난 일주일 간 체벌을 몇 번 당했는가'보다 더 의미 있는 질문은 '체벌 장면을 몇 번 목격했는가'일지도 모른다. 체벌 장면을 지켜보는 학생들도 사실상 함께 맞고 있는 셈이니까.

한 학생의 잘못 때문에 반 전체가 단체 기합을 받는 일, 운동부 안에서 한두 선수의 실수로 전체가 얼차려를 받는 일, 군대 신병 훈련소나 대학의 신입생 신고식에서 얼차려나 구타가 사라지지 않는 일은 왜 생길까? 때로는 본때를 보여 주는 것만으로는, 전시효과만으로는 효과가 부족하기 때문 아닐까? 모두가 한번쯤 몸으로 직접 체험해야 질서와 기강의 중요성을 익힐 수 있다는 생각이 단체 기합을 계속 유지시키는 주문이 되고 있는 것은 아닐까?

개 목걸이를 매단 사람

미셸 공드리 감독이 만든 〈휴먼 네이처〉는 체벌의 본질을 근본적으로 탐색하는 데 중요한 시사점을 주는 영화다. 나단 박사는 숲으로 하이킹을 갔다가 문명과 격리된 채 순수 야성 인간으로 지내온 퍼프를 발견하고 그를 자신의 실험실로 데려온다. 박사는 퍼프를 실험실에 가둬 놓은 채 언어와 문명인으로서 갖추어야 할 매너, 문화 감상법 등을 가르친다. 퍼프의 목에는 전기 충격 장치가 걸려 있다. 퍼프가 교육받은 대로 행동하지 않을 때마다 나단 박사는 어김없이 스위치를 눌러 전기 충격을 가한다. 문명인이 되기 위한 마지막 관문인 '성욕 억제 훈련'까지 무사히 통과한 퍼프는 숱한 강연회에 초청되어 '야만인에서 문명인으로' 진화한 과정을 고

백함으로써 박사의 부와 명성을 높여 준다. 그런데 전기 충격을 동원한 반복 학습에도 불구하고 퍼프는 사실 인간의 본성을 버리지 못했고 결국 숲으로 돌아가는 길을 택한다.

이 영화는 아주 중요한 두 가지 질문을 던지고 있다. 하나는 '나단 박사가 정한 문명의 기준은 과연 타당한 것인가?'라는 물음이다. 나단 박사가 퍼프를 열등한 존재로 바라보도록 만들었던 기준, 퍼프가 문명인이 되었다고 열광한 관람객들이 갖고 있는 기준이야말로 위선적인 것은 아닌가. 전기 충격과 같은 강력한 처벌에도 불구하고 사라지지 않은 본성이 있다면, 그 본성을 억누르는 문명이야말로 잘못된 것이 아닌가. 그 문명이 사실은 '누군가'에게만 중요한 것은 아니었는지를 되묻고 있는 것이다. 다른 하나는 '퍼프를 문명인으로 교화하기 위해 사용한 처벌이라는 방식이 과연 진정한 변화를 가져오는가?'라는 물음이다. 퍼프는 전기 충격을 피하기 위해 나단 박사가 보는 앞에서만 문명인이 되어 가는 척한다. 전기 충격과 같은 강력한 처벌 수단조차도 교육적 메시지가 아니라 처벌을 피하기 위한 흉내 내기를 가르칠 뿐이다. 퍼프의 목에는 본능을 억제할 수 없는 열등한 존재라는 표식이 걸려 있다. 바로 개 목걸이와 똑같이 생긴 전기 충격 장치다. 언제든 전기 충격을 받을 수 있는 존재임을 각인시키는 목걸이의 존재 자체가 퍼프를 열등한 존재로 만든다. 과연 이것을 교육이라고 부를 수 있을까? 체벌에 대해 던져야 할 가장 근본적인 질문은 바로 이것이다. 학교는, 교육은 학생을 어떤 존재로 바라보고 있는가?

체벌의 본질을 위트 있게 보여 주는 영화 〈휴먼 네이쳐〉

여기에 태형을
허하라!

학교뿐 아니라 체벌이 남아 있는 다른 사회적 공간을 살펴보면 체벌이 그토록 오래 명맥을 유지하는 이유가 잘 드러난다. 가정, 어린이집, 아동보호시설, 학원, 군대, 교도소, 유치장 등이 대표적이다. 인권에 대한 관심이 커지면서 구타와 같은 직접적 체벌이 줄어들고 있다고는 하지만, 체벌은 질긴 생명력을 유지하고 있다. 얼차려와 같은 간접 체벌도 여전하다. 체벌이 유지되는 공간의 공통점은 그 안에서 무슨 일이 일어나는지 잘 보이지 않고 알려지지 않는다는 데 있다. 또 다른 공통점은 체벌의 대상이 되는 개인이 그 집단을 선택하지 않았다는 점이다. 사람은 대개 주어진 가족 안에서 태어나고 자란다. 아무리 고통스러워도 독립하기 전까지는 견뎌야 하는 공간이다. 가정의 대체 공간인 아동복지시설도 마찬가지이다. 군대 역시 제대라는 합법적 '탈출' 이전까지는 어떻게든 견뎌야 하는 곳이다. 만약 거부한다면 엄청난 대가를 치러야 한다. 결국, 이들 공간의 공통점은 강제성 또는 비자발성에 있다. 구성원들에게는 권리가 아니라 의무만 허락된다. 이렇게 강제가 아니면 유지될 수 없는 체제를 운영할 때 교화는 필수적이고, 교화의 옷을 입고 체벌이 등장한다.

입시 학원 역시 학생들이 선택하는 모양새를 띠고 있지만, 성적 향상이나 대학 입학을 위해 '강제로 공부시켜 주는 곳'으로 선택 아닌 선택을 했기에 체벌의 사각지대가 된 대표적 공간이다. 대개 학원을 다닐지 말지 최종 선택권은 학원비를 대는 보호자에게 있다. 학원에 들어서는 순간 자발적 의지나 흥미와는 상관없이 공부를 시켜 달라는 강제성이 지배적 가치로 등장한다. 강의실마다 폐쇄회로 카메라(CCTV)가 설치돼 있지만, 이는 체벌과 같은 폭력을 감시하기 위해서가 아니라 수업 시간에 딴짓하는 학생들을 불러내 처벌하기 위해서이다. 사회적으로 학교 체벌 금지가 대세로 자리 잡기 시작하자, 그 열풍이 학원가에까지 미칠 것을 우려한 학원장들이 "학생 체벌 규제는 영업권 침해"라고 반발하고 나오는 살풍경도 벌어진다. 학부모들도 생활지도 과정에서 이루어지는 학교 체벌에 대해서는 항의하면서도 성적을 이유로 이루어지는 학원 체벌은 묵인하는 이중성을 보인다. 또, 단기간에 경기력을 끌어올려 상급 학교 진학권을 따내야 하는 학교 운동부에서도 체벌은 계속 일어난다. 2010년 9월에는 교사에게 체벌을 받은 초등학교 운동선수가 사망하는 사건까지 벌어졌다. 이같은 일은 체벌이 신체의 효율을 극대화함으로써 입시 교육의 효율을 최대한 높이는 수단임을 보여 주는 사례들이다.

◀ 「학생 체벌 규제는 영업권 침해」, 〈수원일보〉, 2010년 9월 2일.

맞고 싶어요! 쟤 좀 때려 주세요!

체벌이 낳는 가장 참혹한 결과는 체벌과 강제에 대한 의존성을 키우는 것이다. 인터넷에서는 학생들끼리 '체벌 카페'를 만들어 활동하는 경우도 있다. '공부방'이라는 이름을 달고 있는 한 체벌 카페는 학생들끼리 서로 교사와 학생의 역할을 나누고 과제를 내주면서 체벌을 명령하는 방식으로 운영된다. 이 카페에 가입한 학생들은 맞아 보고 싶다, 공부를 하고 싶다, 통제받고 싶다고 가입 동기를 밝히고 있다. 학생들은 목표로 정한 시험 점수에 도달하지 못하면 스스로를 체벌한 사진을 찍어 올리기도 한다. 한 학생 동아리에서 체벌에 관한 찬반 논쟁을 벌인 끝에 결국 체벌 찬성으로 마무리한 일도 있다. '우리에게는 통제력이 없다. 누군가 잡아 주지 않으면 엇나가기 마련이다. 우리는 맞아야 정신 차린다'는 논리가 다수의 공감을 얻었기 때문이다. 자기 자신을 믿지 못하겠다는 생각, 원하는 결과에 도달하기 위해서는 맞아도 상관없다는 생각이 승리를 거두는 장면이다. 그런

◀ 한 초등학생이 국어는 100점, 수학은 32점, 과학은 65점을 받았는데 맞아야 되는지를 묻자, 교사 역할을 맡은 이 카페의 운영자는 "35대 맞아야 한다. 사진을 찍어서 체벌 검사 코너에 올려 달라"고 답변했다. 한 중학교 2학년 학생은 "공부하려고 이 카페에 가입했다"며 의자에 앉아 자신의 허벅지를 회초리로 때린 사진을 공개하기도 했다.

데 자기를 신뢰할 수 없도록 만드는 것, 자기를 믿을 수 없기에 '통제자'를 불러들이는 것을 과연 교육이라고 볼 수 있을까? 이런 교육에서 자존감을 키우고 민주주의를 배울 수 있을까?

'나는 맞아야 정신 차린다'는 논리는 고스란히 '쟤는 맞아야 정신 차린다'는 논리로 이어진다. 학교에는 '무서운 아이들'이 있다. 수업 시간에 책상에 엎드려 자면서 힘이 약한 여교사가 건드린다 싶으면 대들기도 하고, 쉬는 시간에는 표적을 찾아 어슬렁거리다 체육복이나 신발을 '빌리고' 심부름을 시키는 학생들이다. 그러다 보니 돼먹지 못한 놈들을 교사가 무섭게 잡아 주었으면 하는 바람이 싹튼다. 행여 무서운 학생이 무서운 교사에게 걸려 맞기라도 하면, 그 소식은 마치 무협지를 낭독하듯 흥미진진하게, 속이 다 시원하다는 투로 전달되곤 한다. 문제는 교사가 학교 안의 약자를 대신하여 '무법자'들을 처단한 것으로 드라마가 끝나지 않는다는 사실이다. 교사가 정의의 사도가 되어 무서운 아이들을 힘으로 지도하면 학교에 평화가 온다는 믿음은 바람일 뿐이지 현실이 되지 못한다. 힘 있는 교사에게 걸려 혼이 날수록 그 '무법자'들은 자신의 힘을 보여 줄 수 있는 또 다른 희생양을 찾아 어슬렁거리기 시작한다. 공식적으로는 약자를 괴롭히는 일이 금지되어 있기에 폭력은 보이지 않는 곳에서 반복된다. 표적으로 걸린 아이는 결국 '빵 셔틀'이 된다. 게다가 진짜 '일진'들은 교사들도 함부로 건드리지 못한다. 일진들이 수업 시간에 차라리 자 주면 감사하게 생각하고, 괜히 부딪쳤다 봉변당하는 일이 없도록 알아서 조심한다. 결국, 강자에게는 약하게, 약자에게는 강하게 행동해야 한다는 교훈만이, 말 안 듣는 놈들은 때려서라도 정신을 차리게 만들어야 한다는 교훈만이 살아남는다. 체벌이 또 다른 폭력을 불러오는 악순환은 이렇게 계속된다.

2008년 강릉의 한 고등학교에서는 3학년 학생회장 선배가 후배를 선도하는 과정에서 폭력을 행사해 사망에 이르게 한 사건이 일어났다.

조회 시간에 운동장에 나오지 않고 교실에 남아 있는 후배를 '지도'하는 과정에서 일어난 비극적인 사건이다. 그런데 후배의 죽음을 목격한 다수의 3학년 선배들은 이렇게 말했다. "후배가 죽은 건 안타까운 일이지만, 선배 말을 듣지 않는 후배는 때려서라도 가르쳐야 한다"고. 이런 가치가 지배하는 한, 학교 폭력은 물론이고 사회에 만연한 폭력을 결코 없앨 수 없다. 명분이 무엇이든 폭력에 의존하는 방식이 권위를 갖는 한, 폭력은 돌고 또 돌아 확대될 수밖에 없다.

'울트라 슈퍼맨'인 교사가 나타나 무서운 놈들을 혼내 주기를 기다리고 있는 한, 평화는 결코 오지 않는다. 이는 '핵우산' 문제와 동일하다. 강대국들은 테러를 일으키는 '악의 축'과 같은 국가들을 통제하고 세계 평화를 유지하기 위해서는 자신들만 핵무기를 가져야 한다고 말한다. 자기들이 핵을 갖는 것은 세계 평화를 위한 '경찰 노릇'이지만, 다른 국가들이 핵을 갖는 것은 평화를 위협하는 '깡패 짓'으로 취급한다. "내가 하면 로맨스, 남이 하면 스캔들"의 전형이다. 그리고 이미 핵을 보유한 '큰형님'이 씌워 주는 우산 아래 들어와서 안전을 보장받으라고 말한다. 이때 남겨진 선택은 큰형님에게 머리를 조아리느냐, 아니면 우산 바깥에서 홀로 비를 맞으며 적으로 취급되느냐뿐이다. 이래서야 평화는 오지 않는다. 평화를 위협하는 것은 후발 국가가 핵을 보유하겠다고 나서는 것만이 아니다. 이미 핵을 보유한 큰형님도 위험하긴 마찬가지이다. 문제는 '핵' 그 자체이다. 모든 국가가 핵을 폐기하지 않으면 안 된다. 교사의 체벌과 학생의 폭력도 마찬가지다. 세계 경찰과 깡패 국가의 구분이 아니라 핵 자체가 문제이듯, 체벌과 학생 폭력의 구분 말고 폭력 자체가 사라져야 하는 것이다.

차라리 맞는 것이 낫다?

서울에서 체벌 금지 조치가 이루어진 다음, 한 신문에서는 학생들도 체벌 금지에 반대한다는 보도를 내보낸 적이 있다. 이를 근거로 학생들도 '맞기를 원한다'는 목소리가 힘을 얻게 됐다. 그런데 "차라리 체벌 금지를 없애는 게 낫다!"는 학생들의 이야기를 '맞고 싶다'로 비약시키면 안 된다. 체벌의 대안인 양 이야기되는 상벌점제 역시 문제가 많다는 것을, 정당한 이유 없이 교실에서 쫓겨나는 일이 부당하다는 것을 얘기하고 있는 것이다. 결국, 중요한 것은 단순히 물리적 폭력을 행사했는지의 여부, 신체적 고통을 주었는지의 여부가 아니다. 무엇이 문제 행동으로 정의되고 있는가, 잘못을 저질렀다고 여겨지는 사람에게 자신의 행동을 돌아볼 시간과 여유가 주어지는가에 대해 질문을 던져야 한다. 이런 점에서 최근 널리 확산되고 있는 벌점제(생활평점제)가 본질적으로 체벌과 얼마나 다른지 살펴보아야 한다.

서울의 한 고등학교가 마련한 상벌점제 기준을 옮겨 놓은 82페이지의 표에서도 알 수 있듯이, 상벌점제는 학교가 정한 기준으로 학생의 문제 행동과 칭찬받을 행동을 하나하나 나열하고 각 행동마다 점수를 매기는 제도이다. 잘못의 정도에 따라 매의 횟수가 늘어나듯 벌점이 늘어난다. 일정 점수가 쌓이면 상담이나 교내 봉사를 하거나 학생 자치법정에 넘겨져 동료들이 제시한 처분에 따라야 한다. 때로는 선행을 베풀거나 규정을 어긴 학생을 고발함으로써 벌점을 감할 수도 있다. 친구를 때린 학생도 그 친구에게 사과하는 것이 아니라 교실 청소로 벌점을 감면받을 수 있다. 지각과 폭력의 질적 차이는 사라지고 다만 숫자의 차이만 남는다. 대가를 바라지 않는 선행이 상점을 받거나 벌점을 감하기 위한 행동으로 여겨질 때 그 행동의 가치는 곤두박질치기 시작한다. 체벌이 '매'로 학생을 길들였다면 벌점제는 이제 '점수'를 통해 학생을 길들인다. 대화도 고민도 성찰도 사라진 교육의 자리는 너무도 황폐하다.

그림_배달민

체벌이 '매'를 통해 학생을 길들였다면 벌점제는
이제 '점수'를 통해 학생을 길들인다.

지도내용	항목	점수
용의 · 복장	1) 두발 상태 불량 　-염색, 파마 　-규정보다 긴 머리 　-묶지 않은 긴 머리 2) 용의 복장 불량 　-장신구 착용(목걸이, 반지, 귀고리 등) 　-여학생 화장 행위 3) 명찰 미착용	각 -1점
교내·외 생활	4) 예의가 바르지 못한 행위 5) 쓰레기 무단 투기(화장실, 대·소변기 포함) 6) 껌을 씹거나 아무 곳에나 뱉는 행위 7) 복도 장난 및 교내 소란 행위 8) 실내에서 공놀이를 했을 때 9) 침을 함부로 뱉는 행위(화장실 바닥 포함) 10) 조회, 전체 모임 등 행사 무단 불참 11) 학급 봉사활동 소홀 12) 수업 중 음식물 취식 및 교실 반입 13) 동료 간에 모욕감을 주는 언행 14) 지정된 장소 이외에서 걸레를 빠는행위 15) 무단 횡단, 신호 위반 16) 학교 기물에 낙서 및 무단 훼손하는 행위 17) 담배, 라이터 소지 18) 월장 및 무단 외출 19) 불량 서적이나 비디오 소지, 감상, 배포 등 20) 교사에 대한 불손 행위 21) 폭력에 해당되는 행위 22) 흡연(1차 적발)	-1점 -1점 -1점 -1점 -3점 -1점 -1점 -1점 -1점 -1점 -1점 -2점 -2점 -3점 -3점 -3점 -3점 -3점 -5점
출결 상태	23) 정규 수업 지각(병으로 인한 것은 제외) 24) 무단 결과·조퇴	-1점 -2점
수업 태도	25) 수업 준비 미비 26) 수업 태도 불량 27) 면학 분위기 저해 28) 과제 미제출 29) 수업 중이나 행사 시 휴대폰을 가지고 사용 또는 벨 소리를 낼 때	-1점 -1점 -3점 -1점 -3점
기타	30) 도벽 31) 욕설 32) 경고 행위 적발 시 타인 이름 도용 또는 도주 33) 기타 경고를 필요로 하는 행위 * 기타 중요한 사항은 학교 생활교육 선도 규정에 의거하여 처리한다.	-5점 -1점 -3점 -3점
칭찬	34) 학교 전체를 위해 열심히 일했을 때 35) 급우들에게 필요한 도움을 주었을 때 36) 분실물을 습득, 신고하였을 때 37) 학급 일에 적극적으로 참여했을 때 38) 수업 태도가 바람직하여 타의 모범이 될 때 39) 헌신적으로 봉사활동을 했을 때 40) 노력봉사(벌점 감면용, 봉사활동 3시간 이상) 41) 기타 선행으로 인정할 수 있는 행위 42) 기타 봉사활동을 했을 때	3점 3점 3점 3점 3점 3점 3점 3점 1점

체벌의 대안이
뭐냐고?

다른 사람과 더불어 살기 위해 익혀야 할 규칙이나 도덕은 암기한다고 배울 수 있는 것이 아니다. 학교 폭력을 아무리 엄히 다스려도 사건은 끊임없이 일어난다. 실제로도 상당수의 학생들이 '빵 셔틀'은 폭력이 아니라고 생각한다. 친구에게 부탁한 것일 뿐이라고 대답하는 학생도 있고, 주먹질을 한 것도 아닌데 무슨 폭력이냐고 되묻는 학생도 있다. 10대 여중생이 여섯 살 어린이의 정강이를 걷어차 넘어뜨리는 장난을 하는 바람에 어린이가 크게 다친 '10대 여중생 로우킥 사건'에서 가해 학생들이 재밌어서 장난으로 한 일이 이렇게 커질 줄 몰랐다고 한 것도 단순한 핑계가 아닐 수 있다. 폭력이 일상화된 곳에서 살아온 사람들이 정강이 한번 걷어차고 빵 심부름 좀 부탁한 것이 뭐가 대수이겠는가? 친구에게 매점에서 빵을 사 오도록 시키는 행위는 금지한다고 규칙을 정해 두면 해결될 일일까? 규칙으로 정해 놓고 제재하는 것에는 분명한 한계가 있다. 중요한 것은 학생들이 내 행동이 타인에게 미치는 영향을 고민하고 생각할 수 있는 힘을 갖는 일이고, 사람 사이의 관계와 힘의 차이를 예민하게 인식하고 그 힘이 차이를 타인을 밟고 올라서서 군림하는 데 사용하지 않도록 하는 감수성이다. '나는 장난으로 한 행동이지만 친구는 그걸 기분 나쁘게 받아들일 수 있구나', '교실 청소를 빼먹고 도망가고 싶지만 그러면 남은 친구들이 힘들겠지?', 이런 고민을 반복하면서 어떤 행동을 취할지를 선택하는 과정에서 도덕적 판단력이 생겨난다.

　　모든 잘못된 행동이 개인의 불성실이나 이기심에서 비롯하는 것은 아니다. 반복적으로 지각을 하는 학생을 단지 게으르다, 아침 일찍 일어나는 훈련이 되어 있지 않다고 탓하기만 할 수는 없다. 아침에 깨워 줄 부모님이 안 계실 수도 있고, 밤 늦게까지 아르바이트를 하고 들어와 지쳐 잠들어 못 일어날 수도 있다. 학교에 일찍 와 봤자 얘기할 친구도 없고 하고 싶은 공부가 없을 수도 있다. 체벌도 벌점도 행동의 속내를 살펴보지 않고 표면만을 보고 벌을 내린다. 이유를 묻지 않기에 해결 방안도 찾을 수 없다.

    많은 이들이 체벌이 사라지면 학교에 혼란이 일어날 것이라고 우려한다. 체벌 금지 정책에 대해 체벌의 대안을 내놓고 나서 금지하라며 목청을 돋운다. 체벌의 대안은 과연 무엇인가? 잘못을 저질렀을 때 그 잘못을 솔직히 인정하는 것이 손해가 아니라 용기가 될 때 사람들은 자신의 행동을 진정으로 돌아보게 되지 않을까? 그 과정을 지켜보고 기다려 줄 줄 아는 친구와 교사가 있다면 더욱 힘이 날 것이다. 수업 과정도 마찬가지이다. 지금 교실에서는 질문도 없고 의견도 없다. 입시에 관심 있는 학생들은 학원에서 공부하고, 관심 없는 학생들은 자거나 딴짓을 한다. 교사는 혹시나 일제고사나 수능에 문제가 나올까 봐 진도를 나가는 일에만 열중한다. 이런 교실 상황에서 체벌은 어쩌면 교사의 살아남기 위한 몸부림이었을 수도 있다. 그런데 배움이 일어나려면 질문이 있어야 한다. 교사는 학생의 흥미를 일깨우는 질문을 던져야 하고, 학생은 궁금해해야 한다. 열 명의 교사가 열 개의 교실에 들어간다면 백 가지의 수업이 나와야 마땅하다. 그런데 우리 학교의 현실에는 배우는 사람과 가르치는 사람이 소통할 여백이 거의 없다. 그래서 많은 교사들이 최후의 통제 수단으로 체벌권이 있느냐 없느냐에 연연하는 것은 아닐까? 만약 입시 제도에서의 성공 이외에 다른 삶을 상상할 수 있다면, 현재의 욕구를 유예하지 않고 '지금 이곳'에서 즐겨도 낙오하지 않는다면, 때려서라도 우리를 잡아 달라고 호소하는 학생들이 없어지지 않을까? 그래서 체벌 문제는 단지 교사의 학생 지도 수단을 바꾸는 문제가 아니라 삶과 교육에 대한 상상력을 바꾸는 문제가 된다.

　　그런 의미에서 체벌의 대안은 '체벌을 없애는 것'밖에 없다. 교사가 학생에게 공부든 생활 태도든 뭔가를 강제하기 위해 체벌을 유지해 왔다면, 서로를 강제하지 않으면서 배우고 가르칠 수 있는 관계와 조건을 만든다면 굳이 체벌을 할 필요가 없을 것이다. 결국, 체벌 없는 학교를 꿈꾼다는 것은 학생과 교사가, 학생과 학생이 서로 존중하면서 배움의 기쁨을 일구어 나가는 학교를 만들자는 것이다. 그 꿈이 그토록 비현실적이고 거창한 것인가?

맞을 짓 한 자? 맞아도 되는 자!
체벌과 폭력 사이

체벌이 아니면 어떻게 해야 하는 걸까요?

저는 서울에서 중학교를 다니고 있는 학생입니다. 교육청에서 2010년 2학기에 체벌을 전면적으로 금지하라는 지침을 내렸고, 그에 발맞춰 우리 학교에서도 체벌이 사라졌습니다. 저도 학생들이 인격적으로 대접받아야 한다고 생각해요. 솔직히, 체벌이 있었던 때에도 노는 애들은 놀고 공부할 애들은 공부하고 그랬어요. 때린다고 애들이 달라지는 것도 아니고요.

그렇지만 학생인 제가 봐도 '쟤는 좀 맞아야 정신 차리겠다' 싶은 애들이 있어요. 학교는 여럿이 공부하는 곳인데, 자기 멋대로 구는 애들은 문제가 있는 것이 아닐까요? 특히 수업 시간에 공부에 집중하고 싶은데 수업을 고의적으로 방해하는 애들을 보면 화가 나요. 그런데 체벌이 없어지다 보니까 선생님들이 그런 아이들을 어쩌지 못하고 쩔쩔매시는 것 같아요. 선생님도 그런 아이들을 제지하지 못하는데, 같은 반 친구들이 뭐라고 한다고 조용히 할까 싶기도 하고요. 체벌은 사라져야 하지만, 단체 기합이나 떠드는 애들을 교실 밖으로 내보내는 일 정도는 필요하지 않을까요?

토론거리

1 학교에서는 주로 어떤 행동이 '교사에게 맞을 짓'으로 여겨져 왔나? 그것들은 왜 문제 행동으로 여겨질까? 그런 행동들은 모두 문제가 있고 잘못된 행동일까?

2 수업 시간에 떠드는 학생이 수업에 집중하지 못하는 이유는 뭘까? 그런 학생들은 어떻게 대해야 할까?

3 단체 기합이나 교실 뒤에 서 있기, '생각하는 의자'에 앉아 있기, 복도에 나가 무릎 꿇고 앉아 있기 등도 신체에 고통을 주기는 마찬가지이다. 직접 때리는 것은 아니지만 말이다. 그렇다면 이런 벌도 '체벌' 또는 '폭력'에 해당할까?

4 수업 중에 학생을 교실 밖으로 나가도록 하는 조치를 어떻게 봐야 할까? 어떤 경우에 이 행동은 정당화될 수 있을까?

5 체벌의 대안으로 상벌점제나 성찰교실 등이 논의되고 있다. 문제 행동을 하는 학생에게 벌점을 부과하고 칭찬받을 만한 행동을 하면 상점을 주는 것이 상벌점제이다. 문제 행동을 보인 학생을 다른 교실로 보내 상담을 받도록 하는 것이 성찰교실이다. 이 제도들은 어떻게 봐야 할까? 만약 여러분이 '학교 규정 개정 위원회'에 초대된다면, 어떤 의견을 내겠는가?

③ 우아한 거짓말과 구차한 양심

양심의 자유, 사뿐히 지르밟고 가시더이다!

공개 수배

이 범인은 학교에 오랫동안 잠복하여 학생들로부터 양심의 자유를 도둑질해 왔습니다. 범인을 보신 분은 ○○○-○○○○으로 신고해 주시면 감사하겠습니다.

위반 법률
 1) 헌법 19조 "모든 국민은 양심의 자유를 가진다."
 2) 세계인권선언 18조 "모든 사람은 사상, 양심, 종교의 자유에 대한 권리를 가진다."

피해 사실
1) 학생들로 하여금 스스로 어떤 일의 옳고 그름을 판단하는 대신, 권력자의 눈치를 보며 그의 판단에 의존하도록 만듦.
2) 자기 '마음의 소리'를 경청하고 그 소리에 충실히 따르지 못하도록 만듦으로써 학생 개개인의 인격과 존재 가치를 남이 좌우지할 수 있도록 함.

공개 수배가 뜨자 여기저기서 제보가 폭주했고, 결국 용의 선상에 오른 범인은 다섯으로 좁혀졌다. 학교 규칙 준수 서약, 국기에 대한 맹세, 순결 서약, 반성문, 일기장 검사가 바로 그들이다. 용의 선상에 오른 이들은 불려 나오자마자, 자기는 절대 범인일 리 없다며 목청을 높였다. 어찌나 기세가 등등한지 제보자들이 오히려 주눅이 들 정도였다. 과연 이들이 진짜 범인일까? 아니면 제보자들이 삐딱한 시선으로 본 걸까?

제보자 1 | 우리 학교는 입학할 때부터 "학교 규칙을 충실히 따르며 만약 규칙을 위반했을 때에는 어떠한 처벌도 달게 받겠다"는 서약서를 내도록 하고 있습니다. 자기 서명은 물론 부모님 서명까지 제출해야 하고, 입학식 때는 신입생 대표가 나가서 큰 소리로 서약서를 낭독하는 시간도 갖고 있어요. 서약서를 내라고 했을 때 뭔가 찝찝한 기분이 들었지만, 학교에 들어가려면 당연히 해야 하는 거구나 생각했죠. 근데 생각하면 할수록 문제가 있는 것 같아요. 아니, 규칙을 어기면 징계를 주면 될 일이지 미리 이런 서약을 받는다는 건 학생들을 범죄자 취급하는 것 아닌가요? 착한 학생 확인증 같은 느낌도 들고요. 더구나 그 규칙이 옳은지 그른지 따져 볼 틈도 주지 않은 채 동의하라고 강요하는 것도 그래요. 무슨 항복문서 받아 내는 것도 아니고.

학교 규칙 준수 서약 | 아니, 무슨 말입니까? 학생이라면 학교 규칙을 지키는 게 당연한 일 아닙니까? 학생의 본분을 확인하는 절차를 거치는 것뿐인데 양심의 자유까지 들먹이는 건 지나치죠. 양심이라고 하니 말입니다만, 양심의 자유가 제멋대로 할 자유를 말하는 건 아니지 않습니까? 학생들이 본분을 잊어 버리거나 학교 규칙을 지켰다 안 지켰다 하는 경우도 많아요. 그러니 규칙은 따라야 한다는 걸 명심시키는 게 중요하지요.

아니, 그리고 자기가 떳떳하면, 속에 딴마음을 품고 있는 게 아니라면, 왜 서약서 한 장 못 써냅니까?

제보자 2 | 국기에 대한 맹세가 참으로 수상합니다. "나는 자랑스러운 태극기 앞에 자유롭고 정의로운 대한민국의 무궁한 영광을 위하여 충성을 다할 것을 굳게 다짐합니다." 세상에 이런 맹세문을 외우게 하는 나라가 어디 있어요? 사실, 대한민국이 자유롭고 정의로운 나라인지도 잘 모르겠고, 대체 국가의 영광이 뭔지, 국가에 충성한다는 게 뭘 말하는지도 잘 모르겠는데 무조건 충성을 맹세하도록 강요한다는 게 이해가 되지 않습니다. 정 마음에 안 들면 국민의례 할 때 안 일어나면 될 것 아니냐고 얘기하는 분도 있는데, 그게 쉬운 일이 아니에요. 너무 튀잖아요. 찾아보니 국기에 대한 맹세가 일제 강점기 때 일본 천황한테 맹세하던 걸 그대로 본떠 만든 거라면서요? 해방된 지가 언젠데 쪽팔리게 이게 뭡니까?

국기에 대한 맹세 | 누가 절 신고했어요? 그 사람은 분명 국가관에 문제가 있을 겁니다. 아니, 나라가 있어야 국민이 있는 것 아닙니까? 자기 나라를 자랑스럽게 여기고 나라를 위해 헌신하는 건 국민의 당연한 도리지요. "나라가 나한테 해 준 걸 따지기 전에 내가 나라를 위해 뭘 할까를 먼저 생각하라"는 말도 있지 않습니까? 절 신고한 사람처럼 삐딱한 생각을 가진 사람들이 생겨나지 않도록 하기 위해서도 일상적으로 애국심을 기르고 국가와 나를 가깝게 느끼도록 만드는 게 중요합니다. 월드컵이나 올림픽 때 거리를 가득 메운 응원 인파를 보세요. 시민들이 태극기를 흔들며 애국가를 목 놓아 부르고 '오 필승 코리아'도 부르고 대한민국을 응원하는 걸 보면 얼마나 감동적입니까? 그런데 안타깝

게도 월드컵이나 올림픽은 4년에 한 번밖에 돌아오지 않아요. 그러니 평소에 애국심을 되새김질하도록 하는 건데 뭐가 나쁩니까? 게다가 국기에 대한 맹세를 하지 않는다고 잡아가는 것도 아니고 벌금을 매기는 것도 아닌데, 정 싫으면 자기 혼자 안 하면 될 것 아닙니까. 왜 남들이 기분 좋게 하는 일에 배 놔라, 감 놔라 하는 겁니까.

제보자 3 | 혼전 순결 서약이 범인이 아닐까 의심스러워요. "하나님께서 짝지워 주실 나의 배우자를 위해 순결을 지킬 것을 맹세합니다. 진정한 사랑을 위해 배우자를 만나 완전한 결합을 이룰 때까지 나의 몸과 마음을 순전하게 간직하겠습니다." 문구도 참으로 오글거리는 데다가 서약까지 받는 건 오버라고 생각해요. 성이나 결혼에 대한 생각은 사람마다 다를 수 있잖아요? 결혼 전에 성관계는 안 된다고 생각할 수도 있고, 결혼할 사람이라면 혼전 성관계도 괜찮다고 생각할 수도 있고, 결혼 여부와는 상관없이 섹스는 할 수 있다고 생각할 수도 있잖아요. 또, 다른 사람과 섹스를 한 적이 없어야만 순결한 건가요? 상대방을 속이지 않고 진정으로 대하고 사랑하면 되는 것 아닌가요? 그런데도 한 가지 방식만이 순결인 양 강요하는 건 성과 사랑에 대한 일면적 가치관을 주입하는 것 같아요.

순결 서약 | 정말 억울합니다. 요즘 퇴폐 향락 문화가 얼마나 심각합니까? 포르노 동영상이 인터넷에 플랑크톤처럼 떠다니는 시대입니다. 학생의 본분을 잊고 나쁜 성 문화에 빠지거나 잘못된 성 의식으로 범죄를 저지르는 경우도 늘어나고 있어요. 이럴수록 학교가 나서서 바른 성 문화를 가르쳐 줘야죠. 성이라는 게 단지 향락이 아니라 배우자와의 아름다운 결합이라는 걸 제대로 알려 주고 친구들 앞에서 약속하고 서

로 증인이 되어 힘을 주는 게 뭐가 나쁩니까? 바람직한 성교육의 일환으로 이루어지는 일인데, 거기에 무슨 양심의 자유가 나옵니까? 성행위에도 양심이 필요합니다. 다른 사람과의 성 경험을 숨기고 배우자를 만나는 것이야말로 비양심적인 일 아닐까요?

제보자 4 | 저는 반성문이야말로 눈에 잘 띄지 않는 진짜 범인이라고 생각합니다. 반성문이라고 아무렇게나 써내면 되는 게 아니더라고요. 선생님이 원하는 내용으로 채워야 오케이 사인이 떨어지죠. 자기가 잘못했다는 생각이 들지 않는데도 잘못했다고 써야 하는 경우도 있어요. 학교가 일방적으로 잘못된 행위의 기준을 정해 놓고서는 무조건 따라 그러고, 나쁜 놈 취급하면서 반성문까지 강요하는 건 말이 안 된다고 생각해요. 반성문을 쓰는 것 자체가 벌인데 마치 벌 대신인 양, 선처해 주는 것인 양 얘기하는 것도 어이없고요.

반성문 | 아니, 정말 억울하네요. 나쁜 놈들, 버르장머리 없는 놈들, 남한테 피해 준 놈들의 비양심을 보호하는 게 인권입니까? 학교는 학생들을 교육하는 곳입니다. 잘못을 했으면 반성할 줄 아는 사람을 만들어야 하지 않습니까? 요즘 애들 잘못을 저질러 놓고도 인정하지 않는 경우가 많아요. 자기가 뭘 잘못했는지 곰곰이 생각해 보고 그걸 글로 풀어내다 보면 자기가 잘못한 것이 뭔지 깨닫는 데 도움이 됩니다. 한두 번의 실수나 잘못에 대해 때리거나 벌을 주는 것보다는 반성문이 훨씬 더 교육적인 것 아닙니까?

제보자 5 | 일기장 검사라는 녀석이야말로 진짜 수상합니다. 초등학교 때부터 글쓰기 훈련이다 뭐다 해서 일기 쓰기를 숙제로 내주고 선생님이

검사하지 않습니까? 부모님이 일기장을 몰래 보다가 들키면 무안해 하기라도 하는데, 학교에서는 아예 대놓고 검사를 합니다. 일기장은 자기와 대화하는 공간이고 자기 속마음을 맘껏 털어놓는 곳이지 않습니까? 그런데 선생님이 본다 생각하고 쓰면 하고 싶은 말을 그대로 쓸 수가 없어요. 착한 아이 행세를 하는 학생들도 있고요. 검사용 일기장과 진짜 일기장, 두 개를 갖고 있는 아이들도 있어요. 일기를 검사하는 건 사생활을 침해할 뿐 아니라, 거짓말을 가르치는 것이나 다름없습니다.

일기장 검사 | 살다 살다 이런 황당한 이유로 불려 나오다니 정말 기가 막힙니다. 일기 쓰기는 정말 좋은 습관이에요. 하루를 돌아보고 반성하는 사람이 더 나은 내일을 준비할 수 있지요. 글쓰기 연습도 되고요. 그런데 습관으로 자리 잡기까지는 검사라는 형식이 필요합니다. 또, 교사 입장에서는 애들이 무슨 생각을 하는지, 요즘 어떤 고민이 있는지, 어제는 어떻게 생활했는지 알면 생활지도하는 데도 도움이 돼요. 차마 털어놓기 힘든 얘기를 일기장에 써서 도와달라고 얘기하는 학생도 있고요. 선생님이 어떻게 쓰라고 미리 내용을 알려 주는 것도 아니고, 일기장에 적힌 내용을 근거로 벌을 주는 것도 아닌데 그게 무슨 양심의 자유를 해친다는 겁니까. 정말 억울해요.

제보로 불려 나온 이들은 모두 범인일까? 이들 중 잘못 불려 나온 이도 있을까? 제보자의 말도 그럴듯하고 자기는 절대 아니라고 손사래를 치는 용의자들의 변명에도 일리가 있는 듯하다. 학교에서 익숙하게 펼쳐지는 서약과 반성의 풍경들. 정말 양심의 자유를 침해하는 것일까?

'양심'과 '양심의 자유'는 같은 말일까?

남의 것을 탐하는 사람, 번지르르한 거짓말을 일삼는 사람, 비리를 저지르는 사람, 새치기하는 사람, 도움을 받고서도 고맙다는 인사조차 하지 않는 사람을 두고 우리는 흔히 비양심적, 비도덕적이라고 욕을 한다. "쯧쯧, 사람이 양심이 있어야지"라고 할 때의 양심은 어질고 진실된 마음가짐, 또는 사람이라면 지켜야 할 기본 도덕을 가리킨다. 자기 잘못을 스스로 털어놓는 사람을 두고서는 "참 양심적인 사람이야"라며 칭찬을 하기도 하고 "그래도 양심은 있네"라고 비꼬기도 한다. 이때 양심은 '있고 없고'의 문제다.

그 반면에, '양심의 자유'라고 할 때 양심은 사뭇 다른 뜻을 지닌다. 이때 양심은 밖에서 주어진 도덕이 아니라 자기 내면에 자리 잡은 생각이나 판단, 윤리 등을 뜻한다. 양심은 세상을 바라보는 관점(세계관)을 이를 수도 있고, 국가나 사회를 바라보는 관점(국가관, 사회관), 삶을 대하는 태도(인생관), 어떤 일의 옳고 그름, 좋고 나쁨에 대한 판단에 이르기까지 세상에 대해 가질 수 있는 모든 생각을 아우르는 말이기도 하다. '민주주의보다 독재가 더 유능하다'고 생각하는 사람을 두고 '비양심적'이라고 비판할 수는 없다. 우리는 온갖 생각을 품고 판단을 하며 살아간다. 무엇이 옳은 행동인가, 이 세상은 살 만한가, 나답다는 건 뭔가, 나는 어떤 삶을 살아가고 싶은가, 어떤 선택이 나에게 더 이로운가? 이 모든 질문과 그 질문에 대한 답을 스스로 발견해 나가는 것, 그것이 바로 양심의 자유가 말하는 양심이다. 사람은 누구나 남에게 좌지우지되지 않고 자기만의 '마음의 방'을 가꾸고 지키고자 하는 욕구를 갖고 있다. 내 몸의 주인이 나인 것처럼 내 머릿속과 마음의 주인도 나여야 하니까. 줏대가 빠진 수레바퀴가 튕겨 나갈 수밖에 없듯, 줏대 없는 삶도 쓰러질 수밖에 없다. 양심의 자유에서 양심은 있고 없고의 문제가 아니라 '지키느냐 빼앗기느냐'의 문제다.

지켜야 할 신념이 없는 사람에게도 양심의 자유가 필요할까?

양심의 자유라고 할 때 양심이 꼭 거창한 신념이나 사상을 의미하는 것은 아니다. 잘나고 위대한 사람만이 신념과 사상의 소유자가 되는 것도 아니다. "저 친구는 참 주관이 뚜렷한 사람이야"라고 할 때의 주관도, "왜 교직원 화장실에는 비누가 있는데 학생 화장실에는 비누가 없지?"라는 의문도, "난 우리 부모님처럼은 살지 않을 테야"라는 다짐도, "줏대 있게 밀어붙여 봐야지"라는 충고도, 모두 소중히 대접받아야 할 양심에 해당한다. 이 모든 생각의 갈래들이 우리의 내면을 이루고 자기다움을 빚어내는 요소이다. 위대한 사람만 양심을 갖는 것이 아니라, 양심이나 자기만의 생각이 사람을 귀하게 만든다.

'두발 자유' 문구가 적힌 배지. 교문 앞에서는 왜 숨기게 되는 걸까?

"내일도 그 배지 달고 오면 끝장날 줄 알아! 교복엔 이름표 말고 아무것도 착용할 수 없다는 규정 몰라?" '두발 자유'라는 말이 적힌 배지를 달고 등교했던 한 중학생이 교문 지도에 걸렸다. 선생님은 내일도 배지를 달고 오면 가만두지 않겠다고 엄포를 놓았다. 이튿날 아침. 배지를 달고 가자니 무섭고 떼고 가자니 비겁한 행동 같다. 양심을 지킬 것인가, 외면할 것인가를 선택해야 하는 얄궂은 상황이다. 이 친구는 교복 상의에 달린 배지를 조심스레 떼어 가방에 옮겨 달았다. '교복에 달면 안 된다고 하셨지 가방에 달지 말라고는 하지 않으셨잖아.' 묘한 꾀를 짜냈다고 들뜬 마음도 잠시, 자꾸만 어깨가 처진다. 비겁하게 배지를 아예 뗀 것도 아닌데 왜 자꾸 어깨가 처지는 걸까? 이 학생의 이야기는 양심의 자유가 학교 안에서도 왜 귀하게 대접받아야 하는지를 잘 보여 준다. '양심이 없는 사람'은 죄책감을 느끼거나 다른 사람을 화나게 할 뿐이지만, '양심을 빼앗긴 사람'은 아무리 그럴듯한 변명거리를 찾아내더라도 구차하다는 느낌을 피할 수 없고, 심지어는 자기 자신을 혐오하게 된다.

  물론, 자기 생각의 허점이나 문제점을 돌아보고 스스로 고치고 보완해 나가는 일은 중요하다. 그러나 스스로 돌아보고 깨닫는 것이 아니라 권력자의 뜻에 따라 생각을 수정해야 할 때 양심의 자유는 훼손된다. 진짜 속내까지 바꾼 것은 아니라도 양심에 어긋나는 행동을 해야 할 때도 있다. "빨리 잘못했다고 빌어! 그럼 용서해 줄게." 잔뜩 화가 난 교사나 부모가 잘못을 인정하라고 다그칠 때, 설령 잘못을 했다고 생각할지라도 잘못했다고 고백하는 일은 묘한 굴욕감을 느끼게 만든다. 하물며, 잘못이 아니라고 생각하는데도 잘못을 인정해야 한다면 더 큰 굴욕감을 느낄 것이다. 그래서 "그래도 지구는 돈다"라는 갈릴레이의 독백에도, "부자들만을 위한 공화국을 서민을 위한 공화국으로 바꿔야 합니다"라는 당당한 선언에도, "전 그렇게 생각하지 않는데요"라는 당돌한 말대꾸에도, "내가 잘못한 게 아닌데……"라는 기어들어가는 목소리에도 양심의 자유를, 자기의 귀함을 지키고자 하는 안간힘이 묻어 있다.

위험천만한 생각도
보호받아야 할까?

2차대전 이후 독일에서는 나치즘을 청산하는 일을 치열하게 전개했다. 그런데 몇 해 전 독일에서는 나치의 후손이 자기 부모나 조부모를 처벌한 국가에는 협력할 수 없다며 병역 거부를 선언하는 일이 벌어져 논란에 휩싸였다. 그것도 양심의 자유란 이름으로. 나치즘처럼 수많은 생명을 앗아가고 민주주의를 탄압했던 위험천만한 주의(-ism)도 보호받아야 할 양심일까? 프랑스 사상가 볼테르는 "나는 당신의 생각에 반대한다. 그렇지만 만약 당신이 가진 생각 때문에 탄압을 받는다면, 나는 당신 편에서 싸우겠다"고 말했다. 비록 내가 그 사람의 생각에 동의하지는 않지만 어떤 생각을 품거나 표현했다는 이유만으로 처벌하는 일은 옳지 않다는 얘기다. 볼테르의 주장처럼 양심의 자유는 다수가 반대하거나 심지어 증오하는 생각을 보호할 수 있을 때 존재 가치를 지닌다. 다수가 동의하고 인정하는 생각이라면 굳이 권리나 자유를 들먹일 필요도 없을 테니까.

사실, 다수의 지지를 얻고 있는 생각, 권력자가 품은 생각은 이미 그 사회에서 지배적 힘을 갖고 있기에 굳이 양심의 자유라는 우산을 필요로 하지 않는다. 피해야 할 소나기나 태풍이 없으니까. 1970년대에는 술을 먹다가 "박근혜(박정희 대통령의 딸)와 김정일(김일성 수령의 아들)을 결혼시키면 남북이 적대하지 않고 우리나라가 통일되지 않겠느냐"고 말한 사람이 국가보안법을 위반했다는 이유로 잡혀가 처벌받은 일이 있다. 황당한 생각이라며 비웃고 말면 될 소리가 누군가의 심기를 건드렸다는 이유로 국가를 전복할 위험한 소리로 둔갑해 버렸다. 이처럼 누군가에게는 위험천만해 보이는 생각, 삐딱한 생각, 소수의 생각이야말로 양심의 자유라는 우산이 필요하다. 갈릴레이의 지동설은 종교재판에서 유죄 판결을 받았지만 지금은 과학적 진리로 자리 잡았다. 불과 200여 년 전, 여성도 남성과 똑같이 투표권을 행사할 수 있어야 한다는 생각을 품었던 올랭프 드 구즈라는 프랑스 여성은 단두대에서 처형당했지만, 지금 여성의 투표권을 부정하는 생각은 찾아보기 힘들다. 다수의 지지를 얻으며 등장한 새로운 생각은 없다. 때로는 불편하고 때로는 위험해 보이는 생각들도 자유롭게 표현할 수 있어야 사람들은 새로운 질문을 만나고 지금과는 다른 삶을 상상할 수 있게 된다.

그럼 어떤 생각이 이 우산을 필요로 하는지 알 수 있는 방법은 무엇일까? 마음에 품은 생각이 외부로 드러날 수 있어야 알 수 있다. 그래서 양심의 자유는 표현할 자유(표현의 자유), 모여서 외칠 자유(집회·결사의 자유), 정치적 힘을 결집시킬 자유(정치 활동의 자유), 작품으로 전시할 자유(학문·예술의 자유) 등을 함께 요청한다. 또한, 누가 어떤 생각을 갖고 있는지, 가져 왔는지를 예의 주시하고 머릿속을 헤집는 일로부터도 보호받아야 한다. 최근 교육과학기술부가 초등학교 때부터 고등학교까지 12년간 학생들이 읽은 책 목록을 한눈에 파악할 수 있도록 시스템을 구축하고 각 대학이 신입생을 뽑을 때 입학사정관의 참고 자료로 사용할 수 있도록 하겠다고 발표해 비판이 일고 있다. 어떤 책을 감명 깊게 읽었는지, 지금은 어떤 책을 좋아하는지는 그 사람의 지적 이력과 현재 성향을 파악하는 데 중요한 단초를 제공한다. 이런 것을 국가가 파악하는 것, 혹은 대학 입시의 당락을 결정하는 기준으로 사용하는 것은 어떤 결과를 초래할까?

사실, 위험천만하게 느껴지는 생각을 갖는 일보다 더 큰 문제는 아예 자기 생각이 없는 것 아닐까? 대다수 사람이 스스로 질문하는 힘, 자기 줏대를 가지지 않고 권력자의 생각으로만 머릿속을 채우고 있는 사회야말로 위험천만하다. 특히 학교는 스스로 생각하는 법, 눈치 보지 않고 말하는 법을 배우는 곳이어야 한다. 생각의 차이, 서로 부딪치는 생각들의 소통이 허락되지 않는 공간에서는 배움을 통한 성장이 이루어질 수 없다. 그런데 우리 학교의 현실은 어떤가?

"여러분은 학생입니다. 여러분, 사랑합니다. 여러분을 위해서 선생님들이 노력합니다. 노력해도 되는 게 있고 되지 않는 게 있습니다. 되지 않을 때는 이유가 있습니다. …… 비판적인 의식, 부정적인 사고방식은 지금 필요 없습니다."

2008년 봄, 경기도의 한 사립학교에서는 학생들이 학교 옥상에 올랐다. 수용소 같은 기숙사, 체벌, 두발 규제, 급식 비리 등 '리얼 입시 정글고'나 다름없던 이곳에서 견디다 못한 학생들은 마침내 인간다움을 되찾기 위한 요구를 종이비행기에 적어 날렸다. "사육이 아닌 진정한 교육을 원해요!" 이튿날 오전 방송 시간이 되자, 생활지도부장의 으름장이 쏟아져 나왔다. 비판 의식, 부정적 사고방식은 학생에게는 필요 없다! 이 교사가 말한 비판적, 부정적 사고방식이란 학교에 불만을 품는 생각을 말한다. 학교를 불편하게 만드는 생각, 학교의 질서를 어지럽히는 생각, 다른 학생을 동요시키는 생각은 허락하지 않겠다는 말이다. '마이크를 거머쥔 자'들은 자기만이 유일한 진리와 도덕의 심판자라 자처한다. 마이크를 쥔 자의 생각만이 일방적으로 강요되는 곳에서는 꽃피어야 할 양심이 존재하지 않는다.

발표할 때 혹 실수하지는 않을까, 내 생각이 너무 터무니없는 것은 아닌가, 학교에 밉보이면 어쩌지, 이런 눈치를 보는 데 익숙해져 있는 사람이 "내게도 양심의 자유가 있다!", "내 양심의 자유를 보장하라!"는 적극적 주장을 펼치기를 기대하기는 어렵다. 학교가 가르쳐주지 않는, 인정하지 않는 생각을 품고 학교를 좀 더 살 만한 곳으로, 배움을 즐거운 것으로 만들 용기를 내기도 힘들다.

규칙을 지키겠다는
약속이 뭐가 나빠?

우리는 살아가면서 수많은 약속을 한다. 하루에 게임은 한 시간만 하겠다는 약속, 평생 너만을 사랑하겠다는 약속, 수능이 끝난 후에 다시 만나자는 약속, 다시는 술 먹고 대리운전 부르지 않겠다는 약속에 이르기까지 일상은 약속으로 넘쳐 난다. 온라인 카페, 회사, 학교 등 다수가 이용하는 공간에서는 구성원이 함께 지켜야 할 약속을 공지하여 숙지시키는 일이 더 중요해진다.

그런데 상호 합의하에 이루어지는 약속과는 달리 일방적으로 강요되는 약속도 세상에는 넘쳐 난다. 대개 선서나 서약의 형식을 띠고 있는 것들은 기관이나 국가가 그 구성원들에게 통과의례로 요구하는 것들이다. 회사에 몸 바쳐 일하고 회사 규칙을 준수하겠다는 신입 사원 선서, 법과 상사의 명령에 복종하겠다는 공무원 선서, 법정에서 진실만을 말하겠다는 증인 선서에 이르기까지 온갖 서약들이 존재한다. 학생들은 입학할 때 신입생 서약서 제출을 요구받기도 한다. "학교의 교육 방침에 순응하고 학업에 충실하여 학생으로서의 본분을 다할 것이며 교칙을 위반하였을 때는 어떤 처벌도 감수할 것을 서약합니다." 중·고등학교는 물론 일부 대학에서도 서약서 제출을 요구한다. 각종 서류 양식을 내려받을 수 있는 인터넷 사이트에 들러 보면 '신입생 서약서' 양식은 단골 메뉴 자리를 차지하고 있다.

어떤 사회든 규칙은 있게 마련인데, 그 규칙을 지키겠다고 약속하는 것이 뭐가 문제일까? 만약 그 규칙이 함께 정한 약속이 아니라 한쪽이 일방적으로 강요하고 다른 한쪽은 무조건 따라야 할 복종의 의무라면? 그것도 구성원이 되기 위해 거쳐야 할 필수 관문이라면? 이때는 그 규칙의 존재 자체도, 규칙 준수에 대한 약속을 강제하는 것도 문제가 된다. 사

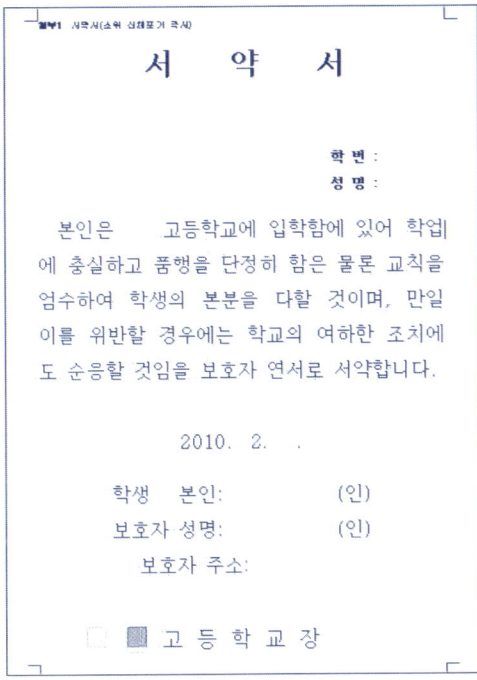

수원에 있는 한 고등학교에서 신입생들에게 받아 낸 서약서

실, 대부분의 학생이 배정받은 학교의 교칙을 읽어 보지도 않은 채로 입학한다. 학교가 가진 힘과 학생이 가진 힘에는 엄청난 격차가 있다. 그런데도 교칙을 위반하면 어떠한 처벌도 감수하겠다는 서약서를 받는 것은 이 학교에 있는 동안 어떤 이의도 제기하지 않겠다는 항복문서를 받아 내는 것이 아닐까? 문제가 있는 교육 방침이나 교칙은 무조건 지킬 것이 아니라 바꾸어야 하지 않을까? 문제가 있는지 없는지를 판단할 기회조차 앗아 가는 것은 가혹하지 않은가? 비록 문제가 없는 교칙이라고 할지라도, 그것을 위반했을 때는 어떠한 처벌도 감수해야 하는 것일까? 그 처벌이 너무 가혹

하거나 공평하지 않은 경우에도? 이런 의문이 꼬리에 꼬리를 문다.

　　이런 서약의 관행은 의사나 간호사로서 윤리적 의술 행위를 펼치 겠다는 히포크라테스 선서식이나 나이팅게일 선서식과는 다른 의미를 갖는다. 히포크라테스 선서나 나이팅게일 선서는 의과대와 간호대 졸업식에서 이루어진다. 대학에서 배운 의학 지식과 의료인으로서 지켜야 할 윤리를 다시 한 번 되새기는 의식으로, 참여하지 않는다 해서 불이익은 없다. 의료인에 비해 상대적으로 약자일 수밖에 없는 환자들의 처지를 잘 살피겠다는 '권력자의 자기 다짐'이기도 하다. 그 반면에, 학교에서 이루어지는 서약의 관행은 상대적 약자인 학생을 대상으로 하고 있다. 참여하지 않으면 불이익을 각오해야 한다.

　　그렇다면 학교는 왜 서약서나 서약식에 목을 매는 것일까? 공기 중으로 흩어지는 말보다는 문서가 더 의무감을 높인다. 그 의무를 다하지 않았을 때 서약서를 들이밀면 기선을 제압하기 편하다. 만약 학교와 학생 사이에 다툼이 일어날 경우에는 "네가 서약서까지 써 놓고 왜 이제 와서 딴소리냐!"라는 말로 승기를 잡을 수 있다. 실제로, 2004년 종교계 사립학교에서 종교를 강요하는 것은 인권 침해라는 문제를 제기해 주목을 받았던 서울 대광고 강의석 씨 사건에서도 신입생 서약서가 학교를 변호하는 증거물로 제시됐다. 학교 질서 문란, 학교의 지도 불응 등을 이유로 퇴학을 당한 의석 씨는 학교의 처사가 부당하다며 손해배상을 청구하는 소송을 제기했는데, 학교는 이렇게 주장했다. "강의석 학생이 입학식에서 신입생을 대표하여 학교의 교육과정을 충실히 따르기로 선서한 만큼, 이미 학교에서 이루어지는 종교의식과 종교교육을 따르겠다고 동의한 것이다!" 신입생으로 입학할 때 강의석 학생은 과연 학교의 교육과정에 종교 강요가 포함돼 있다는 걸 알고 있었을까?

침묵하는 것도
양심의 자유다?

때로는 입을 다무는 일도 양심의 자유를 행사하는 일이 된다. "빨리 잘못했다고 말 못 해?"라고 윽박지르는 부모 앞에서 끝까지 침묵하는 어린아이를 간혹 볼 수 있다. 부모가 가진 잘못의 판단 기준에 동의할 수 없기에 어린아이조차도 침묵으로 항변한다. 영화 〈경계도시 2〉는 재독 학자 송두율 교수가 37년 만에 귀국길에 오른 뒤 이 땅에서 겪은 양심의 고초를 다루고 있다. 당시 송 교수는 북한의 고위 간첩이라는 의혹을 받고 있는 상태에서 귀국했다가 체포됐고, 2008년 결국 무죄 판결을 받았다. 평소 송 교수는 수많은 저작을 통해 남도 북도 아닌 '남과 북의 경계인'으로 살겠다는 학자적 양심을 밝혀 왔다. 그러나 귀국 후 송 교수에게는 경계인의 지위가 허락되지 않았다. 어느 편인지를 밝히라는 거센 여론몰이에 결국 송 교수는 무너졌고, "대한민국 헌법을 준수하며 살겠다"는 선언을 하기에 이른다. 어디에도 소속되지 않은 채 살겠다던 그는 자기 양심과 충돌하는 고백을 강요당했고, 그로 인해 학자로서 자존감을 잃게 된다. 이렇듯 A와 B를 두고 어느 편인지 밝히기를 강요당할 때 침묵은 최후의 방패막이가 된다. 세상에는 A와 B 말고도 다른 입장이 있을 수 있다는 생각, 선택하라면 A편이지만 그걸 밝히라고 강요하는 것은 옳지 않다는 생각을 자유롭게 이야기하기 힘든 사회에서 침묵은 자기 내면을 지키는 마지막 보루가 된다. 그래서 양심의 자유는 마음에 품은 생각을 드러낼 자유뿐 아니라 드러내지 않을 자유, 마음속 판단을 유보할 시간을 누릴 자유까지를 포함한다.

집단 의식의 형태로 하나의 생각이나 다짐을 선언하는 자리에서도 유보할 자유, 침묵할 자유는 더더욱 중요하다. 국민의례를 보자. 애국가가 울려 퍼지는 가운데 국기를 바라보며 가슴에 손을 얹고 뭔가를 다짐하

37년 만에 귀국길에 오른 재독 학자 송두율 교수가 이 땅에서 겪은 양심의 고초를 다룬 영화 〈경계도시 2〉

는 듯 보인다. 그 다짐을 각자에게 맡겨 두기에는 부족했는지 '국기에 대한 맹세문'이 등장한다. 모두가 침묵하는 가운데 울려 나오는 맹세문은 '모두가 동의하는 생각'이란 자리를 꿰찬다. 1980년대까지만 해도 오후 6시 국기 하강식이 열릴 때면 길을 가다가도 모두 걸음을 멈추고 숨을 죽인 채 국기를 바라봐야 했다. 극장에서도 영화를 보기 전 국민의례를 거행했다. 지금은 학교나 국가 행사, 경기장 등에서만 이루어지니 그 위세는 좀 줄었다. 그렇지만 국민의례가 이루어지는 동안 일어나지 않는 사람은 드물다. 야구장에서 낄낄거리던 사람들도 애국가가 울려 퍼지면 자동으로 일어선다. 모두를 동일한 동작으로 끌어들이는 것, 이것이 바로 집단의식의 힘이다.

독일 영화 〈디 벨레(Die Welle)〉는 파시즘을 비판적으로 다루고자 했던 수업에 참여한 학생들이 파시즘에 열광적으로 빠져드는 과정을 그린 영화다. 파시즘을 비판하려면 먼저 파시즘을 이해해야 한다는 생각에서 교사도 학생도 파시스트 흉내를 내 보기 시작한다. 그들이 가장 먼저 취한 행동은 같은 옷을 맞춰 입고 참여자 모두가 행해야 할 '디 벨레(물결)' 의식을 만드는 일이었다. 그 의식에 동참하기를 거부한 학생은 친구들로부터 따가운 눈총을 받는다. 집단 의식은 이렇게 다수를 '통일'시키는 동시에 의문을 품는 자를 '배제'하기 시작한다. 과연 우리의 국민의례는 다른 방식으로 작동하고 있을까?

국가에 대해 충성을 맹세하는 일은 또 어떤가? 물론, 자기가 사는 나라를 자랑스럽게 여기고, 나라에 헌신하거나 봉사하며 살아야겠다는 생각을 가진 사람도 있을 수 있다. 반면에, 이 나라가 살 만한 나라인지, 국민으로서 내가 해야 할 역할이 뭔지 아직 뚜렷한 주관을 확립하지 못한 사람도 있다. '나라가 나한테 해 준 게 뭐가 있는데 충성해?', '국민이 나라의 주인인데 왜 주인이 나라에 충성해야 하는 거야?'라는 생각으로 국가에 대한 충성 자체를 반대하는 사람도 있을 수 있다. 그럼에도 집단 의식으로 충성을 강제하는 것은 충성을 유보할 자유, 충성의 조건을 따져 물을 자유, 충성을 거부할 자유가 들어설 자리를 없애 버린다. 그리고 주어진 맹세의 내용을 암송하면서 맹세의 내용에 어느 순간 자기 자신을 일치시키도록 만들기 시작한다.

1943년 미국 연방대법원은 "어떤 관리도 정치, 조국애, 종교, 또는 기타 의견이 갈리는 문제에 있어서 정통성을 부여할 수 없으며, 시민들에게 그들이 품고 있는 신념을 말이나 행동으로 고백하도록 강제할 수 없다"며, 국기에 대한 경례를 거부한 학생을 퇴학시킬 수 있도록 한 주법이 무효라고 선언했다 ('월터 바네트 대 웨스트 버지니아 주 교육위원회' 사건) 그리고 현재 뉴욕시 교육청은 "학생에게는 맹세를 위한 기립을 거부할 권리가 있다"면서, 학교가 그 권리를 제한해서는 안 된다고 못 박고 있다. 일본 도쿄의 중학교 교사 네쓰 기미코는 2006년 학교 졸업식에서 일

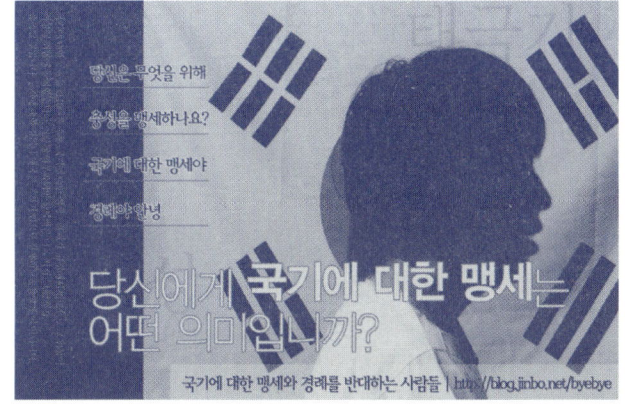

2007년, 국가에 대한 무조건적인 충성을 맹세하는 의식에 반대하는 사람들이 국회 앞에서 퍼포먼스를 벌였다.

본 국가(기미가요) 제창이 시작되자, 일어서지 않고 자리에 앉아 이렇게 외쳤다. "기립하세요, 노래하세요라는 방식은 교육이 아니다. 전쟁 기간 교육의 재현이다. 교사로서 이상한 것은 이상하다고 얘기하지 않으면 사회 전체가 이상하게 된다." 집단 의식의 힘으로, 그것도 학교나 기관의 권위를 빌려 하나의 생각을 강제하는 것은 위험하고, 설령 그 생각에 동의한다 하더라도 입을 다물 권리가 침해될 때 다양한 생각이 꽃필 정신의 터전은 황폐해진다.

진정한 반성은 어디로부터 오나요?

이제 잘못에 대한 반성을 담은 문서, 앞으로 잘못을 저지르지 않겠다는 서약서를 양심의 자유라는 거울에 비춰 보자. 점심시간에 생활지도부실 앞을 지나다 보면 바닥에 엎드려 반성문을 쓰는 학생들의 모습을 흔히 볼 수 있다. 매를 드는 것보다는 반성문을 쓰게 하는 것이 훨씬 더 나은 교육 방식이라는 생각도 널리 퍼져 있다. 어떤 교실에서는 〈달게 받는 벌〉이라는 노트를 학생들이 돌려 쓰면서 반성하는 습관을 기르기도 한다. 학교 폭력 예방을 명분으로 학생들에게 학교 폭력 근절 서약서를 받는 학교도 있다.

자기가 저지른 실수나 잘못을 되짚어 보는 것은 중요한 일이다. 그런데 처벌을 면하는 대가로 혹은 감해 주는 대가로 요구되는 반성문은 대개 자기 성찰의 시간을 주지 않는다. 심판자가 정한 시간까지 써내야 처벌을 피하거나 줄일 수 있다. 반성문에 어떤 내용이 담겨야 할지를 판단하는 것도 심판자의 몫이다. 있는 그대로 자기 생각을 쓸 것인가, 심판자의 기대에 부응하는 글을 쓸 것인가를 재빨리 선택해야 한다. 반성문 쓰는 법을 친절히 안내해 주는 글들이 인터넷에 떠돌아다닌다. 다음 페이지의 글은 반성문 쓰기가 제일 쉬웠다는 한 학생이 올린 반성문 작성 방법이다. 이처럼 반성문이 처벌 회피나 눈속임을 위한 '면죄부' 구실을 할 때, 반성문은 자기 성찰의 글이 되기 어렵다. 친구를 괴롭힌 학생이 괴롭힘을 당한 친구에게 직접 가서 사과하지 않고 왜 교사에게 반성문을 써내야 하는지, 반성문은 대답해 주지 않는다.

학교 폭력 근절 서약, 비폭력 서약 등도 마찬가지이다. 폭력 없는 학교, 폭력 없는 관계는 "폭력은 나쁘다"는 단순한 선언이나 서약서 한 장 달랑 써내는 것으로는 결코 찾아오지 않는다. 폭력은 일상의 도처에 깔려 있고 누구도 폭력의 유혹으로부터 자유롭지 않다. 폭력 경험에 대한 진실된 고백, 마음을 담아 구하는 용서, 그리고 공감이 있을 때 미흡하나마 사람들은 조금씩 폭력으로부터 거리를 둘 수 있다. 비폭력은 약속만으로는 지킬 수 없다.

반성문 작성 노하우

여백을 조절하라!
첫 부분을 많이 띄우면 성의가 없어 보이고 조금만 띄우면 분량이 많아지는 부담이 있다.

시작부터 "죄송하다"고 말하지 말라!
본문에 들어가자마자 "죄송합니다"라는 식으로 거론하면 읽는 사람이 계속 같은 내용으로만 쓸 것으로 보고 성의 없다고 판단한다.

최대한 존칭을 쓰라!
존경한다는 뜻을 충분히 전달하는 것이 중요하다. 읽는 사람이 좋아한다.
존칭을 쓰면 글의 분량을 늘릴 수 있다.

누명을 썼다 해도 반성한 척하라!
자신의 잘못을 반성하면서 진실되게 작성해야 한다는 건 헛소리다. 잘못한 게 없어도, 심지어 누명을 썼다 해도 반성하는 척해야 한다. 그 과정을 상세하게 쓰되 자신의 생각을 덧붙여 표현하는 것이 중요하다.

결론부엔 선생님이 원하는 걸 적어라!
결론은 아주 단순하다. 선생님이 원하는 걸 적으면 결론은 쉽게 정리된다.
"잘못을 깨닫게 하기 위해 반성문을 권해 주신 것을 진심으로 감사드립니다", "앞으로 다시는 반복하지 않도록 노력하겠습니다", "끝까지 읽어 주셔서 정말 감사합니다" 같은 문장을 집어넣으면 더욱 좋다.

핵심 요약
1) 무조건 최고의 존칭을 써라.
2) 칭찬은 고래도 춤추게 한다.
   (선생님을 오히려 칭찬하고 떠받들어라.)
3) 자신의 죄를 최대한 세세하게 작성하라.
   그리고 반성해라.
4) 아부 싫어하는 사람은 없다. 많이 써라.
5) 무조건 길게 써라.
6) 편지 형식으로 친근하게 접근하라.

주의 사항
1) 어떤 말이든 반복해서 쓰지 마라.
2) 안 읽는다 생각해도 반성문은 초반 5줄만 보고도 선생님은 다 안다.
3) 이모티콘을 쓰지 마라.
4) 여자라면 최대한 귀엽게 써라.

반성과 굴복 사이

반성문은 권력에 저항한 이들의 '항복'을 받아 내는 도구로도 곧잘 쓰인다. 정치범들을 감옥에서 풀어 주는 대가로 요구했던 사상전향서나 준법서약서, 광우병 위험 수입 쇠고기 반대 촛불집회 참여 단체들에게 정부가 지원금을 주는 대가로 요구했던 준법서약서, 정부가 인정하지 않는 단체에 가입한 사실을 반성하고 탈퇴하면 선처해 주겠다는 조직탈퇴서에 이르기까지, 형식과 무게는 달라도 개인을 굴복시키는 도구로 활용되는 반성문은 우리 사회 도처에 널려 있다. 반성하는 척하는 대가로 처벌을 피하고 내가 속한 조직까지 구할 수 있다면 까짓 반성문 하나 써 주는 게 뭐 그리 대단한 일일까, 생각할 수도 있다. 그런 사람은 이렇게 질문을 다시 던져 봐야 한다. 아니, 그리 대단한 일이 아니라면 왜 그들은 반성문을 받아 내지 못해서 안달일까?

"두발 자유 서명을 받다가 들통이 나는 바람에 생활지도부에 끌려갔어요. 잘못했다, 다시는 안 그러겠다고 반성문 쓰고 부모님까지 오셔서 싹싹 빌어서 겨우 징계는 피했어요. 속으로는 잘못한 게 없다고 생각하는데 잘못했다고 쓰고 나니까, 진짜 저 자신이 비참해지더라고요."

"우리 학교가 기숙제 사립학교인데요, 진짜 문제가 많았어요. 샤워기 두세 개뿐인 화장실에서 씻고, 머리 강제로 깎고, 체벌도 엄청 심해요. 그래서 우리 학교의 문제점을 비판하는 동영상을 만들어서 인터넷에 올렸어요. 호응이 뜨거웠죠. 그 덕분에 여러 가지 문제 있는 규정들이 조금 완화됐어요. 사람들 관심이 가라앉자, 학교에서 슬그머니 학교 명예도 있고 하니 동영상에 나온 내용 중에 진실이 아닌 부분도 있다고, 동문들이나 현재 우리 학교 구성원들에게 걱정을 끼쳐 죄송하다는 사과문을 써내라고 압박하는 거예요. 그래야 인터넷에 떠도는 동영상 삭제 요청할 수 있다고 하면서요. 진실을 진실이 아니라고 얘기해야 한다는 게 너무 괴롭더라고요."

두 학생의 고백은 반성문을 받아 내면서 노리는 것이 무엇인지 잘 보여 준다. 권력 앞에 엎드려 반성문을 써 본 사람은 자신이 얼마나 왜소하고 무력한 존재인지 뼛속 깊이 안다. 그래서 자기를 긍정할 수 없다. 부당한 조치에 대한 분노보다 자괴감이 더 강력히 자리 잡는다. 이렇듯 자기를 혐오하는 사람은 저항할 수 없다. 사람들은 엄청난 힘 앞에서 무의식적으로 믿음을 저버리거나 진실을 외면할 핑계를 찾게 마련이다. 그런 핑계는 자기 위안에는 도움이 될지 몰라도 자기를 다시 긍정하게 해 주지는 않는다.

반대로, 반성문이나 사과문이 권력 관계에서 상대적 약자의 위치에 있는 이들의 요구로 등장하는 경우도 있다. 한 조직 안에서 일어난 성폭력 사건에서 가해자에게 공개 사과를 요구하는 일은 구성원들이 성폭력에 관대한 문화에 대해 문제의식을 갖도록 만드는 효과가 있다. 또, 여성인권에 대한 존중을 지배적 가치로 끌어올리기 위한 과정이기도 하다. 대통령이 엄청난 비리나 잘못을 저질렀을 때 "국민 앞에 사죄하라"고 요구하는 경우도 있다. 권력을 가진 이들에게 자기 잘못을 은폐하지 말고 솔직히 인정하라고 요구하는 일은 권력의 남용을 막는 효과도 가지고 있다. 이처럼 상대적 약자가 공개 사과나 반성문을 요구할 때는 '잘못에 대한 공식 인정'을 받아 내는 일이 유일한 목적인 경우가 많다. 만약 다른 방식의 통제와 책임 지우기가 가능하다면 사과문이나 반성문이라는 형식에 그토록 목을 매지는 않을지도 모른다. 하나의 글 형식도 권력 관계의 맥락에 따라 이렇게 다른 의미를 가지게 된다.

내 안에 '그'가 있다

미래의 통제 사회를 그린 조지 오웰의 소설《1984》를 보면, 통제 사회에 대한 저항이 일기를 쓰는 일로부터 시작된다. 일기장은 '자기만의 마음의 방'을 상징한다. 그 마음의 방을 지킬 수 있도록 해 주는 것이 바로 양심의 자유다. 그런데 그 가장 내밀한 마음의 방에 권력자의 판단, 타인의 시선이 들어와 주인 행세를 한다면 나는 노예의 처지로 전락할 수밖에 없다. 내가 아닌 타인의 시선으로 자기를 감시하는 것, 그것이야말로 통제와 검열이 낳는 가장 강력한 효과다. 자기 감시의 계기는 도처에 깔려 있다. 대입 시험을 준비하는 과정에서 당락의 열쇠를 쥔 면접관의 눈치를 살피며 없던 실패담을 지어내기도 하고 감명 깊게 읽은 책의 목록에서 면접관의 마음에 들지 않을 만한 책은 슬쩍 지워 버리기도 한다. 물론, '척하는' 행동, 권력자의 의중과 눈치를 살피는 버릇은 약자들의 생존 전략인 경우가 많다. 입학을 하기 위해서 어쩔 수 없이 써내야 하는 서약서도 있고, "너만 잘났냐!"는 비난을 피하기 위해 하기 싫은 의식을 따라야 할 경우도 있다. 거짓말은 참으로 우아한 지위를 꿰차고 있지만, 양심은 바다에 널려 구차하게 뒹굴고 있다. 그러나 '문제의식 없이' 권력자를 떠받드는 것과 살아남기 위해 '어쩔 수 없이' 따르는 것에는 큰 차이가 있다. 선택의 여지가 없다고 하더라도 내 마음의 방 안에 버젓이 들어와 있는 게 '나'인지 '그'인지를 가릴 힘은 있어야 한다. 그것이 혼자만의 외롭고 힘든 싸움이 아니게 하려면, 서약과 반성이라는 이름으로 강요되는 거짓말을 당장 없애진 못해도, 그 우아함의 가면을 비웃어 줄 필요가 있지 않을까?

우아한 거짓말과 구차한 양심
양심의 자유, 사뿐히 즈려밟고 가시더이다!

남을 모욕하는 말을 내뱉는 것도 권리인가요?

중학교 3학년입니다. 우리 반에 주위 친구들한테 좀 재수없게 구는 형수란 애가 있습니다. 며칠 전 우연히 형수 미니홈피에 들어가 보니, 장애가 있는 우리 반 친구에 대한 욕을 써 놓았더라고요.

"병신 새끼 하나가 우리 반 물을 다 흐려 놓는다. 걔 때문에 다른 애들이 모두 손해를 보고 있다. 병신들은 병신들끼리 학교 다니지 왜 우리 학교에 와서 남 힘들게 하냐. 그런 애들까지 교육시키는 건 세금 낭비다. 그런 애들은 돈 내고 학교 다녀야 한다." 대충 이런 얘기였어요. 그 글을 읽고 깜짝 놀랐어요. 평소에도 남 생각은 눈곱만큼도 안 하는 녀석이지만, 아무리 그래도 그렇지 같은 반 친구 욕을 버젓이 인터넷에 올려둔 걸 보니까 너무하다 싶더라고요. 혹시 장애를 가진 그 친구나 걔네 부모님이 보면 얼마나 마음이 아플까 걱정도 되고요. 그런 생각이 여기저기 퍼지는 것도 걱정되더라고요.

다음 날 용기를 내서 형수한테 말했어요. "너 미니홈피에 올려 둔 글, 너무한 것 아냐? 그 친구한테 사과까지는 아니더라도 내리는 게 좋지 않을까?" 그랬더니 형수는 얼굴색 하나 바꾸지 않고 이렇게 대답하더라고요. "내 맘이야. 내 미니홈피에 내 생각을 있는 그대로 쓴 건데 네가 왜 간섭이야?" 형수가 너무 당당하게 나오니까 순간 어떻게 말을 해야 할지 모르겠더라고요. 차별적인 생각이라도, 누군가에게 상처를 줄 수 있는 말이라도 마음대로 내뱉을 수 있는 권리를 보장해야 하는 건가요?

토론거리

1. 형수가 미니홈피에 올린 생각에 대해 여러분은 어떻게 생각하는가? 장애를 가진 친구를 '병신'이라고 부르거나, 다른 학생들과 분리시켜 특수학교로 보내거나 수업료를 받아야 한다는 생각을 어떻게 보아야 하는가?

2. 국회의원들이 여성을 모욕하는 말을 했다가 비판이 일면 사과하는 일이 종종 일어난다. 사람을 모욕하는 말이나 행동을 처벌하는 법률도 있다. 그 반면에, 눈에 보이는 폭력이나 분명한 불이익을 준 것이 아니라면, 누군가에겐 모욕적으로 들릴지 몰라도 자기 생각을 표현하는 것을 규제해서는 안 된다는 주장도 있다. 이런 주장에 대해 어떻게 생각하는가?

3. 형수가 쓴 글의 경우, 만약 규제가 필요하다고 생각한다면 어떻게 처리하는 것이 좋을까? 미니홈피에 올린 글을 삭제하라고 요구할 수 있을까? 아니면, 그 글이 문제라고 생각하는 사람들이 댓글을 달아 문제점을 비판하면 되는 걸까? 아니면, 형수 스스로 자기 생각에 어떤 문제가 있는지 쓰도록 요구해야 할까?

4. 그 글에 대한 지적을 받자마자 형수가 아무런 얘기 없이 그 글을 삭제했다고 치자. 그렇다면 문제는 해결된 것일까?

4 접속 금지, 발신 금지
휴대전화와 함께 추방되는 것들

휴대전화를 둘러싼 욕망

스마트폰은 나의 희망!

민수는 부모님 모르게 두 달째 치킨집 배달 아르바이트를 하고 있다. 새로 출시되는 스마트폰을 사기 위해서다. 가격이 만만치 않아서 이번엔 적어도 석 달은 넘게 알바를 해야 할 듯하다. 곧 손에 들어올 새 휴대전화를 생각하며 민수는 오늘도 씽씽 스쿠터를 밟는다.

휴대전화냐, 대학이냐

이제 고3이 된 성연이는 밤늦은 귀가 때문에 걱정된다고 반대하는 부모님 의견에도 불구하고 공부를 위해 휴대전화를 정지시켰다. 올해는 수능 전선에서 그저 죽어라 맹렬하게 자신과 싸움을 벌여야 하는데 휴대전화는 자꾸 '문자질'의 욕구를 불러일으킨다. 성연이는 문자 중독 증세가 있다. 그래서 더욱 이번에 큰 결단을 내린 것이다. 휴대전화냐, 대학이냐. 결국, 대학 진학을 위해 휴대전화에 잠시 작별을 고했다.

당근 정책, 채찍 정책

아들에게 시험을 잘 보면 휴대전화를 다시 돌려주겠다는 약속을 덜컥 한 후에 혁이 엄마는 자신의 섣부른 약속을 후회하고 있다. 물론, 덕분에 혁이의 성적이 쑥 오른 것은 기쁜 일이지만, 막상 휴대전화를 돌려줄 생각을 하니 걱정이다. 휴대전화가 있었을 때 혁이가 게임에 빠져 지내던 것을 잊을 수 없다. 어쩌나……. 드디어 휴대전화를 돌려주기로 한 날, 혁이와 몇 가지 원칙을 이야기했지만 불안함은 가시질 않는다.

휴대전화를 압수한 이유

S중 2학년 석현이는 친구들이 운동장에서 엎드려뻗쳐 단체 체벌을 받고 있는 장면을 휴대전화 동영상으로 찍다 교사에게 발각됐다. 학교 측은 학생은 휴대전화를 소지할 수 없다는 규정을 근거로 휴대전화를 빼앗았고 동영상을 삭제했다. 교사의 학생 지도권을 무시하고 '초상권'까지 침해했다는 이유로 석현이는 교내 봉사에 처해졌고, 한 달이 지난 후에야 휴대전화를 돌려받을 수 있었다.

임 선생의 학생 관리

Y여고 임 선생님은 휴대전화로 반 아이들을 '따뜻하게' 살핀다. 담임 전달 사항이 있으면 수시로 문자를 보내 아이들이 까먹지 않도록 상기시키는 것은 기본이다. 날씨가 추운 날엔 옷 따뜻하게 입고 오라는 문자를 보내고, 시험 기간에는 "밥 잘 챙겨 먹고 최선을 다하자"는 격려 문자도 보낸다. 수업이 없을 때는 몇몇 학생에게 개별 문자도 보낸다. 요즘 좀 말썽을 부린다 싶은 아이가 있으면, 하루에 서너 차례 안부를 묻고 열심히 살아야 한다는 얘기도 건넨다. 학생들은 1교시 수업 시작 전에 휴대전화를 담임에게 맡겼다가 종례 시간에야 돌려받는다. 종례 시간에 휴대전화를 돌려받은 아이 하나가 입이 뾰족 나온 채로 묻는다. "그렇게 자주 보내시는 선생님 문자는 대체 언제 봐야 하는 거예요?" 임 선생님의 대답은 간단하다. "등하굣길이나 집에 가서 보면 되지!"

스파이

T고 김 선생님은 휴대전화로 땡땡이치는 학생들을 관리하고 있다. 야자 시간에 튀는 학생이 있으면 즉각 자신에게 알려 달라고 몇몇 아이들에게 부탁을 해 놓았다. 그래서 김 선생님 반은 철저한 야자 관리로 교장 선생님의 칭찬을 받고 있다. 아이들은 '스파이' 노릇에 열심이다. 때로는 야자 땡땡이 말고도 반에서 생긴 이런저런 문제들을 속속 보고한다. 휴대전화는 현장성과 신속성을 갖춘 학생 관리의 유용한 도구가 되고 있다.

휴대전화 안심보험

최근 K초등학교에서는 학생의 등하교 시간을 학부모에게 알려 주는 문자 서비스를 실시하고 있다. 맞벌이인 수정이네 부모님은 이 서비스가 무척이나 믿음직스럽다. 큰애 수민이가 다니는 Y중학교는 학교에서 벌점을 몇 점 받았는지도 수시로 알려 준다. 요즘 사춘기라 그런지 학교에 잘 적응하지 못하는 게 아닌가 걱정인데, 아이가 학교생활을 어떻게 하고 있는지 짐작할 수 있게 해 주니 참 좋다. 벌점 문자가 들어올 때면 '부모로서 좀 더 관심을 갖고 달래기도 하고 다그치기도 해야겠다'고 다짐하게 된다.

학생의 휴대전화를 둘러싼 사람들의 마음은 참으로 다양하다. 대부분의 학생들에게 휴대전화는 어떻게든 획득해야 할 물건이지만, 공부에 집중하려면 잠시 결별을 고해야 할 존재이기도 하다. 자녀의 학교 성적을 올리기 위한 '당근책'으로 제시했던 휴대전화는 이내 성적을 다시 갉아먹는 '원수' 같은 녀석으로 돌변하기도 한다. 때로 휴대전화는 학부모의 시선이 미치지 않는 곳에서 자녀가 잘 지내고 있는지 확인해 주는 고마운 물건이자 자녀 곁의 믿음직한 보디가드로 출현하기도 한다. 학교 입장에서 보면 휴대전화는 학생들을 격려하거나 관리하는 데 아주 유용한 수단이지만, 자칫하면 학교 안에서 일어나는 비밀에 부쳐야 하는 일을 바깥에 알리는 매우 위험한 도구가 될 수도 있다. 휴대전화는 이렇게 사람들의 욕망에 따라 때로는 기특한 존재였다가 때로는 골칫거리로 전락하는, 아주 복잡한 물건이다. 대다수 학교에서 학생의 휴대전화는 골칫거리 취급을 받는다. 어떤 학교는 휴대전화 소지 자체를 금지하고 있고, 어떤 학교에서는 사용 시간이나 장소만 규제한다. 또 어떤 학교에서는 각 반에서 알아서 결정하도록 맡겨 둔다. 어떤 경우든 수업 시간 중에는 휴대전화를 사용할 수 없다. 규정을 위반했을 때 처벌 수위도 다양하다. 주의를 받는 정도로 그치는 경우도 있고, 학교에 다시는 가져오지 못하게 되는 경우도 있고, 며칠 빼앗겼다가 돌려받는 경우도 있다. 학교는 사용하지 못하게 막느라 안간힘을 쓰고, 학생들은 사용하고 싶어 안달이다.

한국은 지금 휴대전화 가입자 4,100만 명 시대에 들어섰다. 국민의 80% 이상이 휴대전화를 갖고 있고, 휴대전화가 없으면 상당한 불편을 감수해야 할 정도로 생활필수품이 되었다. 생활에서 휴대전화의 사용 비중이 커질수록 휴대전화의 부작용에 대한 이야기도 계속 나온다. 전자파 문제, 중독성 문제, 사용 에티켓 문제 등은 끊이지 않고 논란이 되고 있다.

하지만 부작용에 대한 해결책으로 아예 사용 자체를 금지당하는 유일한 집단은 바로 학생들이다. 부작용이 있다면 그 부작용을 해소하지 않고 왜 사용하는 집단을 규제하는 것일까? 회의 시간에도 휴대전화를 옆에 두고 문자를 확인하고 인터넷을 뒤지는 모습이 흔한 풍경이 된 지금, 왜 유독 학교 수업시간에만 휴대전화 사용이 금지되는 것일까?

휴대전화에 담긴 의미

지하철이나 버스를 타면 남녀노소, 너나없이 휴대전화에 매달려 있다. '호모 모빌리스(Homo Mobilis)'라는 신조어까지 나올 정도로, 요즘은 스마트폰을 통한 정보 유통이 일상화되고 있다. 학생들에게도 휴대전화는 포기할 수 없는 필수품이 되었다. 휴대전화로 맞춰 둔 알람 소리를 듣고 잠에서 깨고 잠들 때까지 손에서 놓지 않는다. 지금 학생들에게, 휴대전화는 어떤 의미를 가질까?

많은 성인에게 그렇듯이, 학생들에게도 휴대전화는 '세상'이다. 휴대전화로 친구와 문자를 주고받고 트위터에 글을 남기면서 세상과 내가 연결되어 있다는 느낌을 받는다. 비밀번호가 있어야 열어 볼 수 있는 휴대전화엔 나만의 세상이 담겨 있기도 하다. 그 세상에는 친구와 주고받은 문자가 간직되어 있고 나와 인연을 맺은 이들의 번호가 저장되어 있다. 일어나야 할 시간과 잊지 않고 기념해야 할 날들을 알려 주는 알람 장치와 오늘 하루를 어떻게 보내야 하는지 알려 주는 메모장은 나의 하루를 세심하게 안내해 주는 동반자이기도 하다. 간혹 이어폰을 꽂고 노래를 들으면서 세상과 단절된 나만의 세계에 빠질 수도 있다. 많은 사람에게 그렇듯이, 학생들에게도 휴대전화는 '놀이'다. 휴대전화로 즐기는 게임은 지루하고 빡빡한 일상에서 잠깐이나마 짜릿한 속도감과 승리의 쾌감을 준다. 휴대전화에 찍힌 사진을 돌려 보며 깔깔 웃기도 하고, 다양한 각도와 표정으로 자신을 찍으면서 자기를 표현하기도 한다. 책상 위에 엎드려 자는 친구의 얼굴을 몰래 찍고, 거리에서 목격한 신기한 장면을 찍어 말풍선을 달거나 꾸며 세상을 비틀어 보기도 한다. 누군가에게 그렇듯이, 학생들에게도 휴대전화는 '기록 장치'다. 놓칠 수 없는 흥미로운 장면을 목격했거나 오랜만에 어딘가 놀러 갔을 때 '인증 샷'을 남기는 것은 기본이다. 학교에서 일어나는 체벌 장면을 찍어 인터넷에 올리기도 하고, 차마 입에 담기 힘든 욕설을 퍼붓는 교사의 언어폭력을 녹음해 두기도 한다.

 누군가에게 그렇듯이, 학생들에게도 휴대전화는 이처럼 갖가지 의미를 갖는다. 그러면서도 휴대전화는 학생들에게는 좀 더 각별한 물건이다. 공부에 대한 부담으로 빈틈없이 꽉 짜인 일상을 견뎌야 하는 조건에서 학생들에겐 다른 세상을 탐색하거나 그것에 관심을 기울일 여유가 없다. 다른 세상에 대한 관심은 곧 공부 시간을 앗아 가는 '적'이다. 잠시 눈이라도 돌릴라치면 갖가지 간섭이 따라붙고, 마음속 깊이 자리 잡은 내면의 감시자가 '너, 그러다 큰일 난다'며 충고를 건넨다. 이토록 소통 자체가 금지된 숨 막히는 학교생활에서 휴대전화는 잠깐이나마 숨통을 틔워 주고 세상과 나를 이어 준다.

 학교는 공식적으로는 친구들과 사이좋게 지내라고 하지만 암암리에 우정을 금지한다. 친구를 밟고 올라가야 한다는 채근이 계속되는 곳이고, 남과 나를 끊임없이 비교하고 남을 질시하도록 내모는 곳이다. 학교에서 자유롭게 말하기는 금지되어 있다. 내가 하는 말이 틀린 건 아닌지, 너무 나댄다고 손가락질받지는 않을까 끊임없이 눈치를 봐야 한다. 교실에서 크

게 말할 수 있는 사람은 공부를 잘하거나 힘이 세거나 끼가 넘치거나, 아무튼 어떤 종류든 힘을 가진 이들이다. 이토록 외로운 학교 생활에서, 눈치를 덜 보고 주고받을 수 있는 휴대전화 문자는 친구와 교감할 수 있는(어쩌면 교감한다고 믿게 만드는) 징검다리 구실을 한다. 서로를 격려하고 시시껄렁한 농담을 주고받는 순간만이라도, 자신이 좋아하는 가수의 노래를 들려주는 짧은 순간만이라도, 경쟁자가 아니라 그냥 친구가 될 수 있으니까.

    학교에서 일어나는 일은 쉽게 숨겨진다. 학생들이 저지른 잘못은 쉬 발각되지만 교장이나 교사가 저지르는 잘못은 쉽게 가려진다. 힘을 가진 학생이 저지른 잘못 역시 쉽게 묻힌다. 그야말로 진실은 힘을 가진 자의 것이다. '찌질한' 학생들의 증언은 신뢰를 얻지 못한다. 다른 확실한 증거가 있어야 한다. 이토록 불공정한 학교 생활에서, 진실의 한 자락을 저장해 주는 휴대전화는 믿음직한 호신 장비 역할을 톡톡히 할 수 있다. 바로 이런 학생들의 일상 속에 휴대전화가 존재하고 있다.

'중독'과 '몰입'의 차이는?

다음 항목 중 자신에게 해당하는 것에 표시해 보자.

☐ 가족이나 다른 무엇보다 공부만 생각하면 마음이 들뜬다.
☐ 공부에 집중하고 있으면 에너지가 솟아오르는 기분이 든다.
☐ 주당 노동시간으로 정해 둔 기준인 '주 40시간' 이상 공부한다.
☐ 공부를 하느라 잠자리에 드는 시간이 늦어졌다.
☐ 주말에도 하지 못한 공부가 떠오른다.
☐ 공부하느라 친구와의 약속을 못 지키는 경우가 종종 있다.
☐ 공부 걱정 때문에 별도 체크리스트를 만들어 종종 자신을 관리한다.
☐ 내가 좋아하기만 하면 공부를 오래 해도 상관없다고 생각한다.
☐ 친구들이 공부 이외의 것에 관심을 표현하거나 더 우선시하면 화가 난다.
☐ 열심히 공부하지 않으면 탈락할까 봐 걱정된다.
☐ 이번에 성적이 좋게 나와도 다음번에는 어찌 될지 모른다는 걱정이 떠나지 않는다.
☐ 가족 행사에 참여하기보다는 공부하러 독서실에 간다.
☐ 공부만 잘하면 인생의 문제를 대부분 해결할 수 있다고 믿는다.
☐ 공부 말고 다른 일을 하고 있으면 시간이 아깝다는 생각이 든다.
☐ 식사 시간이나 등하교 시, 잠자기 전에도 공부에 대한 생각을 종종 한다.

몇 개에 표시가 되었나? 이 항목은 '일중독' 여부를 체크하기 위한 리스트를 활용해 당신이 얼마나 공부에 중독돼 있는지를 조사하기 위해 만들어 본 것이다. 온 세상이 학생들의 게임 중독, 휴대전화 중독, 알코올이나 담배 중독을 걱정하면서도 단 하나 걱정하지 않는 것이 있다면 바로 '공부 중독'일 것이다. 일중독이라는 개념이 등장하면서 쉬지 않고 일하는 태도를 칭송하는 문화를 바꿔야 한다는 목소리가 높아지고 있는 요즘에도, 학생들의 '공부 중독' 문화를 바꾸어야 한다는 주장은 찾아보기 힘들다.

공부 중독은 치유해야 할 부정적 현상이 아니라 긍정적 현상으로 받아들여진다. 《공부 중독》이란 책에서는 공부를 잘하기 위해서는 먼저 공부에 중독되어야 한다면서, 공부에 중독될 수 있는 12주짜리 학습 프로그램을 상세히 안내하고 있다. 조금씩 미쳐 있지 않으면 살아남기 힘든 세상에서 공부에도 중독이 필요하다고 말한다. 《10대를 위한 행복체크리스트》라는 책 역시 자신이 공부에 중독되었는지 여부를 확인하는 체크리스트를 제시하면서 공부 중독은 10대의 행복 설계에 도움이 된다고 말한다. "옆집 아이는 밥 먹을 때도 책을 손에서 내려놓지 않는다데. 참, 그 애 엄마는 좋겠어." 온 세상이 공부 중독을 찬양하고 중독자들을 칭송한다. 어떤 학급의 급훈은 "우주정복"이다. '우리는 주말에 정석을 복습한다'의 준말이란다. 이 공부 중독의 '중독'은 흔히 '몰입'이나 '몰두'란 말로 대체된다.

사실, 중독과 몰입은 다르지 않은 개념이다. 사전을 보면 중독은 "한 가지 일만을 반복적으로 하는 행동과 그렇게 하도록 하는 충동"이라고 설명하고 있다. 몰입 역시 "어떤 일에 깊이 파고들거나 빠지는 것"이다. 그런데 학생이 공부에만 빠져 있으면 몰입으로 칭송되고, 휴대전화를 계속해서 만지작거리고 있는 행동은 중독으로 비난받는다. 휴대전화를 한시도 손에서 내려놓지 않는 성인도 많지만, 휴대전화 중독은 늘 학생들만의 문제로

◀ 2004년 고등학생들이 직접 만든 《학교대사전》은 학생의 시선으로 학교의 현실을 풍자한 새로운 개념의 백과사전이다. 사전의 내용은 이듬해 인터넷 홈페이지 (www.schooldic.wo.to)에 공개해 많은 사람들이 볼 수 있도록 했다. 《학교대사전》은 '고3'(고삼)을 이렇게 정의하고 있다. "아플 자유도, 딴청 필 자유도, 게다가 놀 자유는 더욱 없는 다소(?) 불운한 종족을 말한다. 일단 긴 근무시간이 제일 문제이며 두 번째로는 근무시간과 여가시간이 구분되지 않는다는 것이 문제이다. 놀아도 노는 것이 아니고 일해도 일하는 것이 아니다. 3D 업종 중 하나로 청소년들이 가장 기피하는 직업으로 꼽힌다. (……) 직장은 크게 네 곳으로 구분되는데 학교와 학원, 독서실과 집이 그 네 곳이다. 모의고사 결과와 수시에 목숨을 거는 종족이다." 이렇게 고3이 되면 공부 중독 증세가 절정에 이른다.

거론된다. 결국, 휴대전화 자체가 문제가 아니라, 학생이 '공부에 방해되는 용도'로 쓰는 것이 문제인 것이다.

"휴대전화 없이는 불편을 넘어 불안을 느낀다는 사람들, 적지 않습니다. 인정하기 어렵지만, 휴대전화 중독 상태인 건데요. 특히, 청소년들의 휴대전화 중독 현상은 심각한 수준인 것으로 나타났습니다. (중략) 한국정보문화진흥원이 휴대전화 중독 실태를 조사한 결과, 직업별로는 고등학생이 가장 심각하고 나이가 어릴수록 중독 증상이 강한 것으로 조사됐습니다. 특히 10대 학생들의 하루 평균 휴대전화 이용량은 30대 직장인들의 2배가 넘었습니다."
_「"전화 없인 못 살아" 휴대전화에 중독된 10대들」, 〈SBS 8시 뉴스〉, 2007년 4월 10일.

"휴대전화가 일상적으로 사용되면서 일부 학생들이 중독 증세마저 보이는가 하면, 대부분의 학생들도 이로 인해 독서 기피 및 사고력 부족 현상을 보이고 있다."
_「휴대전화 청소년에 약? 독?」, 〈문화일보〉, 2004년 12월 4일.

인용한 기사를 보면 학생들의 휴대전화 중독 증세가 심각한 수준인 것 같다. 그러나 잘 생각해 보자. 하루 평균 직장인의 두 배 이상 사용한다는 것만으로 곧장 중독이라 단정짓기는 곤란하다. 직장인은 휴대전화 말고도 사무실에 비치된 일반전화도 쓰고 메신저도 띄워 놓고 쓴다. 위의 보도들은 이와 같은 차이는 고려하지 않는다. 앞서 학생들이 처한 일상의 조건을 돌아보면, 학생들이 휴대전화에 그토록 매달리고 그것을 도피처나 의지처로 삼는 이유를 쉽게 짐작할 수 있다.

또한, 학생이라고 모두 휴대전화 중독에 빠진 것도 아닌데, 학생(청소년)이라고 일반화해서 그들의 중독만 유독 문제 삼는 것은 공정한 일일까? 휴대전화 중독 문제를 부풀리는 이들이 얻고자 하는 것은 무엇일까? 여성들이 생리 기간에 보인다는 '월경 전 증후군'이 등장한 맥락을 살펴보면 답을 얻을 수 있다. 생리 기간에 여성들이 까칠해지고 신경질적 반응을 나타낸다는 이 증후군은 애초 여성들이 사회생활을 하기에는 부적합하다는 생물학적 증거로 제시하기 위해 남성 과학자들이 만든 개념이었다. 여성들 안에도 차이가 있다는 사실은 제대로 고려되지 않았다. 게다가 '월경 전 증후군'에 해당하는 동일한 항목으로 남성들을 조사하자, 남성들도 똑같은 증상을 경험하고 있다는 결과가 나왔다. 뭔가 불안한 감정, 불면증, 신경과민 증세, 감정의 기복 등은 남성이든 여성이든 누구에게나 나타나는 증세임이 밝혀진 것이다. 그런데도 동일한 증세를 보인 남성을 두고 병에 걸렸다거나 사회생활에 부적합하다고 이야기하는 일은 없다. 증세가 문제가 아니라 '여성'이 문제였던 셈이다. 마찬가지로, 유독 청소년들의 휴대전화 중독만을 문제 삼는 것은 실제 증세가 문제라기보다는 '청소년'이 사용하는 것을 규제하고 싶기 때문은 아닐까?

딴짓할 권리와 공부할 권리

수업 시간에 휴대전화를 사용해선 안 된다는 건 철칙이다. 학교에서 휴대전화를 쓰다 혼이 나거나 빼앗긴 경험이 있는 학생들도 '왜 쉬는 시간에도 못 쓰게 하느냐!'고는 항변해도 '왜 수업 시간에 못 쓰게 하느냐!'고 말하지는 않는다. 이렇듯 수업 시간과 휴대전화는 적대적인 관계에 놓여 있다. 아무리 휴대전화가 중요하더라도 공부의 방해꾼이 된다면 추방해야 마땅하다. 몇 해 전 일부 지역에서 학교 안 휴대전화 반입을 금지하는 조례(지방자치법)를 만들고자 했을 때, 반대 여론이 크게 인 적이 있다. 이때 조례 추진을 중단시킨 근거가 바로 '휴대전화는 학습 도구'라는 것이었다. 그런데도 수업 시간 중 휴대전화 사용은 여전히 엄격히 금지되고 있다.

많은 사람들이 휴대전화에 신경을 쓰다 보면 집중력이 떨어지고 동료 학생의 학습권까지 침해하게 된다고 여긴다. 그런데 수업과 휴대전화 중 휴대전화에 신경이 간다는 것은 수업이 휴대전화가 열어 주는 세계보다 재미가 없기 때문은 아닐까? 그런데 재미없는 영화다 싶으면 중간에 영화관을 나올 수 있지만, 수업은 그럴 수 없다. 그 시간을 견디려면 뭔가 다른 흥밋거리를 찾아야 한다. 교사들도 교장 말씀이 길게 이어지는 직원 회의 시간에는 휴대전화를 만지작거리지 않는가? 또, 매너 모드나 무음 모드로 설정해 둔다면 동료 학생에게 방해가 될 리도 없을 텐데, 혹시라도 전화벨이 울리면 '에티켓 좀 지키자!'며 눈총 한번 보내는 걸로도 족할 텐데, 왜 학교는 그 조금의 딴짓할 순간도 허락하지 않는 걸까. 책상 밑에서 몰래 휴대전화를 사용하다 걸린 학생을 야단치느라 오히려 수업의 맥이 끊기고 분위기가 흐려지는 것은 아닐까?

학생의 '딴짓' 또한 다른 의미로 해석해 보아야 한다. 개인에 따라 지구력도 다르고 그날그날 컨디션도 다르고 관심 있는 과목도 다르기 마련인데 모두가 수업 시간 내내 한눈을 팔지 않는다는 건 인간으로서 불가능하다. 수업에 집중하지 않는 학생의 행동은 '나는 다른 데 관심 있다'는 신호일 수도 있다. 수업이 교사와 학생이 서로 소통하는 과정이라면 학생이 보내는 이 신호를 좀 더 여유롭게 받아들여야 하는 건 아닐까? 핀란드와 같은 나라에선 집중하기 힘든 학생은 잠시 수업에 빠졌다가 나중에 보충을 받을 수 있도록 학생의 숨통을 틔워 준다고 한다. 사람이라면 누구나 그럴 수 있다는 걸 인정하고, 그 인간의 조건 위에서 수업의 질서를 만드는 것이다. '딴짓'을 할 수 있어야 학습권은 비로소 의무가 아니라 권리가 되는 것임을 인정하는 것이다.

그런데 한국의 학교는 어떤가? "잠시 꺼 두셔도 좋습니다"라는 자신 있는 부탁이나 "꺼 주시기 바랍니다"라는 정중한 요청이 아니라 "절대 사용해서는 안 돼"라는 명령만이 지배한다. 그만큼 학생들을 신뢰하지 못하겠다는 말일까? 같은 수업 장소인 대학 강의실이나 교사들의 연수 장소에서는 조용히 전화를 받거나 문자를 보내는 일이 용인되는데, 유독 중·고등학교 수업 시간에만 금지하는 것은 학생을 자기 통제력이 없는 미숙한 존재로 보기 때문은 아닐까? 근본적으로 학생을 신뢰하지 않는 교육을 제대로 된 교육이라고 볼 수 있을까? 그렇게 자율 규제의 힘을 빼앗는 강제야말로 학생들을 자기 통제력이 없는 상태로 내모는 주범이 아닐까? 그래서 학생들 스스로도 자기가 속한 공간에서 일어나는 크고 작은 문제를 스스로 통제할 수 있다고 생각하기보다는 '우리에겐 우리를 규제해 줄 누군가가, 또 엄격한 규칙이 필요하다'는 생각을 갖게 되는 것은 아닐까?

'잡담 금지 조례'는 없는데 왜 '휴대전화 금지 조례'는 있을까?

학생이 수업을 방해한다고 여겨지는 행동은 다양하다. 친구와 잡담하기에서 거울 보기, 공책에 낙서하기, 자꾸만 시계 보기, 친구에게 쪽지 보내기, 잠자기, 일어나서 돌아다니기, 음악 듣기, 준비물 가져오지 않는 것 등, 모두가 수업의 방해꾼으로 보일 수 있다. 그런데 휴대전화에 대한 학교의 반응은 유별나다. 똑같은 방해꾼이지만, 휴대전화만 몰매를 얻어맞고 '압수'라는 강경 대응이 이어진다. 심지어는 휴대전화 반입을 금지하는 조례를 만드는 일이 추진된 지역도 있고, 일부 지역에서는 교장단이 모여 휴대전화를 학교에 들이지 말자는 특별 결의문을 채택하기도 했다. 단지 수업 방해 때

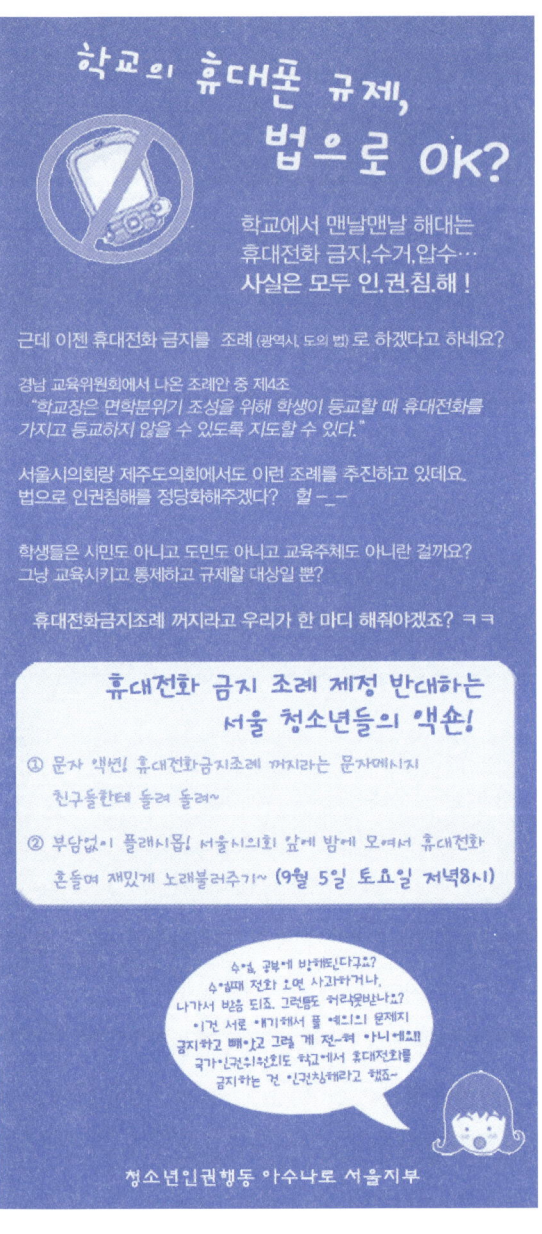

일부 지역의 휴대전화 금지 조례 제정에 반대하는 청소년 인권단체의 웹포스터

문으로만 보기에는 무언가 미심쩍다. 왜 유독 휴대전화가 표적으로 찍히게 된 것일까?

"내 수업 시간에 잠자는 학생보다 휴대전화를 쓰는 학생이 더 싫다. 자는 거야 피곤해서 그렇겠지 하는 생각도 들고 어차피 안 들으면 자기만 손해라는 생각으로 무심해질 수 있지만, 휴대전화는 그렇지 않다. 휴대전화를 만지작거리는 학생을 보면 내 수업이 무가치하다고 시위하는 것처럼 느껴지고 자격지심마저 든다." 수업 중 휴대전화 사용에 대한 한 교사의 고백이다. 잠자면서 수업을 조용히 '포기'하는 것은 용서가 돼도 휴대전화로 '딴짓'하는 것은 불쾌하다는 이야기다. 불쾌감은 곧이어 권리 주장으로 이어진다. 몇몇 교육단체에서는 교사에게는 방해를 받지 않고 수업할 권리가 있는데, 학생이 휴대전화를 사용하는 것은 교사의 수업권을 침해하는 행위라고 주장하고 있다.

휴대전화는 교사의 수업 내용을 뛰어넘는 너무 많은 정보와 접속할 여지를 만들어 준다. 어쩌면 휴대전화가 가진 바로 이 힘이 교사에게 자격지심을 갖게 만드는 원인은 아닐까? 이 불쾌감은 '교사는 학생보다 더 많이 알아야 하고 완벽해야 한다'는 고정관념이 주는 심리적 압박은 아닐까? 누구도 완벽한 사람은 없다. 어떤 교사도 완벽하지 않다. 이런 당연한 사실이 인정되는 학교라면, 교사의 지식만이 아니라 학생이 교실에 갖고 들어오는 지식도, 휴대전화로 구한 정보도 환영받을 수 있지 않을까? 교사의 수업권을 학생을 침묵시킬 권리, 듣기만을 요구할 권리로 바라보는 한, 휴대전화는 수업 시간과는 영영 화해할 수 없는 존재일 것이다. '수신 기능'만 살아 있고 '발신 기능'이나 '정보 찾기 기능'은 죽어 버린 휴대전화만 유일하게 환영받을 것이다.

  '발신 금지령'은 수업 시간에만 한정되지 않는다. 특히, 학생들이 개별적으로 딴짓을 하면 모를까 뭉쳐서 딴짓을 하고자 할 때는 더더욱 문제가 된다. "더 이상 참지 말자! 모이자!" 몇 해 전, 서울의 한 중학교에서는 학생 수백 명이 모여 두발 단속과 단속 과정에서 일어나는 체벌에 반대하는 집회를 열었다. 경기도 수원의 한 고등학교에서는 개학 후 갑자기 강화된 두발 규정에 항의하기 위해 학생들이 운동장에서 촛불을 들었다. 이때 휴대전화로 주고받은 문자는 '끼리의 연대감'을 느끼도록 만들고 언제 어떻게 행동해야 하는지를 신속, 정확하게 알려 주었다. 2002년 미군 장갑차에 치여 중학생 두 명이 죽임을 당한 사건에 항의하는 촛불집회에서도, 2008년 광우병 위험 쇠고기 수입에 반대하는 촛불집회에서도 휴대전화는 인터넷과 함께 학생들이 누구의 지시도 없이 스스로 사회의 진실을 알리고 뜻과 행동을 모아 내는 데 한몫했다. 이처럼 학생들이 뭉치고 학교에 도전하거나 학교를 벗어나 '딴짓'을 벌일 때, 그 다음엔 휴대전화를 뒤지고 빼앗는 '보복'이 뒤따른다. 전체 학생의 휴대전화를 압수해 누가 주동자인지를 밝혀내는가 하면 이후 휴대전화 소지 자체를 전면 금지시키는 일도 있다. 학생의 벌점 사실을 학부모에게 알리거나 학교의 지시 사항을 꼬박꼬박 전달하는 '관리'의 도구일 때는 환영받던 휴대전화가 학생들이 관리를 벗어나 자율적으로 무언가를 도모하는 '자유'의 도구일 때는 추방당하는 이중적 상황. 여기에 휴대전화를 둘러싼 밀고 당기기의 비밀이 있다.

  학교에서 휴대전화를 꺼리는 또 다른 이유는 학교의 비밀이 새어 나가는 데 대한 두려움일지 모른다. "우리는 사육이 아니라 교육을 원한다." 학생들이 교사의 폭력 장면을 담은 사진이나 학교 곳곳의 비참한 풍경을 찍어 고발하는 동영상을 만들어 인터넷에 올려 파문이 일어나는 일은 이제 낯설지 않다. 2008년에는 〈리얼 입시 정글고〉라는 제목으로 경기도의 한 사립 고등학교의 이야기를 담은 UCC가 큰 반향을 불러일으켰는데, 학생들은 휴대전화로 체벌과 강제 이발 장면을 찍고 학교의 '협박 방송'을 녹음해 동영상에 담았다. 그 바람에 학생인권에 대한 관심이 높아지고 학교의 권위는 땅에 떨어졌다. 2010년 7월 초등학생이 찍어 공개한 '오장풍◀ 교사의 체벌 동영상'은 서울시에서 체벌이 전면 금지되는 계기가 되었다. 후배나 동급생을 괴롭히는 학교 폭력 상면을 태연히 인터넷 카페나 미니홈피에 올리는 일도 자주 일어난다. 순식간에 어느 학교에서 무슨 일이 일어났는지 알려진다. 숨겨진 학교 폭력의 실태가 드러난 것이라면 반가워해야 할 텐데, 오히려 학교는 명예가 실추된 것으로 받아들인다. 폭력이 문제가 아니라 우리 학교에서 일어난 일이 외부에 공개된 것이 문제가 된다. 결국, 휴대전화를 규제하고자 하는 욕망 뒤에는 학교가 얼마나 폭력적인 공간인지 그 진실이 드러나는 것, 교육다운 교육에 실패하고 있다

◀
성이 오 씨이고 손찌검이 잦아 학생들로부터 '오장풍'이란 별명으로 불렸다고 한다.

는 학교의 무능이 드러나는 것을 두려워하는 마음이 깔려 있다. 교사나 학교가 고발의 대상이 됨으로써 그동안 권위로 쌓아올렸던 성채가 무너지고 더 이상 '군기'를 잡지 못하는 일이 일어날까 두려운 것은 아닌가.

에티켓은 에티켓이 아니다

어떤 이들은 휴대전화 문제를 단순히 에티켓의 문제로 접근한다. 학교는 교육의 공간인 만큼 사람살이의 기본 에티켓을 학습해야 하고, 따라서 휴대전화 사용을 자제함으로써 타인에 대한 배려를 익히는 게 뭐가 문제냐고 말한다. 물론, 기본 에티켓은 지켜야 한다. 그런데 무엇이 에티켓으로 이야기되는지, 왜 똑같은 에티켓이라도 공간에 따라 이야기하는 방식이 다른지를 생각해 보면 완전히 다른 이야기가 펼쳐진다.

G20 에티켓

함께해야 성공하는 서울 G20 정상회의, 꼭 지켜야 할 국민 에티켓을 소개합니다.

에티켓 1. 외국인을 만나면 겁먹지 말고 "hello" 하며 웃어 보세요!
에티켓 2. 지하철에서는 통화도 소곤소곤, 음악도 작게!
에티켓 3. 내리는 사람 먼저, 줄서기는 기본! 질서 지키기
에티켓 4. 지나가다 부딪쳤을 땐 "미안합니다"
에티켓 5. 쓰레기는 휴지통에! 깨끗한 길거리 만들기
에티켓 6. 인터넷 악플은 그만! 안 보일수록 더욱 예의가 중요합니다.
에티켓 7. 건전한 음주문화, 건전한 습관으로 만들기
에티켓 8. 서로 배려하는 교통질서 지키기

2010년 10월, 서울에서 G20 정상회담이 개최되기에 앞서 정부에서는 대대적인 국민 에티켓 캠페인을 진행했다. 그런데 이 에티켓의 내용이 참 가관이다. "외국인을 만나면 겁먹지 말고 헬로 하며 웃으라는데, 낯선 외국인한테 뜬금없이 웃음을 날리면 그 사람도 이상하게 생각하지 않을까." "겁먹지 말라는데, 헬로 하면서 웃었다가 말을 걸어 오면 그 다음엔 어쩌란 말이냐!" "인터넷 악플과 G20 정상회담이 대체 무슨 상관이냐!" "정부에 불편한 이야기를 쓰면 악플이라고 몰아세우냐!" 이처럼 갖가지 불만이 이 에티켓 캠페인을 두고 쏟아져 나왔다. 낯선 손님을 환대하는 태도는 넉넉한 마음가짐이다. 그럼에도 이미 다 아는 예의를 구태여 반복하고 거기에다 슬쩍 악플까지 들먹이는 건 국민을 '스스로 생각하고 판단할 수 있는 시민'이 아니라 '가르치고 통제해야 할 어리석은 자'로 바라보는 오만이 아닐까? 사람들이 스스로 판단할 문제를 굳이 머릿속에 집어넣어 줘야 할 문제인 양 취급하는 것은 시민에 대한 모욕 아닐까? 그래서 정부 주도로 대대적으로 진행되는 에티켓 캠페인은 단지 예의의 문제가 아니라 인권의 문제가 된다.

　　영화관에 가면 상영 직전 휴대전화를 꺼 달라는 안내 방송이 나온다. 연극 공연장에서도 배우 중 한 사람이 나와 휴대전화를 끄면 좋은 이유를 재치 있는 입담으로 전한다. 관객을 믿고 맡길 뿐 휴대전화를 뒤져 확인하는 일은 없다. 간혹 벨이 울리면 잠깐의 눈총이나 야유면 충분하고, 당사자도 황급히 전화를 끄게 마련이다. 학교에서는 왜 이런 장면을 기대할 수 없는가? 휴대전화를 왜 에티켓의 문제가 아니라 '금지 규정'의 문제로 만드는 데만 관심을 쏟는 것일까? 결국, 학교에서 가르치고 싶은 건 에티켓이 아니라 '학교의 질서에 순종하는 법'인 것이 아닐까? 평등한 관객들이 같은 목적으로 들어오는 극장에서는 자율적으로 지켜지는 에티켓이 학교에서는 지켜지지 않는다면, 학교가 극장과는 달리 구성원들끼리 평등하지 않고 목적이 같지 않기 때문인 것은 아닐까? 만약 그렇다면 휴대전화 에티켓이라는 것도 사람에 대한 예의의 문제가 아니라, 일방적으로 주어진 참고 견뎌 내야 할 무엇일 뿐이지 않을까?

휴대전화와 함께 추방되는 것들

학교 안 휴대전화 금지는 단지 휴대전화라는 물건을 금지하는 것만은 아니다. 휴대전화에는 많은 의미가 담겨 있고, 사람에 따라 휴대전화의 사용 방식도 다양하다. 휴대전화가 금지된다는 것은 금지하고자 하는 이들과 기필코 사용하고자 하는 이들 사이의 '의미의 다툼'이다. 학생을 어떤 존재로 보는지, 학교를 어떤 공간으로 보는지를 둘러싼 '의미의 다툼'이기도 하다.

2010년 경기도에서 제정된 학생인권조례는 학교가 정당한 이유로 휴대전화의 사용을 규제하더라도 전화기 소지 자체를 금지할 수는 없다고 정해 놓고 있다. 학생에게도 휴대전화를 이용해 행복을 추구하고 사생활을 누릴 권리가 있다는 것이다. 국가인권위원회에서도 2007년 1월, 학생의 휴대전화 소지를 금지하는 것은 행복추구권과 사생활의 자유를 침해한다는 결정을 내놓은 바 있다. 그러나 휴대전화는 사생활의 문제, 행복 추구의 문제만으로 좁혀서 이야기할 수 없다. 휴대전화에는 학생들이 타인과 세상을 향해 던지는 수많은 몸짓이 담겨 있다. 학교와 사회가 허용한 틀에서 벗어나고자 하는 몸짓이, 학교와 사회를 향해 던지는 수많은 요구가 담겨 있다. 휴대전화가 추방된 학교에서, 휴대전화가 숨죽인 교실에서 진짜로 추방되는 것은 무엇인가? 이 질문이 휴대전화를 타고 세상으로 타전되고 있다.

접속 금지, 발신 금지
휴대전화와 함께 추방되는 것들

수업 중 휴대전화 사용은 어떻게 해야 하죠?

저는 고등학교 2학년 여학생입니다. 저희 학교는 원래 휴대전화 규제가 심하기로 유명한 학교였습니다. 제가 처음 입학했을 때만 해도 휴대전화를 갖고 등교하는 것 자체가 금지되어 있었어요. 걸리면 바로 압수하고 한 달 후에나 돌려주곤 했습니다. 혹시 신문에서 휴대전화 단속하려고 금속 탐지기를 쓰는 학교가 있다는 기사를 보신 적 있나요? 그게 바로 저희 학교 이야기입니다.

그런데 올해, 교육청에서 학교에서 휴대전화 소지 자체를 금지하는 것은 문제가 있다면서 학칙을 개정하라는 지침을 내렸다고 하더라고요. 너무 심한 규제에 학생들과 학부모들의 불만이 제기되었기 때문에 학교에서는 이번에 휴대전화 관련 규정을 새로 만들기로 했습니다. 그래서 학생회에서도 학생 입장에서 관련 규정을 만들어서 제출하기로 했는데요. 학생회에서 만들어 온 초안을 보니 이렇게 되어 있더라고요.

- 휴대전화를 사용할 때는 점심 시간과 방과 후를 제외하고는 선생님의 허락을 먼저 받아야 한다.
- 수업 시간 중에는 전원을 꺼 둔다.
- 수업 시간 중에 휴대전화를 사용하다 2회 이상 적발된 학생은 압수해서 교무실에 보관하고, 이틀 후에 찾아간다.

보다 보니 고개가 갸웃거려졌습니다. '수업 중에 사용했다고 해서 학생의 휴대전화를 빼앗아도 되는 건가?' 하고 말이지요. 그렇지만 반복적으로 사용하는 학생에게는 뭔가 제재가 필요한 건 아닌가 싶기도 하고……. 당장 다음 주에 휴대전화 규정에 대한 공청회가 열린다고 해요. 선생님들은 더 오랫동안 휴대전화를 압수할 수 있어야 한다고 생각하시고요. 저도 뭔가 의견을 발표하면 좋을 것 같은데, 어떻게 말하면 좋을까요?

토론거리

1. 수업 시간 중 휴대전화 사용을 어떻게 봐야 할까? 매너 모드나 무음 모드로 설정해 두고 사용하면 안 되는 것일까?

2. 휴대전화를 에티켓 문제로 접근하더라도, 그걸 어기는 사람이 있다면 어떻게 하는 것이 좋을까?

3. 도서관에서 휴대전화를 사용하는 것 역시 주위 사람을 방해할 수 있다. 하지만 도서관에서는 사서의 허락을 받고 휴대전화를 사용하게 하지는 않는다. 이런 차이는 어디에서 생기는 걸까?

4. 휴대전화를 수업 시간 중에 사용했다고 학생의 휴대전화를 압수해도 괜찮은 걸까? 압수가 가능하다면 얼마 동안, 어떤 조건을 거치는 것이 필요할까? 압수에 반대한다면, 수업 시간 중에 휴대전화를 사용하는 학생에게는 어떤 조치가 필요할까?

5 교복은 메시지다

복장 단속, 무엇을 단속하는가?

교복선정위원회 회의 실황 중계

사회자 | 바쁘신 와중에도 이 자리에 참석해 주신 분들께 먼저 감사의 인사를 전합니다. 그동안 우리 학교 교복이 불편하고 디자인도 구식이라는 의견이 계속 있어 왔습니다. 그래서 올해 신입생부터 교복을 새롭게 선정할 계획입니다. 현재 여러 후보들이 나와 있는데요, 어떤 디자인과 색상, 재질이 좋은지 적극적으로 의견을 말해 주시길 부탁드립니다. 본격적으로 이야기를 시작하기 전에 먼저 교장 선생님 인사 말씀 듣겠습니다.

교장 | 금일 교복선정위원회에 참여해 주신 여러 선생님, 학부모님들께 감사의 인사를 올립니다. 교복은 학교의 역사와 전통을 상징합니다. 단정한 교복은 학생다움을 몸에 익히고 학생으로서 본분을 망각하지 않도록 하는 데도 상당히 중요한 구실을 합니다. 그러니 참석하신 교사, 학부모 여러분께서는 학교의 전통을 이어 나가는 데 손색이 없는, 기품이 있으면서도 실용적인 교복을 잘 선정해 주시길 부탁드립니다. 그리고 오늘 이 자리에 참석한 학생 여러분, 각별히 학생들의 의견도 듣고자 자리를 마련했으니 여러 요건을 두루두루 살펴 좋은 교복을 선택해 주시기 바랍니다.

사회자 | 예, 교장 선생님 소중한 말씀 감사드립니다. 그럼 먼저 교복 선정 기준에 대한 의견부터 들어 보겠습니다. 아, 저기 학생 한 분이 손을 드셨군요. 말씀하시죠.

학생1│ 어떤 교복이 좋은지 선정하기에 앞서 왜 꼭 교복을 입어야 하는지부터 이야기했으면 좋겠습니다. 사실, 교복이 그리 편하지도 않고 값이 싼 것도 아닌데 꼭 교복을 입어야 합니까? 들어 보니 경기도에서 통과된 학생인권조례에는 '개성 실현권'이 보장되어 있다고 합니다. 학생이 개성을 실현하기 위해서는 복장이나 두발에 대한 선택권이 보장돼야 하고, 규제를 하려면 합당한 이유가 있어야 한다는 거죠. 왜 꼭 교복을 입어야 합니까?

교사1│ 학생! 교장 선생님이 교복을 입어야 하는 이유를 잘 말씀해 주셨지 않습니까? 교복을 입어야 통일성도 생기고 우리 학교 학생이라는 소속감도 생기고……. 그러니 당연히 교복을 입어야지요!

교사2│ 맞습니다. 교복을 단정하게 입어야 학생의 일탈을 방지할 수 있고 면학 분위기가 조성되고 학교 질서도 유지되는 법입니다. 학교는 학생이 바른 생활 태도를 기르도록 가르쳐야 할 책임이 있습니다.

교사3│ 그렇습니다. 교복을 입어야 우리 학교 학생과 타학교 학생을 한눈에 구분할 수 있지 않습니까? 야외 행사에 갈 때 다른 학교 학생들과 헷갈릴 일도 없어야 하고 말입니다.

교사4│ 무엇보다도 사회적 차원에서 교복은 필수적입니다. 요즘 소비주의 문화와 사치가 범람하고 있는데 학생 신분에는 맞지 않지요.

학부모1 | 선생님들이 교복을 입어야 하는 이유를 잘 말씀해 주신 것 같아요. 학생인권이다 뭐다 하지만, 사실 사복을 입다 보면 빈부 격차가 뚜렷이 드러날 테고, 그러면 비싼 옷을 못 사 입는 학생들은 얼마나 상처를 받겠어요. 그런 상처를 받지 않도록 하는 것이야말로 학생인권을 존중하는 것 아닐까요?

학부모2 | 그런데 교복도 꽤 비싸더군요. 학부모로서는 부담이 만만치 않아요. 공동구매 같은 방식으로 학부모들의 부담을 줄일 수 있는 방안을 찾는 것이 중요합니다.

학부모3 | 개성 실현권이다 뭐다 하지만, 사실 우리 아이는 교복 좋아합니다. 등교 준비하기에도 바쁜 아침 시간에 옷 고르느라 신경 쓰면 되겠습니까?

학생2 | 교복을 입는 건 저희 학생들도 찬성이에요. 몇몇 멋 내고 싶은 아이들이나 교복을 싫어하는지 몰라도 대다수 학생들은 편하게 생각해요. 매일 아침 옷을 골라 입는 것도 얼마나 귀찮은데요. 교복을 안 입으면 온갖 양아치 같은 애들이 몰려와서 학교 분위기가 엉망이 될 수 있고 학교 평판도 떨어져요.

학생3 | 교복을 입으면 아무래도 내가 학생이라는 걸 계속 생각하게 되는 것 같아요. 그런데 디자인이 너무 후지면 아무래도 입기가 좀 그러니까, 디자인이 좀 더 예쁘고 편한 것으로 고르면 좋겠어요.

학생 4 | 저는 교복을 꼭 입지 않아도 된다고 생각해요. 원하는 학생만 입으면 안 되나요? 어차피 교복과 복장 규정을 정해 놔도 많은 학생들이 변형해서 입잖아요. 학생 신분에 너무 지나친 복장만 아니라면 각자 알아서 입어도 괜찮다고 생각해요. 저는 면 티셔츠에 바지 차림이 제일 편한데 교복은 불편해요. 소속감이 중요하다면 학교 배지나 표식을 달면 되지 않을까요?

교사 5 | 그렇게 하면 학교가 너무 혼란스러워져요. 어떤 옷차림이 학생 신분에 어울리느냐를 판단하는 기준이 사람들마다 다 다른데……. 그러다 보면 교사들이 학생 생활지도를 하는 데 너무 수고를 많이 하게 됩니다.

학생 4 | 왜 꼭 하나의 기준에 맞춰야 하는 거죠? 교실 안에 들어와 보세요. 어떤 아이는 상의를 벗고 있고 치마 아래에 추리닝 바지를 입고 있는 아이도 있어요. 체육 시간 끝나고 나서는 체육복 차림으로 있어도 되는 거잖아요?

사회자 | 자자자, 그만하면 됐습니다. 학생 두 분만이 교복에 반대하는 입장을 갖고 있을 뿐, 다수가 교복을 입는 것이 좋다고 생각하고 계십니다. 오히려 더 바람직한 교육적 효과가 있다는 의견이네요. 시간도 별로 없는데, 어떤 교복이 좋을지, 교복을 어떻게 구매할지 구체적 논의로 넘어가도록 하겠습니다.

1983년 당시 전두환 군사정권하의 초긴장 상태에서 바짝 얼어붙은 정국을 녹이기 위해 교복 자율화 조치가 시행된 적이 있다. 그 시절 학생들은 교복 대신 사복을 입고 학교를 다녔다. 3년 후, 교복을 입을지 말지 학교 단위로 선택할 수 있게끔 제도가 바뀌었다. 그러자 교복을 입기로 결정하는 학교가 기하급수적으로 늘어나기 시작했다. 이전까지의 교복이 디자인과 색상이 통일된 '학생복'이었다면 이제는 학교별 교복이 등장하기 시작했다. 현재 대안학교 정도를 제외하면 대부분의 학교 학생은 교복을 입어야 한다.

　　교복이 잠시 사라졌다 부활한 이유는 다양하다. 면학 분위기 조성, 소비주의 문화 근절, 빈부 격차에 따른 위화감 조성 방지, 탈선 방지, 학교별 전통 수립 등 교복을 입어야 하는 이유는 끝도 없이 이어진다. 학생들도 교복을 입는 것 자체에 대해서는 별로 반대하지 않는다. 편해서 좋다는 학생들이 다수다. '튜닝'(변형을 통한 기능 향상)을 해서 입을지언정 교복을 거부하는 학생은 드물다. 학생인권 보장을 목 놓아 외치는 학생들도 '교복을 벗어던지자!'는 이야기는 좀체 하지 않는다. 교복은 그렇게 학교생활의 당연한 소품이 되어 있다. 그렇다면 복장을 통해 개성을 실현할 권리는 왜 중요할까? 아무도 원하지도 외치지도 않는 권리가 왜 학생인권의 목록에 등장하는 것일까?

편한 것은 교복일까?

성인들이 학창 시절을 회고하는 이야기에는 교복에 대한 추억이 어김없이 등장한다. 아예 예전 교복을 입고 텔레비전 오락 프로그램에 나와 수

다를 떠는 연예인들도 있다. 학생이 교복을 입는 것은 당연시된다. 교복을 딱히 좋아하지는 않아도 대놓고 반감을 드러내는 학생은 드물다. 학생들의 불만은 교복 자체가 아니라 너무 엄격한 복장 규정에 쏠려 있다. 교복 안에 입는 와이셔츠 종류를 좀 더 다양하게 해 달라, 꼭 넥타이를 매야 하나, 치마 길이까지 단속하는 건 너무하다, 조끼는 불편하니 카디건으로 바꾸자, 외투 색깔까지 왜 규제하나, 코트는 되는데 왜 패딩재킷은 못 입나, 스타킹은 되는데 왜 레깅스는 안 되나, 세 줄이 그려진 '삼디다스' 슬리퍼는 되는데 왜 털신은 금지냐, 더위나 추위를 느끼는 기준은 사람마다 다른데 왜 하복, 춘추복, 동복을 입는 날짜를 정해 주나……. 학생들의 불만은 대개 교복의 주변을 맴돈다.

치마 교복이 불편해 체육복을 껴입은 여학생들

교복에 대해 학생들은 대체로 "편하다"고 입을 모은다. 그런데 이상하다. 교복이 그토록 편하다는 학생들도 막상 학교가 정해 준 복장 규정을 그대로 따르는 경우는 드물다. 와이셔츠 대신에 티셔츠를 입고, 조끼나 재킷 단추는 풀어져 있고, 치마 아래에 체육복 바지를 입고 다닌다. 교복이 정말 편하다면 왜 이런 일이 일어날까? 갖가지 형태로 교복을 '튜닝'해 자기 개성을 드러내는 학생이 많다. 학생들은 벌점의 위협에도 색깔 있는 티셔츠를 받쳐 입고, 빼앗길 위험을 감수하고 원색 패딩을 걸친다. 치마 옆선에 지퍼를 달아 학교에선 품을 늘였다가 밖에서는 줄이고 치맛단을 수시로 접었다 내렸다 한다. 교복 변형에는 옷을 통해 개성과 매력을 뽐내고 싶은 학생들의 욕망이 반영되어 있다. 그럼에도 교복이 편하다는 전제는 흔들리지 않는다.

교복이 편하다는 말은 정말 교복 자체가 편하다는 의미일까? "아침에 옷 고르느라 시간 낭비할 필요도 없고 사람들 눈 신경 안 써도 되니까 편해요." 학생들의 이야기를 곱씹어 보면 편한 것은 교복이 아니라, '선택하지 않아도 되는 것'이 아닌가? 짜인 시간표대로 움직이고 학교가 제시하는 기준에 머리에서 발끝까지 맞추도록 요구받는 생활에 익숙해진 학생들에게는 자연스레 수동성이 학습된다. 수동성이 몸에 배면 아주 사소한 선택마저도 귀찮게 생각된다. 오죽하면 식당 메뉴에 "아무거나"가 등장했을까. 음식 메뉴조차 선택하기 귀찮아하는 문화는 학교에서 배운 수동성과 과연 무관할까? 이 귀찮다는 말 속에는 선택한 결과를 책임져야 할 상황이 올까 두려워하는 마음이 깃들어 있다. 획일성, 일체성을 강조하는 분위기 속에서 튀는 것은 위험을 자초하는 일이다. "모난 돌이 정 맞는다"는 속담처럼 튀는 복장을 입는다는 것은 "모 아니면 도(all or nothing)"의 위험을 감수해야 한다. 그래서 다수는 안전한 길을 택한다. 모두가 똑같이 입는 교복은 위험을 감수하고 싶지 않은 이들에게, 선택을 두려워하는 이들에게 자신을 가려 줄 공간을 열어 준다.

그런데 선택하지 않아도 되기 때문에 편하다는 마음을 갖게 되는 건 학생들이 견뎌 내야 할 일상의 조건과 과연 무관할까? 밤늦게까지 야자에다 학원까지 들렀다 집에 돌아오고 잠시 눈을 붙였다 일어나 서둘러 학교 갈 채비를 해야 하는 조건에서 무엇을 입고 학교에 갈지 고르는 것은 성가신 일이 되기 마련이다. 마구잡이로 손에 잡히는 옷을 걸쳐 입듯 벗어 놓은 교복 속으로 몸을 밀어 넣으면, 마음도 편하고 시간도 절약된다. 만약 지금보다 한결 여유롭게 학교 갈 준비를 할 수 있는 조건이 갖추어진다면, 그때도 옷을 고르는 일이 귀찮을까? 그때에도 교복은 편한 옷의 대명사로 자리 잡을 수 있을까?

교복이 학생을 구원하리라?

학생들이 실용적 차원에서 편안함을 교복의 장점으로 꼽는다면, 교사나 학부모들은 주로 '교육적' 차원에서 교복의 필요성을 강조한다. 그런데 그런 말을 곰곰 따져 보면 아주 골치 아픈 문제들을 교복이 해결해 줄 것이라는 어이없는 기대가 담겨 있다는 게 금세 드러난다. 교복을 입어야 면학 분위기가 조성된다는 이야기부터 살펴보자. 굳은 결심을 실천에 옮길 때 흔히 사람들은 목욕을 하거나 옷매무새를 다듬는 등 몸과 마음을 정갈히 한다. 그런 의미에서 열심히 공부하리라 다짐한 학생이 마음가짐을 다잡기 위해 옷매무새를 단정히 할 수 있다. 그렇지만 꼭 똑같은 옷을 입어야 할까? 사복을 입고 다니는 대학생들은 면학 분위기가 엉망일까? 교복을 입지 않는 다른 나라 학생들은 죄다 공부에는 신경 쓰지 않을까? 단정한 복장이 곧 교복을 의미하는 것은 아닐 것이다. 교복이 유일하게 공부에 도움이 되는 점이라면 옷을 고르는 시간을 줄여 준다는 것 정도가 아닌가. 고시생의 상징이 '추리닝'인 이유는 공부하기에 편한 복장이기 때문이다. 몸에 꼭 끼는 교복, 특히 여학생의 치마 교복은 공부하기에 그리 편한 복장이 아니다.

핀란드 수도 헬싱키 북부 지역인 반타의 한 학교에서 학생들이 교사와 함께 인터넷을 이용해 자료를 검색하고 있다. 교복 없이도 수업은 가능하다.

교복을 입어야 학생들이 딴짓을 적게 하고 탈선도 막을 수 있다는 주장은 한편으로 설득력 있게 들린다. "요즘 아이들이 워낙 발육이 빠른데 사복을 입으면 성인과 구분이 되지 않는다. 술, 담배 사고 유해 업소 출입하다 보면 탈선하기 딱 좋다." 교복은 탈선을 방지하고 사복은 탈선을 부른다는 주장이다. 그런데 이 주장은 마치 성폭력의 원인을 피해 여성의 옷차림에서 찾는 것과 비슷하다. "옷을 저렇게 입고 다니니 험한 꼴을 당하지." 성폭력 가해자의 85%가 아는 사람◀이라는 통계는 성폭력이 아주 일상적인 공간에서 일상적인 순간에 일어난다는 사실을 보여 준다. 더구나 어린이 성폭력도 증가 추세이다. 그럼에도 '야한 옷'이 성폭력을 부추긴다는 주장은 억지에 가깝다. 여성의 옷매무새를 탓하는 것도 모자라 성폭력 당하기 싫으면 밤늦게 싸돌아다니지 말라는 조치가 내려진다. 성폭력의 원인인 잘못된 성 의식을 바로잡는 것이 아니라, 피해자를 단속하는 데 에너지를 쏟는 것이다. 교복이 학생 탈선을 막아줄 거라 믿으며 복장 단속에 열을 올리는 일도 그와 다르지 않다.

진정 학생의 탈선을 예방하고 싶다면 그 행동을 부추기는 원인을 제대로 찾아내야 하고 정말 필요한 질문을 던져야 한다. 술, 담배가 금지되어 있기 때문에 학생들이 금지된 것을 탐하게 되는 건 아닌가? 사회가 만들어 놓은 금기를 넘어서야 '센 척'할 수 있으니까 술, 담배가 어떤 집단에 소속되기 위한 통과의례로 요구되는 것은 아닌가? 만약 술, 담배에 의존적인 상태가 개선되어야 한다면 왜 자꾸만 술, 담배에 의존하게 되는지를 알아보아야 하지 않을까? 술, 담배에 대한 의존성을 줄이려면 다른 삶의 기쁨을 찾도록 길을 열어 주어야 하지 않을까? 그럼에도 왜 육체적, 정신적 건강의 문제를 굳이 '탈선'이란 딱지를 붙여 접근하는 것일까? 사람들이 말하는 탈선은 정말 탈선일까? 밤늦은 시간까지

◀ 2009년 한국성폭력상담소의 상담 통계를 보면 성폭력 가해자가 '아는 사람'인 경우가 85%에 달한다. 성폭력 가해자가 직장 상사, 동네 선배, 아버지나 삼촌, 학교 선생님 등 피해자와 친밀한 경우가 대부분이다.

집에 돌아가지 않고 월드컵 거리 응원전에 참여하면 '애국'이 되고, 정부를 비판하는 거리집회에 참여하면 '비행'이 되는 이중성을 어떻게 봐야 하나? 탈선의 대명사로 일컬어지는 가출은 또 어떤가? 가출을 지금 가족과 함께 사는 건 행복하지 않기에 더 나은 곳을 찾아 나선 용기 있는 행동으로 볼 수도 있지 않을까? 복장이 탈선을 예방하리라는 막연한 기대보다 정작 무엇이 탈선을 불러오는지, 탈선이란 대체 무엇인지를 고민하는 것이 더 중요하지 않을까?

자랑스러운 교복, 움츠러드는 교복

감수성이 예민한 학생들이 빈부 격차에 따른 위화감으로 상처를 받지 않도록 하려면 교복을 입는 것이 낫다는 생각이 널리 퍼져 있다. 소비주의가 극성인데 사복을 입으면 의복비가 늘어난다고 걱정하는 학부모들도 있다. 학생들 중에서도 교복을 벗으면 빈부 차가 두드러지게 드러날까 봐 두려워하는 이들이 있다. 가난은 부끄러운 것이 아니라고 나들 이야기하지만, 현실에서 가난은 죄다. 그렇기에 빈부 격차가 드러나는 것에 대한 두려움으로부터 자유로운 학생은 많지 않다.

그러나 교복이 정말 가난을 감추어 주는가? 많은 학생들이 교복의 재질이나 상표만으로도 가정의 경제적 수준을 알 수 있다고 말한다. 공동구매에 참여하는 것, 선배의 교복을 물려 입는 것은 교복에 드는 비용을 신경 쓴다는 것이고, 신경을 쓴다는 건 그만큼 형편이 넉넉하지 않다는 증거다. 설령 교복에서는 차이가 두드러지지 않는다 해도 가방이나 신발, 부모가 타고 다니는 차, 한 달 용돈의 규모, 향유하는 문화,

해외 생활 경험으로도 빈부의 격차는 고스란히 드러난다. 이제는 성적만 봐도 가정 형편을 짐작할 수 있는 시대가 됐다. 아무리 교복을 입혀 놓아도 빈부의 격차는 드러나기 마련이다.

게다가, 이제는 교복이 '신분'의 표지가 되어 가고 있다. 빈부의 격차는 사복이 아니라 어느 학교의 교복을 입고 있느냐에서 오히려 두드러진다. 소위 '명문 학교' 학생과 '똥통 학교' 학생이라는 신분의 차이는 곧 빈부의 차이이다. 국제중, 자립형 사립학교, 특수목적고 정도에 다니는 학생이라면 세련된 디자인에 고급 소재로 만들어진 값비싼 교복을 입는 걸 자랑스러워할 것이다. 유명 디자이너가 디자인했다는 한 외고의 교복 세트를 구입하려면 1백만 원가량이 든다고 한다. 새로 자립형 사립학교나 국제중으로 지정된 학교는 신입생들에게 기존 교복과는 다른 새로운 교복을 입힘으로써 일반 학생과 구별지어 주고자 애를 쓴다. '명문 학교' 학생들이 자랑스럽게 교복을 입고 엘리트 의식을 기르는 반면, '똥통 학교' 학생들이 교복을 통해 자긍심과 애교심을 기르기는 힘들다. 학교별로 등급이 매겨지는 '신(新) 신분제' 질서 아래에서 교복은 오히려 위화감을 부추기는 역할을 수행한다. 교복이 없는 대학교에서 학생들이 학교 이름이 새겨진 티셔츠를 열심히 입고 다니는 이유도 이와 다르지 않다. 학교 이름이 커다랗게 찍힌 옷을 교복처럼 입는 대학생은 소위 '명문대' 학생들이다. 이런 상황이라면 어느 학교에 다니든 전국의 모든 학생이 똑같은 교복을 입어야 빈부 격차가 그나마 덜 드러날 것이다. 그렇지만 누구도 그런 주장은 하지 않는다.

더 근본적인 질문은 드러날 수밖에 없는 빈부의 차이, 실제로 존재하는 빈부 격차를 왜 굳이 숨겨야 하느냐는 것이다. 부자는 점점 더 부유해지고 가난한 사람은 아무리 열심히 일해도 가난의 굴레를 벗어날 수 없는 양극화의 문제는 이미 심각한 수준에 이르렀다. 이런 본질적 문제는 이야기하지 않은 채 다만 교복으로 빈부 격차를 가리는 데만 열중하는 것은 손바닥으로 하늘을 가리려는 일과 다르지 않다. 가난한 집안에서 자란 학생이 어려서부터 해외 유학을 경험한 학생보다 영어를 잘하기도 힘들고, 비록 영어를 잘한다 해도 비싼 등록금 때문에 국제중이나 자사고에 들어가기도 힘들다. 정말 빈부 격차로 학생이 상처받는 일이 걱정된다면, 가정의 경제 사정이 학생의 교육 수준과 미래의 운명까지 결정하는 조건을 해결하는 일에 주력해야 하는 것 아닐까. 성적이나 학력이 부모의 경제적 능력에 따라 결정되고 어느 학교에 다니느냐가 곧 '신분'이 되는 사회야말로 문제가 아닌가.

제복은 메시지다

변죽은 그만 울리고, 교복이 실제로 학생들에게 어떤 영향을 미치는지 파고들 차례다. 교복을 입는 것은 단지 '옷'을 입는 것이 아니라 '의미'를 입는 것이다. 세상에는 수많은 종류의 제복이 있다. 여러 사회 집단이 제복을 선택하는 이유는 조금씩 차이를 보인다. 요리사의 조리복, 반도체 공장에서 일하는 노동자들이 입는 방진복처럼 위생이나 안전이 목적인 제복도 있다. 비행기 승무원처럼 서비스를 주요 업무로 하는 사람들이 입는 제복은 눈에 띄는 효과와 아름다움을 중시한다. 한편, 실용적 기능은 거의 없지만, 보는 이들에게 어떤 메시지를 전달하기 위해 제복을 입는 경우도 있다. 판사의 검은색 가운은 법의 권위를 상징하고, 의사의 하얀 가운은 위생과 과학적 전문성을 상징한다. 권위나 전문성을 상징하는 가운은 그들이 존경받아 마땅하다는 메시지를 함께 전달한다.

외부를 향한 메시지보다 입는 사람에게 던지는 메시지가 좀 더 중요한 제복도 있다. 의무를 강요당하는 집단일수록 그렇다. 대표적인 예가 바로 죄수복과 군복이다. 죄수복은 자신이 죄수임을 끊임없이 각인시키는 효과를 노린다. 감옥에서 잠잘 때까지도 입고 있어야 하는 죄수복은 마치 몸의 일부처럼 자신이 죄수 신분임을 끊임없이 환기시킨다. 군복도 마찬가지로 군인이라는 신분을 확인시키는 역할을 맡고 있다. 군복은 적군과 아군, 민간인과 군인을 구별하는 기능과 더불어 군대에 대한 소속감, 국가의 부름을 받은 존재라는 자긍심, 일사불란한 통일성과 일체감 형성 효과도 노리고 있다. 다수의 군인을 관리해야 하는 입장에 놓인 이들에게는 통제의 효율성을 높이는 장점까지 있다.

　　아마도 군복과 가장 유사한 역할을 수행하는 것이 바로 교복일 것이다. 교복이 군복에서 유래한 것은 우연이 아니다. 교복의 가장 두드러진 효과는 학생으로 하여금 자신이 누구인지를 확인하도록 만드는 데 있다. 교복은 학생이라는 신분의 표지, 마음가짐의 표현이자 학교의 얼굴이다. 교복을 입고 뭔가 일탈 행위를 저지르기에는 너무 눈에 띈다. 무엇보다 학생 신분에 어긋난 행동을 하고 있다는 부담감이 생긴다. 학교 안의 모든 학생은 한 가지 목표를 위해 일사불란하게 움직여야 한다. 그러기 위해서는 늘 학생다운 마음가짐을 유지해야 한다. 기본자세를 잘 갖추었는지 여부는 옷차림을 제대로 갖추었는지를 보면 알 수 있다. 교복은 또한 '우리' 학교와 '남'의 학교를 구별하게 해 준다. 나의 행동 하나하나가 학교의 명예를 좌우한다. 홀로 있을 때조차 나는 학교의 일원임을 명심해야 한다. 나쁜 짓을 하는 것 자체보다 우리 학교 교복을 입고 나쁜 짓을 하는 것이야말로 문제가 된다.

　　교복이 전달하는 '우리 학교'라는 소속감과 일체감은 학생들끼리 사실상 경쟁 관계에 놓여 있는 현실을 가리는 효과까지 있다. 남의

◀ 남학생들이 입는 교복은 군복에서 유래했고, 여학생들이 입는 교복은 해군복이나 여성 수도자의 승복에서 유래했다고 한다.

학교와 구분되고 비교될 때 우리끼리 통일되어야 할 필요성은 증폭된다. 그런데 이 통일은 협력과는 다르다. 경쟁 관계를 없애고 우정을 쌓을 수 있는 협력이 아니라, 나를 지우고 학교의 요구에 일체화시키는 통일이다. 학생은 학생다워야 하고 학생다움에서 교복은 필수라고 생각하는 사람들은 어쩌면 교복이 던지는 이와 같은 메시지와 효과를 꿰뚫어 보고 있는지도 모른다.

복장 단속, 무엇을 단속하는가?

복장 단속이 이루어지는 곳은 학교만이 아니다. 과거부터 지금까지 다양한 사회 공간에서 복장 단속은 이루어져 왔다. 1970년대 박정희 정권 아래에서는 여성을 대상으로 '미니스커트 단속'이 대대적으로 이루어졌다. 경찰이 자를 들고 다니며 치마가 무릎 위로 몇 센티미터 올라갔는지를 재고, '과다 노출'로 판정된 여성은 기초질서를 위반했다는 이유로 즉결심판에 넘겨졌다. 지금이라면 여성들이 당장 들고일어날 일이 당시에는 버젓이 행해졌다.

1997년 청소년보호법이 제정된 후 방송에 출연하는 연예인에 대한 복장 단속이 강화되었다. 남성 연예인은 귀고리 착용이나 문신이 주로 문제가 됐고, 여성 연예인의 경우는 배꼽티처럼 속살이 노출되는 의상이 문제가 됐다. KBS와 MBC는 심지어 "찢어진 청바지 등 단정하지 못한 옷차림"을 규제 대상으로 삼기도 했다. 악마주의를 연상시키는 의상이나 욕설 문구가 인쇄된 저항적 의상도 규제 대상에 올랐다. 이에 따라 복장 단속에 걸린 연예인, 특히 록그룹 가수들이 무더기로 출연 금지 처분을 받는 일이 속출했다.

공무원을 대상으로 한 복장 규제도 여전하다. '국가공무원 복무규정'에는 품위를 유지할 수 있는 단정한 복장을 해야 할 의무와 함께 정치적 주장을 표시 또는 상징하는 복장을 입어서는 안 된다는 금지 조항이 포함돼 있다. 2003년에는 한 국회의원이 넥타이를 매지 않은 차림으로 국회 본회의장에 나갔다가 예의에 어긋난다고 엄청난 비난을 받은 일이 있었다.

　　　　이와 같은 사례들을 살펴보면 복장 단속이 무엇을 목표로 하는지 잘 드러난다. 복장 단속은 복장 자체가 아니라 그 옷을 입은 사람과 그 사람이 가진 생각에 대한 통제를 목표로 삼는다. 자유로운 복장은 자유의 공기와 다양성에 대한 욕망을 함께 실어 나른다. 다양성에 대한 욕망은 정해진 규제에 대한 불평이 싹텄음을 의미한다. 하나 둘 단속 기준을 벗어나기 시작하면 단속자, 심판자의 도덕적 권위 자체가 흔들릴 수 있다. 단속하는 자는 도덕성에서 우월해야 하고, 그 도덕성은 두려움을 통해 유지될 수 있다. 복장이 불량하다는 것은 그 사람이 부도덕하다는 것을 의미해야 하고, 도덕과 부도덕을 심판할 수 있는 사람의 권위 앞에 두려운 마음으로 고개를 조아려야 한다. 그럴 때에만 도덕이 유지되고 기존 질서에 대해 의문을 품는 일 따위는 일어나지 않는다. 동서고금을 막론하고 민주주의와는 거리가 먼 정권들이 시민들의 복장 단속에 열을 올리는 것도 바로 그 때문이다.

　　　　이란을 배경으로 한 만화 〈페르세폴리스〉에 비슷한 이야기가 나온다. 이슬람 철권 통치 아래에서 이란 여성들은 옷차림과 행동 하나하나까지 규제를 받아야 했다. 팔목이 드러나는 옷을 입는 것도, 빨간 양말을 신는 것도 모두 국가 전복의 계기라며 단속 대상이 되었다. 이 작품의 주인공인 마르잔은 이렇게 말한다. 집을 나서면서 정해진 규정에 따라 옷을 잘 갖추어 입었는지를 살피는 사람은 결코 내 생각의 자유가

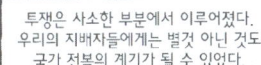

이슬람 철권 통치 아래에서 모든 것을 규제받아야 했던 이란 여성의 삶을 그린 만화 〈페르세폴리스〉

어디로 증발해 버렸는지, 현재의 삶은 살 만한 건지 질문하지 않는다고. 두려움이야말로 억압의 원동력이라는 것을 정권은 잘 알고 있었다고. 바로 그렇기에 베일을 벗는 것, 화장하는 것, 빨간 양말을 신는 것조차 당연히 '저항'이 된다고 말한다.

학교가 학생에게 교복을 입히는 이유도, 아주 세밀한 것까지 복장 규정을 정해 두고 단속하는 이유도 마찬가지 아닐까. 교복을 비롯한 복장 규정에 의문을 갖는 일은 '학교생활은 견딜 만한가?'라는 질문으로 이어진다. 그래서 학교가 복장 단속에 열을 올리는 것은 아닐까?

교복을 벗어던진다는 것

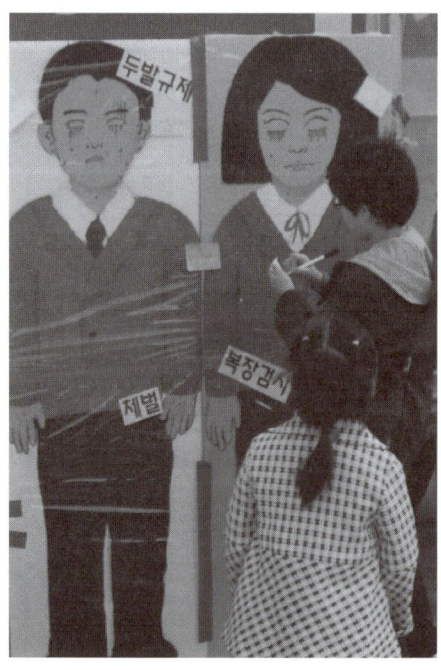

2006년 학생의 날 행사에서 시민들이 학교에서 사라져야 할 규정을 써 붙이고 있다.

결국, 규정에 정해진 복장을 입는다는 것은 그 옷을 입힌 사람들이 원하는 생각을 입는 것이다. 교복을 입는 것은 학생다움의 정신과 태도를 입는 것, 또는 입는 척하는 것이다. 여학생의 경우 너무 짧은 치마나 허리가 잘록한 윗도리로 성적 매력을 드러내서는 안 되고, 치마 아래 추리닝을 입거나 바지 교복을 입거나 해서 여성으로서 조신하지 못한 태도를 보여서도 안 된다. 곧, 여학생에게 교복을 입히는 것은 '학생다움+여성다움'의 정신과 태도를 함께 입히는 일이 된다. 이렇게 오랜 기간 통제에 길들여지다 보면, 정작 중요한 질문과는 점차 멀어진다.

교복이 편하다고 받아들이는 순간, 학생에게는 왜 옷을 골라 입을 자유조차 없는지는 따지지 않게 된다. 교복을 입어야 학생의 본분에 충실할 수 있다고 인정하는 순간, 현재 학생이 학교에서 행복하게 살고 공부하는지에 대한 관심은 뒤쪽으로 밀려난다. 교복이 빈부 격차를 가려 준다는 말에 고개를 끄덕일 때, 빈부 격차는 왜 생겨나는가라는 질문은 사라져 버린다. 그렇다면 교복을 벗어던지는 것, 정당한 근거를 찾을 길 없는 복장 규정을 거부하는 것이야말로 학교가 일방적으로 강요한 생각을 거부하겠다는 몸짓의 출발이 아닐까. 학교를 당황스럽게 만들지언정 발칙한 의문을 갖는 일을 멈추지 않겠다는 첫 신호탄이 아닐까.

그리스 신화에 보면 프로크루테스라는 노상강도가 나온다. 그는 지나가는 행인을 납치해서 취하도록 질펀하게 대접한 다음 자신이 만든 침대에 눕히고 침대보다 몸의 길이가 짧으면 늘여서 죽이고, 길면 잘라서 죽이는 만행을 일삼았다. 그러다 테세우스라는 인물에게 자신이 해 오던 것과 똑같은 방식으로 죽임을 당한다. 교복, 복장 규정이라는 틀에 학생을 끼워 넣고 학교가 허락한 사고와 욕구만을 갖고 성장하도록 한다면 우리 사회도, 미래의 학교도 결국 프로크루테스 침대의 비극에서 벗어나지 못하게 될 것이다.

교복은 메시지다
복장 단속, 무엇을 단속하는가?

티셔츠와 반바지를 입고 학교에 다닌다면?

우리 학교는 얼마 전 신설된 고등학교입니다. 올해 처음 신입생을 받았습니다. 우리 학교에는 아주 특별한 점이 하나 있는데 바로 복장입니다. 다른 학교처럼 교복을 입지 않고 캐주얼복을 입습니다. 왜, <DOC와 춤을> 이라는 노래에 이런 가사가 있잖아요. "청바지 입고서 회사엘 가면 깔끔하기만 하고 괜찮을 텐데, 여름 교복이 반바지라면 깔끔하고 시원해 괜찮을 텐데." 우리 학교가 딱 그렇습니다. 여름에는 흰색 티셔츠와 검은색 반바지를 입고, 가을에는 회색 후드티와 청바지를 입습니다. 겨울에는 그 위에 외투를 입고요. 물론, 지정된 옷 외에 다른 옷을 입을 수는 없습니다. 상의에는 학년별로 다른 색깔로 된 이름표와 학교 배지를 달아야 합니다.

복장이 이렇다 보니 다른 학교보다 분위기가 훨씬 자유로운 것 같습니다. 여학생들도 치마보다 더 편하다고 좋아하고요. 선생님들도 이런 학교가 전국에 어디 있느냐면서, 풀어준 만큼 나머지 복장 규정은 잘 지키라고 말씀하십니다. 중학교 때의 숨 막혔던 복장 규정을 생각하면 우리 학교가 더 좋은 것 같기는 한데, 이게 진짜 좋은 건지는 잘 모르겠어요. 이름표나 학교 배지를 달지 않으면 혼나고, 가끔은 다른 색깔 옷이나 치마를 입고 싶기도 하거든요. 당장은 좋은데, 고등학교 3년 내내 회색 후드티만 입고 다녀야 한다고 생각하니까 그것도 좀 갑갑해요. 이런 식의 복장 규정도 학생들의 인권을 침해하는 건가요?

토론거리

1 이 학교가 다른 학교와 다른 복장 규정을 채택한 이유는 무엇일까? 만약 여러분이 이 학교에 다니는 학생이라면, 현재의 복장 규정에 만족할까?

2 이 학교 학생들이 입는 것은 사복일까, 교복일까?

3 옷에 이름표와 학교 배지를 달고 다니도록 하는 것에 대해 어떻게 생각하는가? 왜 학교에서는 학생들이 이름표와 학교 배지를 착용하기를 원할까?

4 이름표를 옷 위에 박음질해서 탈착이 불가능하도록 만드는 것은 인권 침해라는 주장이 있다. 왜일까? 또, 학교 밖에서는 떼고 학교 안에서만 이름표를 붙이도록 하는 것은 괜찮을까?

5 학년별로 이름표의 색깔을 달리해서 구별하는 일은 어떤가? 학교에서는 왜 이름표 색깔을 다르게 정할까?

⑥ 도둑맞은 시간과 비어 있는 시간

강제 보충과 야자는 누구를 울리나?

"더 이상 학원은 필요 없다! 그동안 학생들이 학교가 아닌 학원에 의지해 온 것은 학교 수업의 질이 떨어지고, 그것만으로는 부족하다는 느낌을 받아 왔기 때문이다." 2010년 서울시 교육감 선거에 후보로 나온 김영숙 씨는 '공교육 살리기'를 주요 공약으로 내세웠다. 정규 수업이 끝난 후 수준별 수업과 특성화반을 운영해 학생들이 학원에서 배우고 싶어 하는 것을 학교에서 책임지고 가르치겠다는 공약이다. 정규 수업 전후에 성적이 좋은 학생은 선행학습을 시키고 성적이 떨어지는 학생은 일대일 보충학습을 시켜 학생들의 수준에 맞는 보충수업을 제공하겠다는 것. 이 후보가 펼쳐 놓은 새로운 학교의 청사진을 접했을 때 가장 먼저 드는 느낌은 무엇인가? 고맙다? 든든하다? 다행이다? 갑갑하다? 무섭다? 이건 대체 뭥미? 아니면 다른 무엇? 김영숙 씨는 서울의 한 중학교 교장으로 일하면서 밤 9시까지 '방과 후 학교'를 운영했는데 전교생의 80%가 학원을 끊고 방과 후 수업에 참여했다고 한다. 전교 1등마저도 학원을 끊게 했다니 '공교육 신화'를 이룬 사람이라 불릴 만하다. 사교육비가 비싼 현실에서 학원에서 가르치는 걸 학교가 값싸게 가르쳐 준다니 좋은 일 아닌가? 수업 일찍 끝나 봤자 학원밖에 갈 곳이 없는데 학교에서 밤늦게까지 학생들을 돌봐 주면 학생도 좋고 학부모도 좋은 일 아닌가? 이런 생각을 떠올리는 이들도 있을 것이다. 그런데 정말 학생들은 학교와 학원 둘 중에 한 곳을 골라야 하는가? 학교에 오래 남아 있으면 마냥 좋을까?

  2008년 네덜란드의 고등학생들이 거리로 뛰쳐나왔다. 네덜란드에서는 무슨 일이 있었기에 학생들이 거리로 뛰쳐나온 것일까? 놀랍게도, 학생들을 분노로 들끓게 만든 건 다름 아닌 '1040시간 룰'이었다. 2008년 네덜란드 교육부가 "일 년에 130일 간은 학생들이 하루 8시간씩(오전 9시~오후 5시) 학교에 있어야 한다(연간 1040시간)"는 방침을 정하자 고등

8시가 넘도록 학교에
남아 야자를 하고
있는 학생들

학생들이 "학교에 왜 쓸데없이 그렇게 오래 남아 있어야 하느냐"면서 시위에 나선 것이다. 한국 상황과 비교해 보면 네덜란드 학생들의 요구는 참으로 배부른 소리로 들린다. 5시 하교라면 한국에서는 거의 단축수업 수준이다. 그것도 130일이라니, 일 년에 넉 달 정도만 5시까지 남아 있으면 된다. 그럼에도 이들은 말한다. 독일은 1시 반, 오스트리아는 12시 반이면 끝나지 않느냐고. 이쯤 되면 탄성이 절로 나온다. 1년에 방학을 빼고도 거의 3150시간가량 학교에 있어야 하는, 집에서는 잠깐 잠만 자고 나와야 하는 한국 학생들 처지가 참으로 처량하게 보인다. 누구는 8시간도 가혹하다고 시위에 나서는데, 다른 누구는 아침 8시부터 밤 10시까지 하루 14시간을 꼬박 잡혀 있어야 한다.

한국의 학교는 밤늦게까지 불을 환히 밝히고 있다. 아침 자율학습이나 0교시 수업부터 시작해서 8, 9교시는 기본이고 보충수업, 야간 자율학습까지 하고 나면 밤 10시, 11시가 되어서야 학교를 나올 수 있다. 같은 시대를 살아가고 있는 비슷한 나이의 학생인데도 유럽과 한국의 학생들은 왜 이렇게 다른 삶을 살고 있을까? 미국은 대개 6교시 수업을 하고 나면 학교가 끝난다. 한국 학생들이 학교에 이토록 오랜 시간 머물러야 하는 이유는 무엇일까? 학교에 오래 남아 있으면 더 행복한 내일이 찾아올까?

밥 좀 먹자!
잠 좀 자자!

2008년 5월, 광우병 위험이 있는 미국산 쇠고기 수입을 반대하는 촛불집회가 연일 계속되고 있었다. 어느 날부터인가 "밥 좀 먹자! 잠 좀 자자!"는 외침이 함께 터져 나오기 시작했다. 학생들이 "잘 먹고 잘 자는 건 인간의 가장 기본적인 권리인데 이것조차 보장받지 못한다면 우리의 삶이 동물보다도 못한 것 아니냐"는 질문을 던지기 시작한 것이다. 당시 촛불집회에 참여했던 학생들은 밥 먹을 시간, 잠잘 시간, 쉴 시간조차 보장받지 못하는 이유는 "학교에 남아 있어야 하는 시간이 너무 길기 때문"이라고 말했다. 자습 시간에 1교시 수업을 앞당겨서 실시함으로써 이른 등교를 강요하거나 '자율'학습을 '강제'해서는 안 된다는 정부나 교육청의 지침이 있었지만, 이를 무시하는 학교가 한둘이 아니었다. 그런 데다 2008년 4월 '학교 자율화 조치'라는 이름으로 정부가 관련 지침을 없애자, 학교들은 너도나도 0교시와 강제 야자를 확대하기 시작했다. 2009년에는 과도한 입시 경쟁을 부추긴다는 이유로 10년 전 사라졌던 일제고사(전국 단위 학업성취도 평가)가 다시 부활했다. 그러자 이제는 초등학교에서도 '방과 후 수업'이라는 이름으로 보충수업이 시작됐고, 쉬는 시간을 5분으로 단축하는 학교마저 생겨났다. 일제고사 성적이 뒤처진 일부 지역에서는 초등학생도

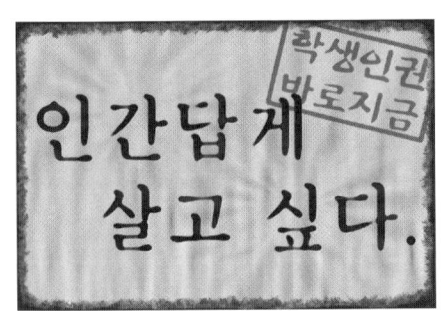

지금의 학교는 학생들의 가장 기본적인 권리조차 보장하지 않고 있다.

밤 9시까지 특별 방과 후 수업을 실시하고 성적이 낮은 학생을 장애 학생반으로 보내 일제고사를 못 보게 하는 일까지 일어나고 있다.

하루의 대부분을 꼼짝없이 의자에 앉아 수업을 듣고 자습을 하다 보니 학생들의 건강이 좋을 리 없다. 학생 비만율이 증가하는 이유도 이와 무관하지 않다. 2010년 4월 '아이건강국민연대'라는 단체가 발표한 조사 결과를 보면, 초등학교 1학년생의 비만율이 25%, 6학년은 31%에 이른다. 고등학교 3학년이 되면 비만율은 33%까지 이르러 아시아 최고 수준이다. 식사를 급하게 하고 인스턴트 식품 같은 고열량 음식을 과다 섭취하는 데 비해 몸을 움직일 시간은 거의 없기 때문이다. 2009년 '건강사회를위한보건교육연구회'가 조사한 결과를 보면 초·중·고등학생 열 명 중 한 명꼴로 "거의 매일 일상에 흥미가 없고, 외롭고 불안하고 의욕이 없다"고 답했다. 이유 없는 두통과 불면증, 어지럼증 등을 호소하며 병원을 찾는 중·고등학생도 늘고 있다. 고3 학생은 극심한 스트레스와 위염을 달고 산다. 우울감, 자살 충동을 느끼는 학생이 갈수록 늘어나고 있다는 조사 결과까지, 학생들의 삶의 수준이 바닥임을 보여 주는 통계는 끝도 없이 이어진다.

대다수 학생들은 몸도 마음도 지쳐 있는 상태다. 학교에 있는 시간이 행복하지 않다. 공부가 재미있다, 학교생활이 편안하고 흥미롭다, 내일은 무슨 일이 생길까 기대된다고 말하는 학생을 만나기란 참으로 어렵다. 하루하루 감당해야 할 일이 너무 많다. 아무것도 하지 않아도 되는 시간, 나 혼자만의 재미와 의미를 찾을 수 있는 시간은 사라져 버렸다. 강제 야자와 보충수업은 이러한 살인적인 일과의 중심에 있다.

저는 강원도 춘천고등학교 1학년에 재학 중인 최우주입니다.

(중략)

국가 공권력의 하부 단위를 이루는 고등학교의 운영 주체인 교장, 교감 선생님이 학교 교육을 목표 달성만을 강요하는 입시 지상주의 교육으로 변질시킴으로써 학생들의 정신적·신체적 건강을 위협하고 또한 인간인 학생들의 존엄성을 묵살하고 있습니다.

구체적으로 제가 경험한 기본권 침해 사례는 다음과 같습니다.

헌법

제10조: 모든 국민은 인간으로서의 존엄과 가치를 가지며,
　　　　행복을 추구할 권리를 가진다.
제19조: 모든 국민은 양심의 자유를 가진다.
제34조: 모든 국민은 인간다운 생활을 할 권리를 가진다.

국민의 일원인 저도 인간의 존엄과 가치를 인정받아야 할 것입니다. 그러나 제가 경험한 5개월 간의 고등학교 생활은 제가 죄수처럼, 개나 돼지처럼 제 의사와 무관하게 규제되는 생활로 점철되었습니다.

처음으로 제 의지가 묵살되었던 것은 보충수업

및 자율학습 신청서를 제출하면서였습니다. 저는 공부는 스스로 하는 것이라고 생각했기 때문에 정규 수업 외의 시간에는 제 의지대로 공부하고 싶었습니다. 그래서 부모님과 혼자서 열심히 공부하기로 약속하고 불참하려 했습니다. 그러나 선생님들은 신청서는 단지 형식적인-교육부 감사 같은 것이 있을 때, 교장 교감 선생님의 면책을 위한 보호막 같은-것이라고 하시는 것이었습니다. 선생님은 위압적으로 "학교에서 하는 일이니까 잔말 말고 시키는 대로만 해라. 보충수업 받기 싫은 사람은 자퇴서를 쓰고 춘고를 떠나라"고 하셨습니다.

선배들도 보충수업에 불참하면 학생과에 끌려가 신청서에 찬성 표시를 하든지, 자퇴서를 쓰든지 양자택일을 할 때까지 매를 맞을 거라며 살고 싶으면 눈 딱 감고 찬성에 표시하라고 충고하였습니다. 이런 이야기들을 들은 저는 그 날 밤잠을 못 이루며 고민하다 처참한 심정으로 비굴하게 현실에 굴복하여 보충수업을 신청하였습니다.

(……) 이렇게 보충수업에 참여하게 된 저의 나날은 너무나 처참해 동물의 그것과 다를 바 없었습니다. 아침 7시가 되기도 전에 집을 나가 학교에서 공부를 하다 밤 11시가 넘어서야 집에 오면 바로 침대에 쓰러져 잠들었습니다. 학교에서도 잠이 부족하여 붕 뜬 듯한 기분으로 하루를 보내야만 했습니다.

 (……) 겨울에 난방 시설이 없어도 좋습니다. 학생의 체격에 맞지 않는 책걸상을 바꿔주지 않아도 좋습니다. 저는 단지 상식에 따라 준수되어야 할 합리적인 학교 운영이 더 이상 학교 운영권자의 자의적이고 전제적인 독단에 의하여 좌우되지 않도록 해 달라는 것입니다. 즉, 방과 후의 시간, 방학 동안의 시간을 당연히 학생들에게 돌려달라는 것입니다.

1995년 고등학교 1학년이었던 최우주 학생이 작성한 민원 중 일부. 민원 전문은 인터넷 매체 '인권오름' (http://hr-oreum.net/)에서 볼 수 있다.

강제로라도 공부시켜 주는 게 학생 복지 아닙니까?

앞의 글은 1995년 고등학생이었던 최우주 씨가 강제 보충수업과 야간 자율학습이 학생들의 기본권을 침해한다며 제출한 민원이다. 오래 전 최우주 학생이 지적한 학교 현실은 지금 얼마나 달라졌을까? 겉으로는 자율이나 선택이라고 하지만 보충·야자에 대한 학생의 선택권이 제대로 보장된 적은 거의 없다. 보충수업을 빠진다고 해서 자퇴까지 강요하는 학교는 사라졌겠지만, 보충·야자에 빠지려면 갖가지 증명 서류를 제출해야 하고 학부모 동의서까지 내야 하는 학교가 여전히 많다. 사정이 이렇다 보니 학교에서 이루어지는 것은 교육이 아니라 '사육'이라는 자조 섞인 이야기도 나온다. 학교 갔다 집에 돌아오면 쓰러져 잠드는 생활, 그것도 나의 의지와 상관없이 강요된 것이라면 동물의 처지와 무엇이 다른가! 최우주 학생의 말에는 인간 이하의 대접을 받고 있다는 굴욕감이 배어 있다. 적어도 방과 후, 또는 방학 기간은 내 것이어야 하지 않느냐, 원래 주인에게 그 시간을 돌려달라는 것은 지극히 상식적인 소망 아니냐는 항변은 여전히 현재진행형이다.

"당장은 힘들어도 나중을 위해선 참아 내야 한다." "공부할 의지가 부족한 학생들은 학교가 강제로라도 잡아 줘야 한다." "강제로라도 공부시켜 주는 게 학교가 해 줄 수 있는 가장 좋은 학생 복지다." 비장미까지 느껴지는 이런 말들은 가혹한 입시 경쟁 속에서 일면 설득력 있게 들린다. 그렇지만 이런 생각들은 다음과 같은 질문은 던지지 않는다. 어떤 방식으로 하든 공부만 하면 좋은가? 강제로 시키기 때문에 도리어 학생들이 공부에 대한 흥미와 의욕을 점점 잃어 가는 것은 아닐까? 무조건 시키면 되기 때문에 학생들이 공부에 흥미를 갖도록 하려면 어떻게 하면 좋을지를 탐구하는 노력은 사라지는 게 아닐까? 공부가 '하고 싶은 것'이 아니라 '해야 하는 것'이 될 때 스트레스는 더욱더 쌓이고 폭발할 것 같은 분노가 쌓여 가는 것은 아닐까? 배움이 즐거운 학교는 정말 불가능할까?

  교육권은 기본적 인권 가운데 하나이다. 그런데 학교에 가고 공부를 할 수 있다고 해서 교육권을 충분히 보장받고 있다고 볼 수는 없다. 유엔은 학생들이 배울 권리를 충분히 누리기 위해서는 몇 가지 요건이 충족되어야 한다고 지적하는데, 그 가운데 하나가 바로 '감당할 만한 교육'이어야 한다는 것이다. 학생들이 육체적으로나 정신적으로 감당하기 어려운 교육을 강요하는 것은 정상 교육의 궤도를 벗어난 '나쁜 교육'이다. 이 기준에 비추어 보면 공부 부담이 너무 커서도 안 되고, 학교 분위기가 너무 경쟁적이어서도 안 되고, 공부 내용이 학생의 인격이나 특성, 재능을 무시하는 것이어서도 안 된다. 그런데 한국 교육계는 지금 학생들에게 요구되는 공부가 교육의 궤도에서 벗어난 것은 아닌가라는 질문을 제대로 던지지 않는다. "자율학습이라고 해 놓고 억지로 교실에 남아 있게 할 때, 그저 자리만 채우고 시간만 때우는 느낌이다"라는 학생들의 말에 귀를 기울이는 이는 드물다.

  학교에서 학생을 붙잡아 두기 위해 협박과 어르기를 반복하는 사이, 학생들은 교사의 눈을 속이고 빠져나갈 구실을 찾아내느라 열심이다. 감독 교사가 방심한 틈을 타 감옥에서 탈출하듯 '땡땡이'를 치기도 하고, 꾀병을 부려 달콤한 자유를 맛보기도 한다. 담임에게 '과외수업이 있다'는 거짓말을 하기도 한다. 야자를 '합법적으로' 빠질 수 있는 거짓 증명서(부모 확인서, 학원 수업 확인서, 병원 진단서 등)를 대신 발행해 주는 일로 용돈을 버는 학생까지 생긴다. 그저 웃어넘기기에는 찝찝한 거짓말과 편법은 '강제 공부'에서 벗어나기 위한 서글픈 몸부림일 수도 있다. 너무 지쳐 있는 학생들을 보면서, 보충수업에 빠질 구실을 찾느라 머리를 굴리는 모습을 보면서도 과연 '학생 복지', '학생에게 좋은 것'이라고 할 수 있을까? 눈속임을 가르치는 것을 과연 교육이라고 할 수 있을까?

힘들게 찾은
자유의 뒷골목

왼쪽 원에 나의 하루 일과표를 그려 보자. 오른쪽에는 보충수업과 야자가 없다면 하루를 어떻게 보내고 싶은지 일과표를 그려 보자.

현재 나의 하루   보충과 야자가 사라진 후 나의 하루

학교에서 보충수업과 야자를 강요하지 않으면, 학생들은 지금보다 여유롭고 행복한 하루를 보낼 수 있을까? 실제로, 누가 강요하지 않아

도 학교에 남거나 아니면 학원에 가는 학생들이 많다. 부유한 가정의 학생들은 고액 과외를 하거나 학원에 다니느라 '당당하게' 보충수업과 야자를 빠진다. 강제 보충수업과 야자에 반대하는 학생이나 학부모 중에는 '자유 시간'이 아니라 '학교보다 더 확실하게 잡아 주는 학원에 갈 자유'를 원하는 이들도 있다. 이런 상황에서 보충수업과 야자를 선택으로 돌리면 사교육 업자들만 쾌재를 부를 것이란 우려를 무시하기 힘든 이유다.

학교 안이든 밖이든 학생에게 열린 공간은 대개 입시나 성적과 관련된 곳이다. 그러니 기를 쓰고 교사나 부모의 감시를 피해 탈출해도 결국 피시방(PC방)을 전전하게 된다. 피시방 갈 돈마저 떨어지면, 그렇게 기를 쓰고 되찾은 자유도 아무런 쓸모가 없다.

학교 밖 모임에 참여하는 경우도 많지 않고, 있다 하더라도 공부에 방해가 되지 않을 정도로 수위를 조절해야 하는 데다 모임을 가질 만한 공간을 찾기도 어렵다. 오후 2~3시면 수업이 끝나고 다양한 커뮤니티 문화 시설에서 운동도 하고 문화 활동을 즐긴다는 외국 학생들의 이야기는 너무나 먼 낯선 세계의 일로 여겨진다.

남미의 베네수엘라에서는 25만 명에 이르는 청소년들이 오케스트라를 만들어 음악을 연주함으로써 삶의 활력과 희망을 찾고 있다. 이들의 이야기를 다룬 영화 〈엘 시스테마〉는 영어, 수학이 아니라 첼로, 바이올린, 피아노 등 악기 연주를 배우면서 청소년들이 어떻게 변해 가는지를 보여준다. 영어나 수학이

빈민가의 청소년들. 음악으로 마음껏 희망을 연주하다.
영화 〈엘 시스테마〉

아니라 음악이 빈민가 청소년들로 하여금 마음껏 희망을 연주하도록 만들었다는데, 과연 한국의 교육은 학생들에게 어떤 말을 건네고 있는가? 학생들을 잠시도 내버려 두지 않고 공부하라고 닦달하면서도 정작 배움의 기쁨을 느끼고 싶다는 학생들의 간절한 희망은 무시하고 있지 않은가.

야자하는 학생, 감독하는 교사, 야근하는 부모

해외 토픽에나 나올 법한 한국의 야간 자율학습 풍경이 너무도 익숙해진 배경은 무엇일까? "4당 5락(4시간 자면 합격, 5시간 자면 불합격)"이라는 말이 있을 정도로 치열한 입시 경쟁 탓도 있겠지만, 밤늦게까지 일하는 것을 당연히 받아들이는 사회 분위기 탓도 크다.

밤에 찍은 한반도의 위성사진을 보면 불이 켜진 곳이 너무 많다. 특히 수도권에 불빛이 집중되어 있다. 배낭여행 안내서인 《론리 플래닛》에 실린 한국편 첫 장의 제목은 "Why would you sleep?"이다. 한국에는 밤 새도록 상점과 식당, 술집이 문을 여니 굳이 잠자리에 들 필요가 없다는 얘기다. 저녁 7~8시 정도면 대부분의 상점이 문을 닫는 나라에서 온 여행자들에게 밤늦게까지 가게 문이 열려 있고 동네마다 24시간 편의점이 있는 한국은 '세상에 이런 일이!'라는 느낌을 줄 법하다. 무엇이 이런 차이를 만든 것일까?

국제노동기구(ILO)가 권장하는 노동시간은 일주일에 40시간이다. 그런데 2010년 6월 스탠더드 차터드 그룹(Standard Chartered Group)이 조사한 결과를 보면, 서울 지역 노동자들은 평균 50.8시간 일한다. 잦은 야근에 시달리다 보니 3명 중 1명꼴로 극도의 피로감과 스트레스를 느끼고 우울증을 겪고 있었다. 또 4명 중 3명은 "일이 너무 많아서" 야근을 한다고 답했고, 4명 중 1명은 "책임감 있는 사람이라는 걸 보여주기 위해서", "상사보다 먼저 퇴근하기가 눈치 보여서" 늦게까지 일한다고 답했다. 삼성전자가 만든 기업 이미지 광고 가운데 "새벽 3시의 커피 타임 이야기"라는 제목의 광고가 있다. 기업의 이미지를 좋게 하기 위해 만든 광고에서, 직원들이 새벽 3시에 커피를 마시고 다시 일할 준비를 하는 '비인간적인' 모습을 자랑하고 있다. 이렇게 밤늦게까지 이어지는 노동이 일상이고 칭찬받아 마땅한 일로 여겨지다 보니 이것이 얼마나 큰 문제인지 사람들은 잘 느끼지 못한다. 문제집을 끌어안고 밤늦게까지 풀고 있는 수험생의 모습, 너무 피곤하고 집중이 되지 않는데도 교사에게 혼나지 않기 위해 의자에 앉아 버티고 있는 학생들의 모습을 바라보는 마음도 비슷하지 않을까? 무조건 열심히 일하는 것, 자신의 육체적 한계를 넘어 골병이 들도록 일하는 것이 아무렇지 않게 여겨지다 보니 밤늦게까지 학생들을 학교나 학원에 잡아 두는 것도 끔찍하게 여기지 않는지 모른다.

사회 인식도 문제지만, 사실 밤늦게까지 남아서 야근이라도 하지 않으면 먹고살고 자식 키우기 힘든 조건도 장시간 노동의 원인이다. 사회 복지 제도가 워낙 부실하다 보니 피곤한 몸을 쉬고 멀리 사는 벗과 만나고 문화 생활을 즐기는 것이 호사로 여겨지는 이들이 많다. 물가는 계속 오르고 내 집을 장만하려면 숨이 차오르게 허리끈을 바짝 조여야 한다. 학교나 학원에 갖다 바치는 돈도 만만치 않다. 다른 비용은 줄여도 학원비는 제일 나중에 줄이고, 학원비가 모자라면 아르바이트 자리라도 찾아 나서야 하는 것이 부모의 기본이 된 시대다. 자식들은 공부하느라 괴롭고, 부모는 공부시키느라 괴로운 세상, 과열된 입시 경쟁이 낳은 한국 사회의 서글픈 자화상이다.

학생이 학교에 남아 있으면 교사도 퇴근하지 못하고 남아 있어야 한다. 정시에 퇴근하는 교사는 무책임한 사람으로 낙인 찍히기 쉬운 구조다. 그런데 교사도 대체로 누군가의 학부모다. 그들의 자녀는 또 다른 학교에 묶여 있다. 고등학교 교사들은 아침 7시 출근, 밤 11시 퇴근이 기본인 경우도 많다. 피로가 쌓이고 스트레스도 많다. 수업을 탄탄히 준비할 연구 시간은 어디로 갔나 싶기도 하다. 교사가 좋은 직업 중 하나로 꼽히는 사회에서 일어나는 풍경이다. 학생도, 교사도 대개 자기에게 가장 절실한 권리로 '쉴 권리'를 꼽지만, 학생도 교사도 쉬지 못한다.

그래도 학교가 제일 안전하다?

"공부는 안 시켜도 좋으니 딴짓 못 하게 학교에 붙잡고 있어 달라!" "세상이 이렇게 흉흉한데 학교라도 애들을 돌봐 줘야 할 것 아닌가." 최근 범죄에 대한 불안이 증폭되면서 공부가 아니라 '돌봄'의 기능을 학교에 기대하는 이들이 늘고 있다. 거리는 위험하다. 부모가 기다리고 있지 않은 집도 위험하다. 그러니 학교가 학생의 안전을 책임져야 한다. 안전이 최우선이 되는 사회에서 학생의 자유나 선택권을 주장하는 것은 무모하게 느껴진다. 이런 생각에는 '그래도 학교가 제일 안전하다'는 전제가 깔려 있다. 학교는 과연 안전한 곳인가?

학교는 사회의 축소판이다. 사회가 정글이면 학교도 정글이다. 교실은 우정을 나누는 공간이 아니라 경쟁의 장이다. 약자로 찍히면 끝장이다. 게다가, 좁은 교실 안에 많은 청소년이 '있고 싶어서'가 아니라 '있어야 하기 때문에' 있다 보니, 다툼과 폭력이 일상다반사로 일어난다. 그런데도 엉망인 환경은 그대로 둔 채 사이좋게 지내라는 도덕적 명령만 무성하다. 당연히 아무리 나쁘다고 말해도 왕따나 집단괴롭힘은 사라지지 않는다. 학생들을 잡아 두어야 하는 교사들 역시 감시자 역할을 떠맡다 보니 강압적 수단에 매달린다.

흉기나 폭탄이 없다고 안전이 보장되는 것은 아니다. 학생들은 '놀면 끝장'이라는 불안의 공포에 떨고 있다. 열심히 공부하는 학생, 성적이 좋은 학생 역시 불안하기는 마찬가지다. 열심히 공부해서 대학 나와 봤자 '월급 88만 원 받는 비정규직'이 되는 것이 고작인 세상에서 나도 '잉여'가 될지 모른다는 불안, 탈락할지 모른다는 공포가 학생들을 끊임없는 긴장 속으로 밀어 넣는다. 불안과 공포가 학교의 일상을 지배한다. 아무리 노력해 봤자 나는 이미 '잉여'라는 걸 간파한 학생들은 분노를 약한 자들에게 터뜨리거나 하고 싶은 것도 몰입할 것도 없는 '만성 무기력증'에 걸린다. "차라리 현재를 즐기자"며 긍정적 체념을 선택하는 학생은 소수에 불과하다. 사정이 이런데도 많은 사람들이 학교를 안전하다고 여긴다.

학교가 안전한 공간은 아니더라도 이 위험한 세상에서 살아남을 수 있는 힘을 길러 주는 역할은 해야 하지 않을까? 최소한 "내가 못난 탓"이라는 자책을 하지 않게끔 진실을 보여 주는 일은 해야 하지 않을까? 교사와 학생, 학생과 학생 사이에도 권력관계가 존재하고 그 권력의 차이가 폭력을 낳는다는 진실은 말해 주어야 하지 않을까? 사회에서는 낙오자라 말하지만 다른 삶을 찾아 나선 이들이 느끼는 행복의 비밀은 알려 주어야 하지 않을까? 비록 시급 4천 원짜리 아르바이트를 전전한다 할지라도 내 인격이 4천 원짜리는 아니라는 것, 부당한 대우를 받았을 때 용기가 있다면 어떻게 싸울 수 있는지 가르쳐 주어야 하지 않을까? 현재와 같은 입시 경쟁의 규칙 아래서 패배할 수밖에 없는 학생들에게는 다른 삶의 경험을 쌓을 수 있도록 길을 열어 주어야 하지 않을까? 그러기 위해서는 먼저 학교가 안전하다는 환상, 학교에 붙들어 두면 학생이 행복해질 것이란 환상부터 깨뜨려야 한다.

시간의 주인은 누구인가?

독일 작가 미하엘 엔데의 《모모》라는 소설을 보면 '회색 신사'가 등장한다. 회색 신사는 사람들의 돈이 아니라 시간을 훔치는 자다. 회색 신사는 시간을 저축해야 한다면서, 여유 따위를 부리지 말고 열심히 일하라고 어른들을 부추긴다. 그 말에 넘어간 어른들은 느릿느릿 말하는 아이들의 말을 끝까지 들으려 하지 않고 횡설수설 쏟아 내는 아이들의 수다를 끊어 버린다. 그것은 시간 낭비다. 그렇게 모두들 시간을 저축하느라 안간힘을 쓰는 동안, 사람들은 '견딜 수 없는 지루함'이란 병을 얻게 된다. 그 병에 걸린 사람은 이렇게 묘사된다.

"차츰 기분이 언짢아지고, 가슴속이 텅 빈 것 같고, 스스로와 이 세상에 대해 불만을 느끼게 된단다. 그 다음엔 그런 감정마저 서서히 사라져 결국 아무런 감정도 느끼지 못하게 되지. 무관심해지고 잿빛이 되는 게야. (……) 이제 그 사람은 화도 내지 않고 뜨겁게 열광하는 법도 없어. (……) 그 사람은 공허한 잿빛 얼굴을 하고 바삐 돌아다니게 되지. 회색 신사와 똑같아진단다."

지금 한국 사회에서 회색 신사는 누구일까? 학생들이 학교에 머무르는 동안, 그 시간을 지배하는 것은 학생 자신이 아니라 학교와 시간표다.

50분 수업하고 10분 쉬는 방식은 공장의 작업 시간 배치와 비슷하다. 한창 호기심이 달아올라도 종이 치면 수업을 끝내야 한다. 언제 하루 일과가 끝나는지를 결정하는 것도 학교다. 회색 신사가 그랬던 것처럼, 학교도 학생의 시간을 지배하고 빼앗는 것 아닐까? 이러한 학교생활이 계속 이어지다 보면, 이제는 내가 시간을 누리는 것이 아니라, 시간이 나를 지배하게 된다. 짜인 시간표대로만 움직이다 보니 어쩌다 자유 시간이 생기면 어떻게 보내야 할지 당황한다. 소위 명문대 진학에 성공한 모범생이 대학에 들어간 후 가장 당황하는 때가 바로 공강 시간(수업과 수업 사이의 비는 시간)이라는 말이 있다.

외국의 한 대안학교에는 '아무것도 하지 않는 방'이 있다고 한다. 이곳은 무엇을 해야 한다는 의무 없이 자유롭게 머물 수 있다. 이름은 "아무것도 하지 않는 방"이지만 그 방에 들어가 아무것도 하지 않는 사람은 없다. 잠자는 동안 몸 전체의 세포가 노폐물을 빼고 새로운 활력을 채우듯이, 아무것도 안 해도 되는 시간 동안 학생들은 피로를 풀고 재충전을 한다. 방 안을 빼곡히 채우고 있는 책장을 유유자적 둘러보기도 하고, 머릿속을 어지럽히는 고민덩어리들을 떠올리기도 한다. 몸과 마음 구석구석에 뭉쳐 있던 응어리를 풀어내고 정리하고 돌아보는 시간을 갖기도 한다. 부족한 잠을 청하거나 친구에게 편지를 쓰는 학생도 있을 것이다. 그렇게 아무것도 하지 않는 곳에서도 의미 있는 일들이 일어난다. 해야만 한다고 강요하는 것이 없기 때문에, 그 방 안에서만큼은 시간이 본래 주인에게 찾아온다.

한국의 학교에서는 시간이 본래 주인에게 돌아오는 일이 거의 없다. 사회에 나가서도 마찬가지다. 언제나 미래를 위해서 시간을 저축한다. 좋은 직장을 얻기 위해서, 승진하기 위해서, 편안한 노후를 위해서, 잠자리에 들기 직전까지 시간을 저축한다. 그런데 그토록 열심히 저축한 시간을 과연 돌려받을 수 있을까? 어쩌면 야자, 보충을 땡땡이치는 학생이야말로 잃어버린 시간을 되찾은 사람이 아닐까? 야자 감독을 거부하는 교사야말로 자기 시간과 학생의 잃어버린 시간을 되찾는 데 기여하는 사람이 아닐까? 학교를 나온 학생들이 갈 곳을 찾아 헤매고 다녀야 비로소 학교와 학원 이외에도 갈 만한 곳을 만들어야 한다는 목소리가 커지지 않을까? 무엇보다 학생에게는 '비어 있는 시간'이 늘어야 하지 않을까? 비어 있기에 무엇으로 채울지 즐겁게 고민하고 결정할 수 있는 시간이 필요하다. 보충·야자에 대한 선택권은 학생에게 '비어 있는 시간', 잃어버린 시간을 돌려주는 첫걸음이다.

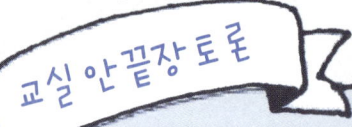

도둑맞은 시간과 비어 있는 시간
강제 보충과 야자는 누구를 울리나?

강제 보충·야자 없애면 성적 격차가 더 벌어지지 않나요?

변두리 지역에서 대학 입시에 성공하는 것을 목표로 나름 성실히 학교에 다니는 고등학생입니다. 주변에 보면 학원에 다니는 친구들이 많지만, 저희 집은 그럴 만한 형편이 안 됩니다. 중학교 때는 동네 보습학원에 다니다가 고등학교에 와서는 그것도 끊고 학교 보충과 교육방송에만 집중하고 있습니다. 다들 사교육이 문제라고 얘기하고, 학교 수업만 열심히 들으면 되는 조건을 만들어야 한다고 하지만, 그렇다고 학원을 포기하진 않습니다. 더구나 학원에서 애들이 이미 배우고 왔다고 생각하고 진도를 빨리 나가는 선생님들도 있어서 수업을 따라가기 벅찰 때도 있습니다. 수업료가 비싼 학원에 다니는 아이들이 학교 수업 때는 딴짓하고 분위기를 흐리다가 시험에서 저보다 좋은 점수를 받는 것을 보면 화가 날 때가 있습니다. 다행히 어떤 대학에 '자기 주도적 학습 능력 전형'이 있어서 방과 후 학교 200시간 이상을 하면 지원 가능하다고 해요. 저는 거기에 희망을 걸고 있습니다.

그런데 보충 수업과 야자가 자율로 바뀌면 저 같은 사람은 보충수업을 받고 싶어도 못 받게 되는 건 아닌가요? 또, 지금보다 학원을 다니는 아이들이 많아지지 않을까요? 그렇게 되면 돈 있는 애들은 다 좋은 학원 다니고, 저처럼 집안 형편이 어려운 아이들만 학교 보충수업에 남으면서 성적 격차가 더 벌어지지 않을까 걱정됩니다. 강제 야자가 없어진다고 아이들이 자유 시간을 가질 수 있는 것도 아니고요. 강제 보충과 야자를 없애면 오히려 사교육이 더 성행하고 돈 많은 애들은 더 좋은 사교육을 받아 좋은 대학에 가는 일이 더 많아지지 않을까요?

토론거리

1 강제 보충과 야자를 없애면, 보충과 야자를 원하는 학생은 수업을 못 받게 되는가?

2 학교에서 강제로 보충이나 야자를 시키면 대학 입시 경쟁이 좀 더 공정해질까?

3 많은 학교에서 학원을 다닌다고 하면 야자를 빠질 수 있게끔 허락해 준다. 그렇다면 강제 보충이나 야자를 계속 유지한다고 해서 사교육이 줄어들까? 이미 존재하는 빈부 차이와 그에 따른 학력 차이가 좁혀질 수 있을까?

4 사람들은 왜 비싼 사교육을 받아서라도 대학 입시에서 좋은 성적을 거두려 할까? 사교육이 없어지지 않는 근본 원인은 무엇일까? 사교육을 줄일 수 있는 해법은 무엇일까?

5 학원 영업시간을 규제하는 조례가 있다. 밤 11시나 12시 이후 심야 학원 영업을 규제하는 법은 왜 만들어졌을까? 학원 영업시간을 규제하면 학생들에게는 어떤 영향이 있을까?

6 노동자들의 하루 평균 노동시간은 법으로 정해져 있다. 학생들에게도 하루 평균 학습시간을 법으로 정하면 어떨까? 아니면 하루에 최소한 이만큼은 쉬어야 한다고 정하는 것은 어떨까?

7 중립이라는 감옥, 정치적 미성숙의 감옥

집회의 자유는 학생의 삶을 어떻게 바꿀까?

다음 중 학교에서 처벌을 받거나 혼날 수 있는 행동은 무엇일까?

해당하는 것에 모두 √ 표시를 해 보자.

☐ 학생회 임원 10여 명이 지각을 하지 말자는 피켓을 만들어 교문 앞에서 캠페인을 한다.
☐ 혼자 담임을 찾아가 언어폭력을 자제해 달라고 건의한다.
☐ 교장실에 학교의 비리 의혹을 제기하는 쪽지를 몰래 던져 놓는다.
☐ 학생회 대의원들이 학생회 담당 교사와 사전 논의 없이 자발적으로 모여서 회의를 연다.
☐ 애국을 강요하는 것은 잘못이니 국기에 대한 맹세나 경례를 하지 말자고 반 친구들에게 여러 차례 이야기한다.
☐ 한국 교육에 문제가 많다고 생각해서, 2주에 한 번씩 교육정책을 살펴보고 다른 나라의 교육정책과 비교하는 공부 모임을 만들어 교실에서 모인다.
☐ 학생회에서 지도교사의 허락을 얻지 않고 급식에 관한 설문조사를 학생 대상으로 진행한다.
☐ 친구들과 함께 독도를 지키자는 서명운동을 벌인다.
☐ 두발 단속, 용의·복장 단속에 불만을 가진 친구들과 함께 두발과 복장 규제를 비판하는 전단지를 만들어 학교 게시판에 붙이고 교실에 돌린다.
☐ 0교시, 강제 보충수업을 실시하는 학교에 항의하며 학생들이 모두 합심해서 점심시간에 종이비행기를 창밖으로 날린다.
☐ 학생회 대의원회의 결정으로 등교 시간을 늦추자는 건의서를 써서 교장 선생님에게 전달한다.
☐ 미션스쿨에서 예배를 강요하는 것은 종교의 자유에 대한 침해라고 주장하면서 교육청 앞에서 1인 시위를 한다.
☐ 미군의 장갑차에 치여 죽은 중학생들을 추모하고 미국과의 외교 관계를 비판하는 평화적 촛불집회에 참가한다.
☐ 지지하는 단체에 가입하여 활동한다.

앞에서 열거한 총 14가지 항목 가운데 표시가 되지 않은 것은 몇 개인가? 언뜻 보아도 답은 쉽게 나온다. 열거된 항목 가운데 처벌이나 불이익을 당할 위험이 없는 행동은 독도를 지키자는 서명운동과 지각을 하지 말자는 교문 앞 캠페인 정도일 것이다.

학생들이 학교가 정해 놓은 절차를 거치지 않거나 학교에 비판적인 의견을 표현하는 행동은 대개 "교사에게 불손한 행동을 보였다"거나 "학교 질서를 어지럽혔다"는 이유로 불이익을 받을 위험에 놓인다. 특히 학교에서는 학생들이 자발적으로 모이고 자신들의 의견을 모으는 일, 여럿이 힘을 합쳐 어떤 공통의 요구를 드러내는 일, 곧 '집단행동'을 매우 위험한 행동인 것처럼 취급한다. 종이비행기 날리기든 운동장 집회든, 어떤 형식이든 간에 여럿이 함께 학교에 비판적인 목소리를 내는 것은 학교 질서에 대한 심각한 위협으로 여겨진다. 그런데 똑같은 집단행동도 학교가 바라는 바를 말하면 반응은 완전히 달라진다.

만약 교문 앞에서 학생회 임원들이 들고 서 있는 피켓의 문구가 살짝 바뀌면 어떤 일이 일어날까? "지각을 하지 말자!"가 "학생회의 학교 운영 참여를 보장하라!"로 바뀐다면? 아주 모범적인 캠페인이 한순간 학교 질서를 어지럽히는 '불온한 행동'으로 돌변한다. 학교 안에서만 문제가 되는 것은 아니다. 학교 안의 문제를 바깥에 나가 외치는 것, 사회문제에 관심을 갖고 활동하는 것도 학교는 삐딱한 시선으로 바라본다. 학교의 허가를 받지 않은 자발적 사회참여는 자칫 징계를 받을 수도 있다.

우리의 질문은 바로 여기에서 시작한다. 왜 혼자 조용히 건의하는 것은 괜찮지만 여럿이 모이거나 모여서 외치는 것은 문제라고 여길까? 혼자서 의견을 내더라도 교사를 찾아가 '정중하게' 말하는 것은 괜찮지만 여러 사람이 보는 장소에서 '크게' 말하는 것은 문제가 되는 이유는 무엇일까? 왜 학생들은 건의함, 학생회 등 정해 놓은 절차가 있는데도 그 절차를 신뢰하지 못할까? 교장실에 몰래 쪽지를 던져 넣는 행동은 학교 안 의견 수렴 절차에 대한 불신에서 비롯한 행동은 아닌가? 학교 밖에서 관심 있는 주제에 대해 활동하는데 왜 학교의 허가를 받아야 하는가?

쪽수의 힘, 사람의 힘

말하는 것은 들어 주는 이가 있을 때 비로소 '말'이 된다. 사람은 끊임없이 내 말을 들어 줄 사람, 공감이든 비판이든 내 말에 반응을 보여 줄 사람을 찾아다닌다. 편지나 쪽지를 써서 보내는 일, 신문에 글을 쓰거나 광고를 내는 일, 전단지를 만들어 나누어 주는 일, 인터넷 카페에 가입해서 글을 남기거나 영화 포스터를 패러디한 사진을 올리는 일, 모임을 만들거나 가입해 의견을 나누는 일, 이 모두에는 '들어 주는 이'를 찾겠다는 기대가 깔려 있다. 그래서 내 말을 잘 전달할 가장 효과적인 방법을 찾아 두리번거리게 마련이다. 어떤 사람들은 효과적인 방법의 하나로 집회를 선택한다.

집회는 어떤 공통의 목소리를 내기 위해 여럿이 모여 외치는 행동이다. 교회에서 정기적으로 열리는 예배나 단체의 총회처럼 실내에서 열리는 집회도 있고, 거리나 광장, 특정 건물 앞에서 열리는 집회도 있다. 실내에서 열리는 집회는 주로 모인 사람들끼리 의견을 나누고 결속을 다지는 데 초점을 맞춘다면, 실외에서 열리는 집회는 주로 모이지 않은 사람들을 향해 의견을 전하고 보여 주는 데 초점이 맞춰져 있다. 연예기획사의 문제점을 지적하기 위해 모인 팬클럽의 항의 집회, 광우병 위험 쇠고기를 수입해서는 안 된다는 시민들의 촛불집회, 두발 자유를 보장하라는 학생들의 거리 집회, 일자리를 되찾겠다는 해고 노동자들의 거리 집회, 여당의 횡포를 비난하는 야당 국회의원들의 회의장 밖 집회까지, 우리 사회에서는 매일 수많은 집회가 열린다.

집회를 연다고 원하는 결과를 얻을 수 있을까? 그럴 수도 있고 그렇지 않을 수도 있다. 어쩌면 방송에 나와 '우아하게' 의견을 말하거나 언론에 광고를 내는 것이 더 효과적일 수도 있고, 국회의원들을 설득해 법을 새로 만들거나 고치는 것이 더 효과적일 수도 있다. 그런데도 왜 사람들은 굳이 시간을 내서 한 장소에 모여 외치는 걸까? 답은 간단하다. 그렇게라도 해야 당장 원하는 것을 얻을 순 없더라도 최소한 남들에게 자신들의 주장을 알릴 수 있기 때문이다. 대개 집회를 여는 사람들은 돈도 사회적 힘도 달리는 사람들이다. 언론에 광고를 내려면 엄청난 돈이 필요하다. 정치인이나 유명 연예인, 대기업 회장처럼 한마디만 해 달라고 기자들이 따라붙는 사람들은 극소수다. 언론사에서 찾아와 듣게끔 하려면 우리에게 하고 싶은 말이 있다는 것, 여러 사람이 공감하고 있다는 사실을 먼저 알려야 한다. 이제 남은 문제는 이른바 '쪽수'다. 같은 의견을 가진 사람이 얼마나 많은지를 보여 줌으로써 말의 힘을 키워야 한다. 돌멩이로 흩어져 있을 때는 보이지도 않던 존재들이 모여서 커다란 성을 쌓으면 보이기 시작한다.

소금과 같은 생필품에 높은 가격을 매기면 막대한 이윤을 챙길 수 있다. 인도가 영국의 식민지였을 때, 영국은 인도인들이 소금을 만들지 못하도록 하고 영국산 소금을 비싼 값에 팔았다. 1930년, 마하트마 간디는 영국의 이 부당한 조치에 항의하고 그것을 철회시키기 위해 인도 사람들을 이끌고 대행진을 벌였다. 미국에서 흑인들이 백인에게 구타당하는 일이 다

반사로 일어나고 백인 전용 구역에는 발도 들이지 못하고 인간 이하의 취급을 당하던 시절, 흑인들은 맞아 죽을 각오로 모여서 "나는 사람이다!"라고 외쳤다. 세계적으로 유명한 "나에게는 꿈이 있습니다"라는 마틴 루터 킹 목사의 연설도 그 과정에서 나왔다. 옛 노예의 후손과 백인 농장주의 후손이 평등한 식탁에 둘러앉을 수 있는 사회를 꿈꾼다는 내용으로 이루어진 이 연설 20만 명이 넘는 사람들이 모인 '워싱턴 대행진'(1963년)이 없었다면 세상에 알려질 수도, 역사에 기록될 수도 없었을 것이다.

역사 교과서에 등장하는 수많은 운동이나 혁명도 집회가 없었다면 이루어질 수 없었다. 2008년 중·고등학생을 포함해 시민 수십만 명이 모여 미국산 쇠고기의 광우병 위험을 지적하는 집회를 연 후, 정부는 비로소 미국과 재협상에 나섰다. 이처럼 변화는 훌륭한 말 몇 마디가 아니라 모여서 외치는 힘, 같은 의견을 가진 사람들의 힘을 보여줄 때 이루어진다. 그래서 돈도 권력도 없는 사회적 약자들에게는 모여서 외칠 자유, 존재를 드러낼 자유, 곧 집회의 자유가 더더욱 중요하다. 반면에, 변화를 원하지 않는 기득권 세력에는 사람들이 자발적으로 모여 변화를 요구하는 집회가 성가시거나 위협적인 것으로 여겨진다. 기득권 세력이 동원한 집회, 정부나 기득권 세력이 원하는 내용을 말하는 집회는 그토록 쉽게 열리고, 그들에 반대하는 집회는 제한되거나 금지되는 것도 이 때문이다.

"왜 대화를 거부하고 바깥에서 떠드는가." 집회는 대화와 협상을 거부하는 것이라는 오해가 널리 퍼져 있다. 그러나 진실은 정반대인 경우가 더 많다. 모든 집회에는 대화와 협상을 바라는 강렬한 소망이 깔려 있다. 또한, 집회에는 대개 참가자들의 외면당하고 좌절했던 '어제의 기억'이 아로새겨져 있다. 아무리 여러 번 찾아가 건의를 해도 무시할 때, 무시당할 게 뻔할 때, 아무리 대화를 요구해도 테이블 앞에 마주앉을 기회조차 주어지지 않을 때, 사람들은 집회를 연다. 마틴 루터 킹은 왜 흑인들이 대화와 협상을 거부한 채 거리로 나와 사회를 시끄럽게 만드느냐는 비난에 대해 이렇게 답했다. "협상을 거부하는 사회를 곤경에 빠뜨려야 비로소 협상의 자리가 열린다."

학생들이 여는 집회도 다르지 않다. 학교 규정에 문제가 많다고 아무리 얘기해도 학교 측에서 꿈쩍도 하지 않을 때, 몇 번이고 교장실을 찾아가도 만나 주지 않을 때, 학생회가 학생의 의견을 대변하는 기구가 아니라 학교의 심부름꾼 역할만 하고 있을 때, 학생들이 교육과 사회에 대해 할 말이 많지만 잘 들어 주지 않을 때, 학생들도 집회를 생각하게 된다. 하지만 학생들이 여는 집회는 좀체 볼 수 없다. 학생들의 요구가 잘 수용되기 때문일까, 아니면 학생들이 아예 체념한 때문일까?

금지되는 것은 집회인가, 자유인가

학교는 당연하다는 듯이 집회를 포함해 학생들의 집단행동을 금지, 처벌한다. 대다수 교칙에는 "집단행동", "학생을 선동하여 질서를 문란케 하는 행동"이 징계 대상에 올라 있다. 서명운동이나 설문조사조차 집단행동으로 보고 알레르기 반응을 보인다. 학생 집회를 바라보는 여론의 시선도 따갑다. 경기도에서 학생인권조례를 만드는 과정에서 가장 반대가 심했던 항목이 바로 '학생의 집회 자유'였다. 학생에게 집회의 자유를 부여하면 교육 현장이 심각한 혼란에 빠질 것이라는 이유 때문이었다. 결국, 경기도 학생인권조례는 집회의 자유가 삭제된 채 통과됐다. 사람들은 무엇을 그토록 걱정하는 것일까?

	학생들의 학내 집회	운동장 조회	월드컵 거리 응원
목적	학교나 정부, 사회에 대해 불만을 표현하고 목소리를 내기 위해	학교의 기대나 결정 사항을 강조하기 위해서, 칭찬받을 행동이 무엇인지 알려 주거나 분위기를 다잡기 위해	대표팀을 응원하기 위해서, 놀고 즐기기 위해서
참가자들의 자발성	자발적이고, 때로는 처벌받을 위험을 감수함	비자발적	자발적
장소	운동장, 복도, 교문 앞 등	운동장	광장, 거리 등
규제 여부	학칙으로 금지되어 있고 징계 위험이 큼	참여하지 않으면 규제	신고 등 절차를 거치면 가능하고 대부분 규제를 받지 않음

위의 표를 보면 학생들이 '모여서 외치는 행동'에 대해서 규제가 매우 이중적인 것을 알 수 있다. 형식만 보자면 운동장 조회도 집회이고, 선도부가 진행하는 교문 앞 캠페인도 집회다. 그런데 이런 집회를 우려하는 사람은 거의 없다. 운동장 조회에서는 대개 교장의 훈화나 학교의 결정 사항이 일방적으로 전달되고 학생들은 듣기만 한다. 지각하지 말자, 금연하자는 내용으로 하는 학생들의 캠페인은 학교의 수고를 덜어 주므로 환영받는다. 월드컵 기간 동안 학교 운동장이나 강당에 모여 국가 대표팀을 응원하게 해 달라는 요청도 아마 비교적 쉽게 수용될 것이다. 반면에, 학생들이 자발적으로 모여 학교나 사회에 대한 비판 목소리를 내는 집회의 경우는 어떤가? 즉각 해산, 주동자 색출, 징계의 순서를 밟을 가능성이 높다.

영국에서는 학생들이 직접 주제를 정해 조회를 운영한다는데, 우리 학교가 학생 집회를 대하는 태도와는 사뭇 다르다.

학생들이 학교 밖 광장에 나오는 일에 대해서는 어떨까? 학생들이 월드컵 거리 응원전에 참가하는 것은 문제가 되지 않지만, 거리 집회에 참여하는 것은 문제가 된다. 월드컵 거리 응원은 정부에 무언가를 요구하는 것도 아니고, 국가 대표팀 응원을 통해 애국심을 키운다면 정부로서는 손해 볼 게 없다. 분명 정부나 국가에 대한 의식에 영향을 미치는 자리이지만 '순수한 응원전'으로 여긴다. 반면에, 학생들이 공부는 하지 않고 거리에 나와 학교나 정부에 무언가를 요구하는 것은 학생 신분에 어긋나는 일이고, '정치적 집회'에 가담한 것이 된다. 똑같은 일을 학교 안에서 하더라도 반응은 마찬가지다. 학교에 대한 비판을 제기하는 것은 '학내 질서를 어지럽히는 행동'으로 간주되고, 시험제도와 같은 교육정책을 비판하는 것은 '학교를 정치판으로 만드는 일'이 된다.

집단으로 모이지 않고 혼자서 얘기하는 것도 문제가 되는 경우가 있다. 2010년 경기도 성남시 분당의 한 고등학교에서 학생회장 후보로 나온 학생이 학생인권조례 제정에 힘을 보태겠다는 공약을 내걸자 학교 측에서 삭제를 요구했다. 2004년에는 종교 예배를 강요하지 말라며 교육청 앞에서 1인 시위를 벌였던 학생이 퇴학당하는 일도 있었다.

결국, 학교가 금지하고 싶은 것은 집회나 집단행동이 아니라 학생의 자유다. 학생들이 자기 의견을 갖는 것, 학교나 정부에 의문을 품기 시작하는 것, 의견을 효과

학교 앞에서 두발 자유 집회가 열렸으나 참여하지 못한 채 구경만 하고 있는 학생들의 모습

적으로 전달하고 여론을 형성하는 방법을 자발적으로 찾아내는 것, 통제를 벗어나는 것, 바로 그 자유를 불편해 하는 것이다. 요즘 학생들은 너무 개인주의적이다, 친구를 만나고 대화할 줄 모른다고 혀를 끌끌 차지만, 정작 학생들이 모이고 공동의 의견을 형성할라치면 공부에 방해된다, 정치화된다며 막을 구실을 찾기 시작한다. 원자적 개인으로 흩어 놓기 위해 안달하면서 개인주의를 탓하는 것은 모순 아닌가?

합리적 절차와
감정적 집단행동

"건의함도 있고 학생회도 있어. 학교에는 정해진 절차가 있는데 왜 지키지 않느냐고!"
"합리적 절차를 밟아 차근차근 문제를 풀어야지 왜 집단행동이냐!"
"교장실에 와서 조용히 건의하면 될 것을 왜 공부에 전념하고 있는 다른 학생들을 선동해!"

학생들의 학내 집회가 열렸을 때 학교가 흔히 보이는 반응들이다. 이런 말 속에는 '합리적 절차'와 '감정적(극단적) 집단행동'이라는 이분법이 깔려 있다. 학교가 정해놓은 절차는 다 합리적인가? 집회는 모두 감정적이고 극단적인 집단행동인가?

학교가 말하는 합리적 절차는 대개 학생회를 통한 건의 절차를 말한다. 그런데 학생들은 알고 있다. 그 합리적 절차가 사실은 동맥경화증에 걸려 있다는 것을. 학생회를 통해 봤자 기대할 게 없다는 건 학생들 사이에 상식이다. 학생회가 학생들의 의견을 모으고 전달하는 기구라기보다는 학교의 심부름꾼이나 선도부 구실을 하는 경우는 또 얼마나 흔한가? 학생회 회의의 안건을 정하거나 결정을 내릴 때도 지도교사의 간섭과 검열이 이루어지는 일이 흔하다. 이런 사정을 알고 협상력을 높이기 위해 선택한 행동조차 위험에 처한다. 2006년 대구의 한 중학교에서는 학생회장이 두발 규정에 대한 학생 설문조사를 실시했다가 교사에게 폭언과 폭행을 당한 사건이 일어났다. 학생 대표를 뽑는 과정부터도 입후보 자격 제한, 공약 내용에 대한 사전 승인 등 갖가지 관문을 거쳐야 한다. 이런 상황에서 절차를 지키라는 말은 참고 견디라는 말, 학생의 의견을 듣지 않겠다는 말과 다름없다.

정해진 절차가 결코 학생에게 유리하지 않을 때, 참고 견디라는 말만 믿고 기다리는 것은 과연 합리적인가? 아무리 기다려도 버스가 오지 않는다면 차가 끊겼거나 노선이 변경됐을 수도 있는데 무작정 기다려야 하는가? 학생들의 바람이 얼마나 절실한지, 학생들이 얼마나 일치된 의견을 갖고 있는지를 보여 주기 위해 서명을 받거나 집회를 여는 것이 더 합리적일 수 있지 않은가? 학생들이 자신의 마음에서 우러나오는 목소리에 충실한 것, 학교가 뭔가 잘못 돌아가고 있다는 감정을 솔직히 드러내는 일이 왜 감정적이고, 비합리적인 행동이라는 비난을 받아야 하는가. 감정에 충실한 것이야말로 가장 진실을 잘 드러내는 것은 아닌가?

학교생활에서 학생의 참여가 보장되고 학생의 의견이 충분히 존중된다면 굳이 운동장이나 옥상에 모여 외칠 일도 없을지 모른다. 학생의 참여를 보장한다는 것은 단지 듣는 시늉에만 그치지 않고 실제로 자신들이 원하는 변화를 성취할 수 있는 경험을 그들에게 제공하는 것을 말한다. 그런데 진정한 참여가 가로막혀 있을 때, 또는 듣는 시늉만 보이는 어른들의 위선에 지쳤을 때, '초대받지 못한 자들'이 변화를 이끌어 내기 위해서는 집회라도 열어야 하지 않는가?

정치는 학생을 망치나, 살리나?

"특히 학생들의 집회의 자유는 학생인권 보장으로 위장한 듯하지만 저의가 의심스럽다. 의사 결정이 완전하지 못한 미성년 학생들에게 집회의 자유 보장은 순수성을 떠나 자칫 외부 세력과 정치인들에게 악용당할 소지가 크다."
_ 「학생인권조례, 모두 공감할 수 있어야」, 〈경인일보〉, 2009년 12월 28일.

"남의 애를 정치꾼으로 만들 권리, 이용할 권리, 망칠 권리는 없다."
_ 「경기도가 '10대 정치꾼'을 양산하는 법」, 〈조선일보〉, 2009년 12월 24일.

"학생에게 정치는 위험하다, 학생이 정치에 관심을 가져 봤자 이용만 당한다, 정치에 관심을 가지는 것은 학생을 망치는 일이다." 학생에게 집회의 자유를 보장하는 것을 우려하는 사람들은 집회와 정치를 연결시킨다. 2008년 광우병 위험 쇠고기 수입에 반대하며 수많은 학생들이 촛불집회에 참여하자, 한 유명 인사는 "청소년(학생)에게 촛불집회는 포르노물과 같다"는 말로 그 위험성을 부각시키기도 했다. 대다수 학교에서 집회 참석은 물론이고 허가 없는 동아리 운영, 정치색을 띤 행동, 학교 밖 단체 활동 등을 처벌 목록에 올려놓고 있는 것도 '정치적'이라는 이유에서다. 정말, 학생에게 정치는 위험한 것인가? 학생에게 정치에 관심을 갖지 말라고 얘기하는 것은 누구에게 이익이고 누구에게 손해가 되는 일일까?

실제로, 집회는 다분히 정치적인 활동이다. 흔히 정치는 정치인들이 하는 것, 국회의사당이나 청와대, 선거판에서나 일어나는 것으로 이해하지만, 세상의 모든 말과 행동에는 정치적 의미가 담겨 있다. 특히 집회는 혼자가 아니라 여럿이 힘을 합해 공통의 요구를 표현하는 행위이다. 입 닫고 따르기만 하면 된다고 강요받던 사람들이 목소리를 내고 모이고 무언가를 요구하는 순간, 그 행위는 더더욱 정치적일 수밖에 없다. 비리가 판치는 사립학교에서 학생들이 비리 의혹을 제기하며 정보 공개를 요구하는 집회를 연다면, 비리 학교를 유지해온 독점의 정치가 투명한 학교를 만드는 민주적 정치로 전환되기 시작하는 것 아닐까?

학생들이 주로 관심을 갖는 입시 문제 역시 매우 정치적인 문제이다. 교육감은 물론이고 국회의원, 대통령을 뽑는 선거 공약에 교육정책은 빠지지 않고 등장한다. 교육정책은 물론이고 주택정책, 복지정책, 군사정책 어느 것도 학생의 삶에 영향을 미치지 않는 것은 없다. 그럼에도 학생에게 정치에 관심을 갖지 말라는 것, 집회를 열거나 참여하지 말라는 것은 학생에게 무지를 강요하는 일은 아닐까? 학생들이 견뎌야 하는 힘겨운 학교생활은 정치적 권리를 금지당하고 있는 현실과 무관할까?

"못 뽑으니까 나와 봤다!" 2008년 7월 서울시에서 교육감을 뽑는 선거가 열렸을 때, 청소년 단체들은 '기호 0번 청소년' 후보를 내세워 아주 중요한 질문을 던졌다. 교육감을 뽑는데 왜 그 누구보다도 현장 경험이 풍부한 학생들은 참여할 길이 없는가? 아무리 훌륭한 교육감이 당선되더라도 그 사람은 학생들의 참여 없이 뽑힌 '반쪽짜리' 교육감이 아닌가? 학생들이 '정치 왕따' 신세이기 때문에 교육 현실이 계속 요 모양 요 꼴이 아닌가? 대학이나 학원 등 각종 이해집단의 요구에 따라 매년 입시 정책은 춤을 추는데, 정작 가장 중요한 당사자인 학생들의 목소리는 왜 반영하지 않는가? 학생에게 정치적 권리가 보장된다면, 학교생활이 지금보다는 덜 구질구질하지 않을까?

"여성이 단두대에 오를 권리가 있다면, 연단에 오를 권리도 가져야 한다." 1789년 프랑스혁명이 일어난 2년 뒤, 올랭프 드 구즈라는 여성은 이

"학교에도 민주주의를!" 학생인권을 알리는 집회에 참석한 청소년들의 모습

◀ 여기서 시민이란 어떤 시(市)에 살고 있는 사람을 뜻하는 것이 아니라 정치적 권리와 자유를 행사할 수 있는 힘을 가진 사람을 뜻한다.

렇게 말했다. 여성이 아버지나 남편의 소유물 정도로 취급되는 비참한 상황에서 벗어나려면, 먼저 '연단에 오를 권리', 곧 정치적 권리를 가져야 한다는 말이다. 이처럼 어떤 집단이 정치적 권리를 획득하고 정치적 힘을 갖는다는 것은 매우 중요한 의미를 지닌다. 정치적 권리가 없다는 말은 곧 그 사회에서 온전한 인간, 동등한 사회 구성원이자 시민◀으로 대접받지 못한다는 것을 의미한다. 정치를 독점한 귀족들이 '아랫것들'의 비참한 현실을 해결해 주지는 않을 테니까. 고대 로마에서 노예라는 말은 '자신의 운명을 스스로 결정할 수 없는 사람'이라는 뜻을 가지고 있었다고 한다. 오늘날에는 정치적 권리를 누리지 못하는 '비(非)시민'들이 일종의 노예에 해당한다. 그래서 시민의 대열에 끼지 못했던 학생들이 정치적 권리를 얻어 내는 일은 노예가 아닌 인간으로, 당당한 시민으로 인정받는 일이 되는 것이다.

학생들의 인격과 자유가 한국보다 잘 보장되는 나라들을 보면, 선거 가능 연령이 17세 또는 18세로 우리보다 낮다. 이는 학생이 정치적 권리를 보장받아야 사회적으로도 더 대접받을 가능성이 커진다는 걸 보여 준다. 그렇기에 선거권까지는 아니더라도 학생들

"못 뽑으니까 나와 봤다!" 2008년 7월 서울시 교육감 선거에는 '기호 0번 청소년 후보'가 등장했다.

이 집회를 포함해 다양한 수단으로 목소리를 낼 수 있어야 사회적 영향력을 가진 집단으로 인정받을 수 있지 않을까? 그래야 주어진 교육제도에 따르기만 하는 것이 아니라 원하는 방향으로 교육제도를 함께 만드는 사람이 될 수 있을 것이다.

학생이 외부 세력이나 정치인들에게 이용당할 수 있다는 우려는 어떻게 보아야 할까? 물론, 학생들 중에 이용당하는 이들이 생길 수는 있다. 그렇다고 정치적 권리 자체를 부정한다는 것은 비약 아닐까? 60대들에게 식사를 대접하고 관광을 보내 준 후보를 찍는 일이 일어난다고 해서 60대 전체의 투표권을 박탈해야 한다고 주장하지는 않는다. 마찬가지로,

학생이 정치에 이용당할까 봐 걱정한다면 더더욱 세상에 대해, 정치에 대해 잘 알 수 있는 기회를 주어야 하지 않을까? 학생이 무언가를 주장하면 '분명 누군가의 꾐에 넘어갔을 거야', '배후에 누가 있을 거야'라고 생각하는 것부터가 인격 모독 아닌가.

'중립'이라는 감옥

정치적으로 중립적이어야 할 교육의 공간에서 정치를 이야기하는 것은 적절하지 않다고 생각하는 사람들이 있다. 학생은 아직 배우는 과정에 있는 만큼, 정치적으로 중립을 지키는 것이 좋다고 생각하는 이들도 있다. 그래서 집회에 참여하거나 정치에 관심을 갖는 일을 부담스럽게 여긴다. 그런데 과연 정치적으로 중립을 유지한다는 것은 가능한 일일까? 학교는 정말 중립적인가? 중립을 택한다는 것은 결국 무엇을 의미하는 것일까?

모든 생각과 행위는 정치적 의미를 갖는다. 학교에서 시키는 대로 얌전히 공부만 하는 행동도 정치적이고, 하라는 공부는 하지 않고 딴짓을 하는 것도 정치적 행위이다. '정치적'이라는 말은 어떤 가치와 방향이 담겨 있다는 뜻이고, 그 행동이 주위에 던지는 메시지가 있다는 뜻이다. 미국의 역사학자인 하워드 진은 "달리는 기차 위에 중립은 없다"는 말을 남겼다. 이미 부산을 향해 달리는 기차를 타고 있는 사람이 아직 어디로 갈지 정하지 않았다고 이야기하는 것은 모순이라는 말이다. 마찬가지로, 중립을 지키겠다는 말은 사회에 대해 판단하지 않겠다는 말이 된다. 판단하지 않으면 기존 질서를 인정하는 데 기여하게 된다.

학교라는 기차 위에도 중립은 없다. 교과서에도 저자의 정치적 입

장이 들어가 있고, 입시 정책에도 정책을 만든 사람의 입장이 들어가 있다. 두발 규정에는 학생은 어떤 모습을 갖고 있어야 한다는 정치적 입장이 담겨 있다. "난 정치 따위엔 관심 없어"라는 말에는 현실 정치판에서 일어나는 일들이 내가 정치를 외면하게 만들었다는 입장이 녹아 있다. 마찬가지로, "배움의 공간인 학교에 정치가 들어와서는 안 된다"는 말도 특정한 정치적 입장을 담고 있다.

"교육은 정치적으로 중립적이어야 한다"는 말은 정치권력이 교육을 자기 뜻대로 좌지우지해서는 안 된다는 말이다. 그래야 정치권력의 감시나 통제 없이 교실 안에서 다양한 의견이 오고갈 수 있다는 것이다. 그런데 지금 이 말은 정반대로 정치권력이 정해 준 교육 방침에 묵묵히 따르라는 말로 사용되고 있다. 교육정책이나 정부에 대해 비판적 의견을 이야기하면 "중립적이지 않다"며 공격한다. 2009년에는 교사들이 정부 정책을 비판하는 선언을 발표했다는 이유로 징계를 당하는 일이 있었다. 반면에, 정부 정책에 대해 우호적 의견을 밝히면 중립성을 위반했다는 비판을 받지 않는다. 정부 정책을 찬양하는 교장 선생님의 훈화, 특정 역사관을 주입하는 초빙 강사의 강연은 정상적 교육활동으로 여겨지지 편향적이라는 딱지를 받지 않는다. 결국, '중립'이라는 가면은 힘을 가진 자들만 쓸 수 있는 장식품인 셈이다.

그래도 중립적이어야 한다는 생각에서 벗어나지 못하겠다면 계속 판단을 유보하는 수밖에 없다. 판단을 미루는 것이 과연 자신에게 좋은 일일까? 교장 선생님의 훈화는 나를 모욕하는 말인가, 존중하는 말인가? 저 교육정책은 학생들의 행복에 기여하나, 아니면 불행을 가져오나? 정부가 만들어 내는 정책들은 나에게 유리한가, 불리한가? 이런 질문들에 대해 이야기를 나누고 판단하지 않는다면, 결국 판단하지 못하는 '정치적 미성숙'의 감옥에 갇히게 된다. 결과적으로는 그런 질문이 나오지 않기를 바라는 이들에게 유리한 상태가 유지된다.

학생들이 정치적으로 미성숙할수록 이용당할 위험은 커지고, 이용당하는지도 모르게 될 가능성도 커지는 게 아닐까? 학생의 정치적 미성숙이 당연시되다 보니 교사도 정치적 미성숙을 강요받는 것은 아닌가? 정치적 중립을 이유로 학생은 판단하지 않고 교사도 의견을 내지 못한다면, 그것 자체가 특정한 입장으로 편향된 것 아닐까?

우리, 집회할 수 있는 사람이야

우리 사회에서 학생들에게 집회의 자유나 정치적 권리는 여전히 '너무 먼 이야기'이다. 학생들이 집회에 자유롭게 참여하거나 직접 주체가 되어 집회를 여는 일은 별로 없다. 집회라는 말만 들어도 뒷걸음질 치는 사람이 많다. 그러나 집회를 열 수 있지만 다른 효과적인 방법을 선택하는 것과 아예 집회가 금지되는 것 사이에는 하늘과 땅만큼의 차이가 있다. 학생들이 정치적 힘을 보여 줄 수 있느냐 없느냐는 문제도 무척 중요하다.

잠시 과거로 눈을 돌려 보면 학생과 집회, 학생과 정치 활동이 인연을 맺지 않은 때는 없었다는 걸 알 수 있다. '학생독립운동 기념일'로 지정되어 있는 11월 3일은 1929년 광주에서 중·고등학생들이 일본의 식민지 교육에 저항하여 대규모 집회를 열고 동맹휴학이라는 집단행동을 벌였던 날이다. 3·1운동 이후 가장 큰 항일운동 가운데 하나로 평가되는 이날의 집회에서 학생들은 대한 독립을 요구하는 동시에 학생을 인간답게 대우하라는 요구를 함께 외쳤다. 3·1운동의 상징인 유관순 씨도 당시 청소년의 나이였다. 민주화운동 과정에서도 학생들의 활약은 돋보였다. 우리 헌법에서도 물려받아야 할 정신으로 기록하고 있는 1960년 4·19혁명은 대구에서 일어난 고등학생의 시위가 도화선이 되었다. 1980년 5·18 광주 민주화운동 당시 고등학생들이 민주화를 요구하는 집회에 대거 참가하자 정부는 휴교 조치를 내려 학생들의 결집을 막으려 했다. 1989년 교사들이 노동조합을 만들었다는 이유로 대량 해직되는 일이 벌어졌을 때도 중·고등학생들은 부당함을 외치며 학교 안팎에서 집회를 열었다. 1989년 한 해에만 50만 명에 이르는 중·고등학생이 집회에 참여했다는 집계가 나와 있다. 2002년 미군 장갑차에 치여 중학생 두 명이 목숨을 잃는 사고가 일어났을 때, 2008년 광우병 위험 쇠고기 수입이 일방적으로 결정되었을 때, 가장 먼저 촛불을 들어 문제를 지적한 집단이 바로 학생(청소년)들이었다. 이런 역사를 보면 학생들이 정치적으로 미성숙하다는 이야기는 거짓말이 아닐까? 어쩌면 학생에게 집회의 자유를 보장하기 두려워하는 사람들은 이런 일을 두려워하는 것은 아닐까.

눈을 나라 밖으로 돌려 보자. 2006년 칠레에서는 중·고등학생들이 교육예산을 늘리고 교육을 개혁하라고 요구하면서 70만 명 가까이 모여 집회를 열었다. 프랑스에서는 거의 매년 중·고등학생들이 잘못된 교육정책을 철회하라고 요구하거나 연금제도와 같은 사회문제에 대해 목소리를 내기 위해 집회를 연다. 학교 안에서도 집회의 자유는 당연히 보장되어야 한다고 생각하기 때문에, 학내에서 집회를 열 때 거쳐야 할 절차를 학칙에 정해 두고 있다. 초등학교에서부터 정치가 뭔지, 세상이 어떻게 돌아가는지, 시민이 기본적으로 누려야 할 권리가 무엇인지를 가르친다. 이런 모습을 보면 집회나 정치 활동이 그리 어려운 것도 아니고 학생을 망치는 무서운 일도 아님을 느끼게 된다.

유엔에서 어린이·청소년의 권리를 다루는 기구인 유엔아동권리위원회는 2003년 한국 교육의 현실을 살피면서 "학교가 학생을 너무 엄격하게 통제하고 정치 활동을 제한함으로써 학생들이 할 말을 제대로 하지 못하고 있다"고 평가했다. 학생들이 학교 안팎의 정치 활동에 능동적으로 참여할 수 있도록 해야 한다고 덧붙이기도 했다. 하지만 '학생들이 자유롭게 의견을 표현하고 여럿이 힘을 합쳐 잘못을 바로잡을 힘을 갖는 것은 당연하

◀
유엔아동권리위원회는 유엔아동권리협약에 가입한 국가들이 협약의 내용을 제대로 지키고 있는지를 감시하기 위해 설치된 기구이다. 2003년 유엔아동권리위원회는 한국 정부가 제출한 2차 보고서를 검토하고 여러 질문을 던진 끝에 정부가 개선해야 할 과제를 제시했다.

다'고 보는 이 국제적 기준이 한국의 학교에서는 여전히 받아들여지지 않고 있다.

혼자의 힘으로 세상을 확 바꿔 놓은 것 같은 영웅들도 지지하는 사람들이 없었다면 세상을 바꿀 수 없었다. 학생들 한 명 한 명이 수군거리는 목소리는 잘 들리지 않지만, 다수의 학생이 모여 외치는 목소리에는 귀를 기울이지 않을 수 없다. 학생 스스로 '우리에게 집회는 무리야', '난 집회에 관심 없어'라는 위축된 생각을 갖고 있다면, 학생의 지위는 올라갈 수 있을까? 학교와 교육제도가 학생에게 좀 더 나은 방향으로 바뀔 수 있을까?

중립이라는 감옥, 정치적 미성숙의 감옥
집회의 자유는 학생의 삶을 어떻게 바꿀까?

선거권은 몇 살부터?

저는 중학교 2학년 자녀를 두고 있는 학부모입니다. 지난 교육감 선거 때, 점심시간에 회사 앞 식당에서 밥을 먹고 들어가던 길에 "레알(real) 교육감 후보, 기호 0번 청소년"이라고 쓰인 벽보를 보았습니다. 기호 1번 교육감 후보의 포스터 앞쪽에 붙여 놓았더군요. 이 운동을 하는 청소년들은 교육의 당사자는 학생이니까 자기들한테도 선거권을 주어야 한다고 생각하는 모양입니다. 19세 생일이 지났다고 해서 갑자기 성숙해지는 것은 아닌데 선거 연령을 만 19세로 정한 것은 청소년을 소외시키는 처사가 아니냐고 항의하는 것 같더군요.

'요즘 애들 참 대단하다.' 이런 생각이 들면서도 한편으로는 고개가 갸웃거려졌습니다. 그럼 몇 살부터 교육감 선거권을 주어야 하는 거지? 초등학생에게도 주자는 얘기인가? 대다수 나라에서 만18세에 선거권을 준다고 하니 그 정도면 괜찮겠다 싶기도 하고 잘 모르겠더라고요. 학생들에게도 결정권을 주어야 하고 의견을 제시할 기회도 주어야겠지요. 하지만 선거권은 좀 성격이 다르지 않나요? 어른들도 복잡한 정치판을 잘 모르고 좋은 후보를 고르기가 쉽지 않은데, 어떻게 어린 학생들이 선거권과 같은 중요한 권리를 행사할 수 있겠습니까? 어린 학생들한테 선거권을 주면 부모나 교사가 시키는 대로 찍을 수도 있을 텐데, 그것이 민주적이라고 볼 수 있을까요? 선거 가능 연령을 몇 살로 정하는 것이 옳을까요?

토론거리

1 한국에서 선거권은 만 19세, 피선거권은 만 24세부터 주어진다. 브라질이나 쿠바는 만 16세, 그 외 다수의 국가에서는 18세에 선거권을 부여한다. 독일에서는 피선거권, 곧 후보로 나설 수 있는 권리가 만 18세부터이다. 이런 차이는 어디서 생기는 것일까? 다른 나라들은 왜 한국보다 더 어린 나이의 청소년에게도 선거권과 피선거권을 인정할까?

2 지방의회나 국회의 의원, 대통령을 뽑는 선거와 교육감을 뽑는 선거에서 똑같은 나이를 기준으로 선거권을 주어야 할까?

3 나이가 선거권이나 피선거권을 제한하는 기준이 될 수 있을까? 나이가 아니라면 무엇이 선거권을 정할 때 가장 적합한 기준이 될 수 있을까?

4 청소년들에게 선거권을 주더라도 잘 행사할 수 없을 것이라는 우려에 대해서 어떻게 생각하는가? 청소년들이 선거권을 잘 행사할 수 있도록 하려면 무엇이 필요할까?

5 선거 연령을 낮추기 위해서는 어떤 변화가 뒤따라야 할까?

8 사랑은 아무나 하나
'연애질', 금지된 것을 꿈꾸다

▶ 가상 인터뷰에 등장하는 교칙, 가정 통신문, 교과서 삽화 등은 모두 실제 자료임.

2050년 청소년인권박물관 개장 기념 노만수 실장 전격 인터뷰

리포터 | 시청자 여러분, 안녕하십니까? 지금 제가 서 있는 이곳은 청소년 인권의 역사를 한눈에 살펴볼 수 있는 청소년인권박물관입니다. 학생인권조례가 전국적으로 제정되었던 해가 2010년이라는 사실, 알고 계시나요? 40년이 지난 오늘날 많은 청소년들의 권리 주장과 인권 활동으로 청소년 인권이 진일보한 세상을 맞이하게 되었습니다. 불과 40년 전만 하더라도 〈세상에 이런 일이!〉에나 등장할 법한 황당한 일이 공공연히 행해졌다고 하는데요. 특히 학생들의 연애에까지 감 놔라 대추 놔라 하는 일이 있었다고 합니다. 청소년인권역사보존회에서는 청소년들의 슬프고도 처절한 연애 탄압의 역사를 오래도록 기억하고, 다시는 역사에서 이런 만행이 반복되지 않게 하고자 박물관 안에 연애인권특별실을 마련했습니다. 특별 전시실에 들어오니 "나는 사랑한다, 고로 존재한다"고 외치며 사랑할 권리, 연애할 권리를 부르짖었던 학생들의 절박한 목소리가 지금도 생생하게 울려 퍼지는 것 같습니다. 노만수 실장님(18세)을 모시고 전시물에 대한 소개를 들어 보겠습니다.

리포터 | 실장님, 이 문서는 무엇인가요?

노만수 | 아, 네. 이 문서는 한 사립학교의 교칙을 보존해 놓은 것입니다. 보시는 바와 같이 학생들의 연애를 절도나 조직 폭력과 같은 범죄 행위로 해석하고 있습니다. 학교 안에서 애정 표현을 하다 들킬 경우, 퇴학 조치를 하는 학교도 있었다고 합니다.

○○ 고등학교 교칙

7무 운동

1. 무단 이탈 없는 학교
2. 절도 행위 없는 학교
3. 음주, 흡연 없는 학교
4. 폭력 행위 없는 학교
5. 불건전한 이성 교제 없는 학교
6. 기물 파손 행위 없는 학교
7. 선생님께 반항 행위 없는 학교

제3장 징계

제12조 (특별 교육 이수)

다음 각 호에 해당되는 학생은 특별 교육 이수 이하에 처할 수 있다.

① 제11조 각 호의 1을 6개월 이내에 재차 위반한 자
② 정신적 질환으로 정상적인 학교생활이 어려운 자
③ 불건전한 이성 교제로 풍기를 문란케 한 자
④ 폭력단체나 하부조직을 구성한 자
⑤ 흉기로 타인을 폭행 또는 위협한 자
⑥ 범법 행위로 경찰 또는 검찰에 구속된 후 석방된 자
⑦ (2005. 11. 1. 삭제)
⑧ 학교 공공시설물, 집기류 등을 허락 없이 반출 및 고의로 파손한 자
⑨ 불미스러운 행동으로 학교의 명예를 훼손한 자
⑩ 학생을 선동하여 질서를 문란케 한 자
⑪ (2005. 11. 1. 삭제)
⑫ 본드, 대마초, 환각제, 마약류 등에 직·간접적으로 관련된 자
⑬ 흡연 또는 음주로 사회봉사 이상의 징계를 받은 자
⑭ 기타 위의 사항에 준하는 행동을 한 자

리포터 | 아, 그렇군요. 지금 생각하기에 가장 황당한 일이라고 하면 어떤 것이 있을까요?

21세기 '신(新)남녀칠세 부동석' 윤리 거리

노만수 | '윤리 거리'라는 교칙이 있었는데, 뭔지 상상이 되시나요? 남녀가 가까이 있다고 폭탄이 터지는 것도 아니건만 서로 50센티미터 이상 거리를 유지해야 한다는 교칙이 있었답니다. 신체 접촉 수위별로 벌점을 매기는 학교도 있었지요. 대략 어깨동무·팔짱은 15점, 포옹은 30점, 키스는 50점이었습니다. 학교 분위기가 이렇다 보니 학생들의 연애는 거의 첩보 활동 수준이었습니다. 약속 장소를 암호화해 문자 메시지로 보내기도 하고, 평상시 복도에서 마주쳐도 아는 체하지 않는 것이 일반적이었다고 하네요. 학교 안에서 커플이라는 것이 밝혀지면 매우 조심스럽게 데이트를 즐겼는데요. 쉬는 시간이 되면 교실 뒷문에서 5분 정도 대화를 나누다 헤어지는 것이 보통이어서 이들을 '뒷문 커플'이라 불렀다고 합니다.

리포터 | 당시 청소년들은 참 갑갑했겠군요. 이토록 학생들의 연애를 막은 데는 특별한 이유가 있었을 것 같은데, 알아볼 수 있는 자료가 있습니까?

이성 교제의 문제점

❶ 이성만 자꾸 생각함으로써 청소년기에 해야 할 과업을 수행하기 어려울 수 있다.

❷ 부모님의 승낙과 이해가 없는 상태에서 이성 친구를 사귀면 부모님께 솔직하지 못해 부모 자녀 관계가 소원해질 수 있다. 서로 선물을 하거나 데이트를 할 때 용돈이 많이 들어 부모님께 폐를 끼친다.

❸ 이성 친구에 집착한 나머지 동성 친구와는 소홀해질 수 있다.

❹ 남녀가 교제를 하다 보면 성적인 충동이 강하기 때문에 막연하게 신체적 접촉을 원하게 되고 그로 인해 생기는 각종 성 문제(낙태, 미혼 부모 발생, 가출, 성폭행, 성추행) 등으로 교내에서도 문제가 야기될 수 있다.

❺ 교내 이성 교제로 인하여 학업 성적에 악영향을 미칠 우려가 있다. 수업 시간이나 자율학습 시간에 서로 잡담을 하거나 쪽지를 보내고, 휴대전화로 문자를 보내며 심지어는 수업 시간에 이성 친구에게 전화를 하는 일까지 있다. 그로 인해 교제를 하는 당사자들뿐만 아니라 같은 반 학생들에게도 피해가 갈 수 있다.(예: 수업 시간에 문자 진동 소리, 휴대전화 벨 소리, 쪽지나 편지를 전달할 때 친구들에게 부탁함으로써 나타나는 피해 등)

❻ 법적으로 풍기문란죄에 속해, 뉴스에 보도되는 등 국가 경쟁력에 악영향을 끼칠 수 있다.

노만수 | 앞의 가정 통신문을 봐 주십시오. 2006년에 한 고등학교에서 부모들에게 배포했던 유인물입니다. 학업 성적, 친구 및 부모와의 관계, 심지어는 국가 경쟁력까지 언급한 이 문서를 보면 마치 청소년의 연애가 심각한 사회문제인 것처럼 묘사되어 있습니다. 연애한다고 친구를 다 팽개친다고 보는 것도 황당한 결론이지요. 원치 않는 신체 접촉과 자연스러운 스킨십의 차이도, 사랑과 집착의 차이도 구분하지 못하고 있습니다. 무조건 연애를 부정적으로 생각하며 만든 것이지요.

또, 이 당시에는 청소년들과 부모 사이에 경제적 문제로 갈등이 많았다고 합니다. 지금이야 국가에서 학생들에게 다달이 생활비를 지급하고 있지만, 그때 그 시절엔 '용돈'이라는 풍습이 있었습니다. 부모님 심부름을 해 드린다거나 잘 보이면 용돈을 두둑하게 챙길 수 있었지요. 행여나 부모님의 뜻을 거스르거나 밉보인 청소년은 툭하면 용돈이 끊기는 바람에 배고픈 나날을 보낼 때도 많았다고 하네요. 주머니 사정이 이토록 안 좋았던 청소년들에게 휴대전화 요금을 운운하며 연애를 하지 말라는 건 좀 치사한 일 아닐까요? 문헌으로 남아 있는 당시 청소년들의 일기장을 보면 참으로 눈물겹습니다. 부모님이 휴대전화 비밀번호를 알아내어 문자 메시지를 감시하고, 심지어는 애인에게 전화해 헤어지라는 협박을 일삼기도 했다 하니, 당시의 인권 수준을 가늠할 수 있는 대표적 사례라고 할 수 있습니다.

리포터 | 이 재미있는 그림은 뭔가요? "바람직한 이성 교제를 위한 기본 자세"라는 제목이 붙어 있네요. 당시로서는 굉장히 혁명적인 발상이군요. 학생들에게 성적 행동을 할 때의 테크닉과 체위를 알려 주는 그림이 있었나요?

노만수 | 어이쿠, 그럴 리가요. 앞에서 본 문서들에도 "건전한", "불건전한"이라는 표현이 계속 나왔지요? 학생들이 연애에 임할 때의 도덕적 태도와 자세를 알려 주는 그림입니다. 중학교 1학년 기술·가정 교과서에 수록돼 있었습니다.

리포터 | 당시에는 연애를 하려면 상당히 복잡한 절차를 거쳐야 했군요. "만나는 장소와 시간을 공개적으로 한다"라니, 데이트 약속을 잡으면 단체 문자로 공지라도 돌려야 한다는 건가요?

만나는 장소와 시간은 공개적으로 한다. / 건전한 동기의 만남을 갖는다. / 둘만의 깊은 교제보다는 건전한 집단 활동을 한다.

신체 접촉의 한계를 분명히 한다. / 언어와 행동을 성실히 한다. / 스스로의 행동을 책임진다. / 부모와의 공개적인 대화를 통해 조언을 구한다.

중학교 1학년 기술·가정 교과서에 수록된 〈바람직한 이성 교제를 위한 자세〉

노만수 | 그 정도까지는 아니었지만, 연애 당사자 둘만 있는 것을 상당히 금기시했습니다. 당시 교사로 재직했던 한 분의 증언에 따르면 둘만 있을 때 서로 '무슨 짓'을 할지 모른다는 것이 이유였다고 하네요. 연애의 건전함과 불건전함을 가르는 건 스킨십의 정도였습니다. "엄마, 나는 어떻게 태어났어?"라는 질문에 "다리 밑에서 주워 왔지", "배꼽에서 태

어났지"라고 대답하는 것이 일반적이었다고 합니다. 누구도 성에 관한 지식을 알려 주지 않으니, 대부분의 청소년들은 포르노와 야동을 통해 왜곡된 지식을 쌓았다고 하네요.

"신체 접촉의 한계를 분명히 한다"는 것도 좀 그렇죠. 사람의 몸과 마음이 따로 가는 것은 아니지 않습니까? 서로에 대해 뿜어 나오는 애정을 억누르라는 것은 심각한 고문입니다. 서로 참고 또 참으려면 왜 연애를 하겠습니까.

리포터 | 그런데, 또 하나 이상한 표현이 눈에 들어오네요. '이성 교제'는 무슨 말인가요? 감정에 충실한 게 연애일 텐데 연애를 하는 모든 순간에 이성적으로 행동해야 한다는 말인가요?

노만수 | 그렇지 않아도 재미있는 문서를 하나 보여 드리려고 했습니다. 이걸 봐 주시죠.

학부모님 학교 방문 상담 자료

1 이반(異反)이란?

이성(異性)에 반대, 팬픽(특정 연예인의 팬이 연예인을 주인공으로 등장시킨 소설)에서 시작. 1998, 1999년 동성애를 주제로 다룬 일본 만화로 시작, 일부 연예인의 영향으로 여겨짐. 청소년들의 우쭐해 보이고, 튀고 싶은 심리 자극.

2 확산 매체

주로 세이클럽(sayclub) 채팅 사이트의 동호회 중에 이반을 주제로 하는 동호회가 많음. 지역 단위부터 전국 규모의 동호회가 있음(예: 이반, 수도꼭지, 슈퍼마켓, 천생

연분, 무, 청소년 BT클럽, 흡연구역, 새티, 비원, 마을가족, 감옥, 엑시트, 연소자관람 불가, 청건변 등). 요즘엔 주로 휴대전화, 특히 문자 메시지를 통해 정보를 주고받음. 교내에서 서로 편지 주고받음(수업 시간). 우연히 만나 사귀기도 함. 세이에서는 주로 대명, 가명(연예인 이름 이용) 사용. 세이클럽 안에는 기타 개인이 만든 동호회가 많음. 학교, 교사, 교칙과 관련된 욕설, 비판 등이 많음. 각 동호회 운영진은 시샵(회장), 부시샵(부회장).

3 외모상의 특징

층진 커트 머리, 앞머리가 깊, 귀를 파서 다님, 액세서리 선호, 타이 안 함, 하의는 체육복을 잘 입음, 스타킹 안 신음, 셔츠 윗 단추 풂, 힙합, 구제, 정장, 워커, 귀고리, 반지, 목걸이, 피어싱, 컬러 렌즈, 염색. 요즘엔 특히 검은색 정장, 검정 매니큐어, 검은색 계통 화장, 파마, 칼빵(문신) 등.

4 자주 모이는 곳

교내-등나무 밑 2~3명, 10~15명이 무리 지어 다님. 교외-패스트푸드점 앞, 노래방, 예술회관, 강변, 카페, 촉석루, 만남의 광장. 시험 기간에는 연암도서관, 방과 후엔 다른 학교를 찾기도 함. (중략)

7 문제점

유행치럼 퍼짐("니 이반힌다"). 선생님이 이빈이라고 부르면 디욱 우쭐해짐. 혼이 나도 우쭐해짐. 이반 안 한다고 하면 도리어 왕따를 당함. 탈퇴한다고 하면 다른 학생들의 눈초리부터 달라짐.

8 해결 방안

- 컴퓨터 채팅, 동호회 전면 탈퇴, 통제, 금지
- 휴대전화 구입, 사용 금지(사실상 중학생에게 휴대전화는 불필요)
- 현재 어울리는 친구들과 어울리지 않도록 지도
- 선후배 간의 교류 전면 금지
- 일반적인 학생이 편견을 갖지 않도록 지도
- 학교 체육대회나 학예회 후 선배들과의 교류에 특히 유의

노만수 | 당시 학교에서 연애는 곧 이성 교제를 의미했습니다. 남자와 여자 사이에만 사랑이 싹틀 수 있다고, 또는 그래야만 한다고 생각했던 거지요. 남남 혹은 여여 커플들에게는 눈물겨운 학교생활의 연속이었습니다. 속칭 '이반 검열'이라는 것이 2000년대 초반에 학교를 휩쓸었습니다. 청소년 동성애자들을 학교에서 샅샅이 뒤져 찾으려는 시도였지요. 특히 여중, 여고에서 많이 행해졌다고 하고요. 동성애가 같이 있으면 서로 옮을 수 있는 전염병인 것처럼 생각했던 시절이었지요. 휴대전화 금지, 선후배 간 교류를 금지하는 것은 물론, 동성애자라는 사실이 밝혀질 경우 강제로 전학을 보내거나 정신과 상담을 유도했다고 합니다. "하느님이 너를 단죄하실 거다!" 같은 언어폭력도 수시로 행해졌다고 하지요. 학생들 사이에서도 "동성애자는 변태 아냐? 호모 새끼들"이라며 동성애자 학생을 따돌리고 구타하는 일이 많았다고 합니다. 자신의 성 정체성을 충분히 고민하고 차별 없이 학교생활을 할 수 있는 여건은 학생인권조례가 제정된 이후 조금씩 만들어졌다고 하네요. 청소년 동성애자들의 용기 있는 커밍아웃◂과 저항이 없었다면 불가능한 일이었겠지요. 교과서 속의 동성애를 차별하는 표현들을 지적하는 활동을 비롯해 교사, 학생, 부모를 대상으로 동성애에 대한 이해를 높일 수 있는 교육도 진행했다고 합니다. 참으로 개념 찬 청소년들이었지요.

리포터 | 지나간 역사라고는 하지만, 이렇게 생생한 문헌 자료들을 접하니 당시의 연애 탄압의 심각성을 다시금 느끼게 됩니다. 청소년 커플, 아니 솔로여도 좋습니다. 꼭 한번 박물관에 들러 보시기 바랍니다. 이상, 노만수 실장님과의 인터뷰를 마치겠습니다.

◂
동성애자 스스로 자신의 정체성을 긍정하고 주변 사람들에게 자신이 동성애자임을 밝히는 것을 말함. 본인의 의사와 상관없이 타인에 의해 자신이 동성애자임이 밝혀지는 아웃팅(outing)과는 다름. 동성애자임이 밝혀지는 순간 집단 따돌림이나 폭력에 노출되는 경우가 많으므로 당사자의 의지와 상관없이 '누구누구가 동성애자다'라고 말하는 아웃팅은 매우 위험.

2006년 청소년 성 소수자들이 진행한 거리 캠페인 사진

인터뷰는 여기서 마쳤지만, 우리의 이야기는 이제 시작이다. 지금은 2050년이 아니고, 과거의 일로 묘사된 청소년들의 인권 현실은 아직 여전하기 때문이다. 조금만 거리를 두고 생각해 보면 개념 없는 일들이 청소년을 둘러싸고 쉽게 벌어진다. 왜 청소년의 연애는 무조건 '부적절한 관계'로 볼까? 손잡는 건 괜찮은데, 키스는 안 된다? 아니, 키스는 그나마 되지만, 섹스는 절대 안 된다? 도대체 건전한 연애와 불건전한 연애를 가르는 기준은 무엇인가? 아니, 이 세상이 청소년도 성적 욕망을 가진 존재라는 걸 인정하긴 하는 걸까?

TV 광고나 영화를 볼 때도, 거리를 걸을 때도 커플 중심의 분위기가 온 세상을 휘감고 있다. 거의 매달 밸런타인데이, 화이트데이, 빼빼로데이 등 커플들이 챙겨야 할 기념일이 있고, 새로 문을 연 가게들은 커플 할인을 하거나 커플 초청 행사를 연다.

그런데 이런 장면들의 중심에는 20, 30대 커플들이 자리하고 있다. '커플 천국, 솔로 지옥'의 세상에서 청소년들은 왜 아예 예외로 취급될까? 어찌 보면 매우 개인적인, 남의 애정 문제에 이리도 사회적 관심 혹은 탄압이 이어지는 이유는 뭘까? 자유롭게 사랑할 권리도 인권이라면, 그 권리는 어떤 식으로 보장되어야 할까?

청소년 연애의 슬픈 현실, 사랑은 아무나 하나?

"애교 많은 성격에 눈웃음이 예쁘고 타이트한 교복도 깔끔하게 잘 어울리는 여자!"
"키 크고, 다리 길면서, 다른 여자애들에게는 무뚝뚝하지만 나한테만큼은 자상한 남자!"

주변에 있는 청소년들에게 "연애를 한다면 어떤 사람과 하고 싶냐"고 질문했더니 이와 같은 답변이 돌아왔다. 여성이냐 남성이냐에 따라 이상형의 기준이 달라진다는 이야기는 여기선 일단 접어 두기로 하자. 중요한 건 청소년 대부분이 연애에 대한 열망을 가슴 속에 품고 있고, 이상형의 기준도 어른들과 크게 다르지 않다는 점이다. 다만, 이상형을 가슴에 품는 것과 연애를 실천하는 것 사이에는 깊은 강이 흐르고 있을 뿐. '연애를 한다면'이라는 가정을 뛰어넘어 연애를 하는 상태가 되기까지 수많은 장해물을 넘어야 한다. "연애는 날라리 애들이나 하는 거지", "외모는 기본이고, 잘 나가는 애들끼리 하는 거 아닌가?" 이런 말로 잠시 잠깐 들뜬 속을 다스리지만, 결국 멋진 누군가와 로맨스를 꿈꾸는 게 솔직한 마음이다.

어렵사리 연애를 시작한 청소년들은 현대판 '로미오와 줄리엣'의 주인공이 되기도 한다. 아들의 문자 메시지를 훔쳐본 학부모의 '제보'로 애인인 여학생이 타 지역의 학교로 강제 전학을 간 경우도 있고, 자식의 연애를 반대하는 학부모의 항의로 1학년 때부터 남녀 합반이었던 고등학교가 3년 내내 분반하는 제도로 바뀌기도 했다. 인간 사이에 싹트는 정분을 어떻게 막을 수 있을까 고개가 갸우뚱거려지지만, 연애를 아예 학칙으로 금지한 학교들도 여럿이다. 서로 50cm 이내로 접근하면 벌점을 주거나, 키스하다 세 번 걸리면 정학을 시키는 학칙을 만든 학교도 있다. 들키지 않고 연애하거나, 알아서 안 하거나, 아니면 학교생활은 신경 끄고 나의 길을 가거나. 어떤 방식을 택하든 당당한 사랑, 인정받는 연애를 하기란 쉽지 않다.

이토록 학교나 가정에서 청소년들의 연애를 달갑지 않게 보는 이유는 무엇일까? "우리 애가 남자 친구를 사귀기 시작하면서 성적이 뚝 떨어졌어요. 멋 부리는 데만 잔뜩 신경 쓰고." "잠을 줄여 공부해도 IN 서울(서울에 있는 대학)이 간당간당한데, 연애하느라 시간을 허비하고 있으니 안타

깎죠." 청소년이라는 나이, 그리고 대학 입시를 앞둔 중·고등학생이라는 신분 앞에서 연애는 성적을 떨어뜨리는 주범으로 인식된다. 그래서인지 연애를 해도 성적이 떨어지지 않거나, 서로 좋은 정보를 공유해 오히려 성적이 오른 커플은 예외적으로 공식 커플로 인정된다. 연애를 해도 자기 관리에 문제 없다는 걸 인정받아야 비로소 사랑할 '자격'을 획득할 수 있는 것이다.

연애는 상대에게 공을 들이는 과정이므로 당연히 시간을 필요로 한다. 전화로 안부를 묻고, 문자로 장난을 치고, 따끈한 차 한 잔을 마시는 데도 시간이 든다. 피부 관리를 하려면 잠도 좀 일찍 자야 한다. 자기에게 주어진 시간 중에 자신이 원하는 일에 시간을 쓸 수 있는 것이 인간적인 삶의 조건이라면, 청소년들은 학교 공부 혹은 대학 입시를 중심으로 최대한 촘촘히 시간을 쪼개고 활용해야 한다. 내가 시간을 지배하는 것이 아니라 시간이 나를 지배한다. 시간 마법사의 저주를 풀고 인간적인 삶을 되찾으려 할수록 경쟁자들은 저만치 달려가고 있다. 그래서 학교를 비롯해 경쟁과 승패가 중시되는 곳일수록 연애를 금기시한다. 회사에서는 근무 태만, 업무 성과 저하를 이유로 사내 커플을 부정적으로 바라보며, 결혼할 경우 둘 중 한 명(보통은 여성)이 자진 퇴사해야 한다는 불문율이 있는 곳도 있다. 운동선수들도 마찬가지다. 연애는 슬럼프의 주요 원인으로 지목되고, 중요한 경기(학생에게는 수능이다)를 앞두고는 애인과의 만남이 금지된다. 일주일 동안 연습 일정이 빠듯하기 때문에 만날 시간 자체가 턱없이 부족하다.

한 가지 목표를 위해 죽을 둥 살 둥 뛰어가야 하는 조건에 놓인 사람에게 연애란 참 불안정한 무언가다. 연애는 인간관계의 처음이자 끝이라는 연애 예찬론자들의 말마따나 그 불안정함 속에서 사람은 관계 맺음의 원리를 배워 나간다. 내 맘을 나조차 모를 만큼 극심한 혼란을 겪기도 하고 나 때문에 상대방 역시 혼란스러워하는 모습을 보면서 사랑이 단지 감정이 아니라 '지속적인 소통이요, 관계요, 조율'이라는 것을 알게 되는 게 바로 연애다. 때로는 나의 감정이 불타올라도 상대가 준비되어 있지 않다면 상대의 욕구나 생활 습관에도 신경을 써야 한다. 서로의 욕구를 맞춰 나가는 일은 상당한 에너지를 필요로 한다. 그러니 모든 에너지를 입시에만 집중하길 요구하는 학교에서 연애를 방해물 취급하는 건 어쩌면 당연하다. 1등 쟁탈전과 무한 경쟁이 미래를 위한 도전으로 미화되는 곳에서는 사랑도, 연애도 권리가 아닌 사치로 남는다. 국·영·수 중심의 입시 체계에서 살짝 비켜 서 있는 예체능 특기생들은 어떨까? 이들은 이들대로 수상 경력을 늘리기 위해 무던히 애써야 한다. 체육 특기생들의 경쟁은 관련 종목이 개설된 학과나 프로 팀의 숫자가 적으면 더욱 치열해진다. 게다가 기숙사나 합숙 생활을 하면 새로운 사람을 만나는 것 자체가 힘들다. 꽃단장을 할 시간도 없고, 학교 교칙보다 더 빡센 운동부 규율 때문에 왁스를 잔뜩 발라 애써 세운 머리를 감독 교사에게 잡아 뜯기는 경험을 하기도 한다. 연애할 권리는 사생활의 자유, 자유롭게 꾸밀 권리와도 연관이 깊다.

성적에 대한 부담은 청소년들의 일상을 늘 불안하게 만든다. '내가 이 시간에 예습, 복습 안 하고 딴짓해도 괜찮나?'를 끊임없이 생각한다. 연애에 전부를 걸다간 중요한 시기를 허비하게 될 거란 부담을 지울 수 없고, 결국에는 '나는 연애를 해도 공부에 방해되지 않는 선에서 잘 조절할 거야'라고 스스로 자신의 열정을 관리한다. 일본 만화 《바쿠만》에 등장하는 고등학생 커플 사이코와 아즈키도 비슷한 고민을 한다. 이들은 각자 만화가와 성우로 성공하기 전까지는 절대로 만나지 말자고, 꿈을 이룬 다음에 만나서 결혼하자는 약속을 하고 연애를 시작한다. 그러고는 하는 일이 힘들게 느껴질 때마다, '안 돼! 더 열심히 해야 해! 그래야 꿈을 이룰 수 있어!'라며 보고 싶어도 꾹 참고 성공을 위해 질주한다. 서로의 조언이 필요할 때만 가끔 전화 통화를 할 뿐이다. 지금도 연애를 하긴 하지만, '제대로 된' 연애는 상위권 대학에 들어간 뒤에 실컷 해 보겠다는 것. 잡힐 듯 잡히지 않는 미래의 행복을 위해 지금 원하는 것들을 다음으로 미루는 삶에 익숙해질 때, 연애는 '19금' 고개의 문턱에서 헉헉거릴 수밖에 없다.

사랑을 해도 황무지다

청소년에게 주어진 모든 조건을 감수하다 보니 따뜻한 감정이 오가고 깊어질 새 없이 연애 자체가 덜컹거리기 시작한다. "연애 한두 번 할 때나 신선하지, 사실 하는 거 만날 똑같아. 용돈 모아 영화 보고, 밥 먹고, 소화시킬 겸 노래방 가거나 커피숍 가고." 배고픈 건 참아도 심심한 건 못 참는다는 한 청소년의 고백이다. 이 '심심함'을 달리 말하면 문화적 빈곤이다. 워낙 청소년을 위한 문화 공간이나 놀이 공간이 부족하다 보니 새로운 뭔가를 시도해

볼 여지가 거의 없다는 뜻이다. 게다가 교복 입은 청소년들끼리, 특히 남녀가 둘이 같이 다니면 이상한 시선으로 쳐다보기 때문에 밖에 있는 것 자체가 불편해진다. 그러니 데이트가 항상 비슷한 코스로 진행되고 금세 밋밋해지곤 한다. 청소년의 연애는 단순한 에피소드의 반복에 가깝다.

돈과 시간이 없다는 게 관계에 영향을 미치기도 한다. 만남 자체가 어려운 커플들은 주로 문자로 소통한다. 헤어지자는 통보도 문자로 하고, 알겠다는 대답도 문자로 받는다. 오래 사귀는 커플은 드물고, 투투(22일)를 고비로 헤어지는 경우가 많다. 애써서 쿨한 척하는 게 아니라, 쿨하지 않고서는 연애 자체가 불가능하다. 어른들이 "그게 무슨 연애야?"라며 무시하고 청소년의 연애를 '짝퉁' 취급해도, 이것이 연애가 아닐 이유는 없다. 사랑은 계속되지만 허허벌판 위에서의 사랑은 메마르기 쉽다.

사랑할 권리?
별게 다 인권이라고?

이런 서러운 현실에서도 청소년들은 사랑도 하고 연애도 한다. 돈도 없고 시간도 없지만 그렇다고 연애를 못 할 이유는 없다. 청소년들에게 연애란 툭하면 '아웃 오브 안중' 취급받는 학교에서 그래도 나만을 생각해 주는 한 사람이 있다는 위안을 주기도 하고, 흑백의 학교생활을 화사한 총천연색으로 바꿔 주는 활력소이기도 하다. 그렇다고 모두가 연애를 하는 것은 아니다. 한 청소년은 "연애도 빈익빈 부익부다. 한 번 이상 연애 경험이 있는 애들이 헤어져도 다시 애인을 사귈 확률이 훨씬 높다"고 말한다. 그래서 연애는 인기의 상징이다. 너무 티 내면서 연애하는 애들은 주변의 야유를 받기도 하지만, 그 빈정거림 속에는 약간의 부러움도 섞여 있다. 할 수 있다면 나도 한번쯤 해 보고 싶다. 그렇기에 연애는 권리로 생각되기보다 '할 수 있는 애들이 지들끼리 알아서 하는 것' 정도로 여겨진다. 이런 상황에서 연애마저 권리로 주장하는 건 '오버'라고 생각하는 이들도 많다.

그런데 사랑할 권리, 연애할 권리를 이야기하는 것은 진짜 오버일까? 세상이 각박할수록, 삶의 조건이 힘겨울수록 사랑이라는 감정을 온전히 느끼고 그에 몰입하는 일은 위험한 일로 여겨진다. 엄기호는 《아무도 남을 돌보지 마라》라는 책에서 요즘 같은 세상에서는 "오히려 뿅 가는 연애는 안 한다. 그렇게 말하는 학생들이 늘었다. 100%인 사랑은 오히려 무섭다고 한다. 살기도 바쁜데 상처까지 받으면 감당하기 힘드니까!"라고 전한다.

십대의 터널을 지나 스무 살의 문턱을 넘어서면 보다 촉촉하고 상큼한 연애가 가능하리란 기대는 접어 두는 게 좋다. 시간이 지나 성인이 되면 달콤한 꿀물에 빠져 허우적거릴 수 있는 걸까? 천만의 말씀! 20대의 언니, 오빠들은 이렇게 말한다. 스무 살을 넘어도 또 다른 자기 관리와 무한 경쟁이 기다리고 있기 때문이다. 대학에 입학한 것으로는 안심하기 이르다. 졸업 후 직장을 구하려면 남들에게 뒤처지지 않는 조건을 갖추어야 한다. 게다가, 비싼 등록금을 벌려면 틈틈이 시간을 내 아르바이트를 해야 하는 고달픈 청춘도 있다. 대학에 가지 않고 곧장 취업을 했다 해도 산업과 야근, 해고와 일자리 찾기가 이어진다. 연애를 하려면 시간과 돈이 필요한데, 이도 저도 없는 빈털터리 청춘에게는 연애가 권리가 아니라 사치가 되어 버린다.

그러나 우리에게 중요한 질문은 '연애가 무슨 권리냐?'가 아니라 '연애마저도 못 하는 사회는 살 만한 사회인가?'이다. 사랑을 느끼고 행하는 것이 누구에게는 자연스러운 일이지만 누구에게는 마치 고시 준비를 하듯 결심이 필요하고 이도 저도 안 되면 포기해야 하는 것이 될 때, 감정을 느끼는 일조차 사치가 될 때, 연애도 사랑도 인권의 문제가 된다.

연애할 권리를 주장하는 것은 청소년의 삶에 어떤 의미를 가질까? 연애할 권리를 주장하는 한 청소년은 단순히 '살아남는 것'과 '행복하게 사는 것'은 다르다고 말한다. "인권 침해 종합 세트 같은 학교 안에서 학생들은 살아남는 것 자체를 고민하기에도 벅차다. 말 그대로 생존경쟁이다. 행복이라는 단어는 사전 속에나 있지 우리 삶에 있는 것 같지는 않다." 전반적으로 학교 안의 모든 인권 수준이 낮은 상태에서 학생들이 상상할 수 있는 권리의 목록은 정말 최소한이라는 거다. '점심시간을 10분 늘려라!'라는 주장은 할 수 있지만, '점심시간에 우리가 이용할 수 있는 문화 공간을 만들어라!'는 오버. '커플링 좀 압수하지 마라!'는 주장은 괜찮지만, '연애하는 데도 시간이 필요하다. 야간 자율학습 폐지하라!'는 요구는 오버다. 생존을 넘어 행복한 삶을 꿈꾸는 것이 인권이라면 바로 이 '오버'가 인권의 핵심이 아닐까? 지금 학생들의 삶을 더 촉촉하게 만들기 위해서는 더 많은 '오버'가 필요하지 않을까?

사고만 치지 않는다면, 연애 자체는 문제 없다?

청소년이 연애를 하는 데에서 두 번째로 넘어야 하는 장해물은 스킨십이다. 10대들의 연애가 이제는 낯선 모습이 아니니, 무조건 막기보다는 건전한 이성 교제의 가이드라인을 제시하는 것이 필요하다는 목소리가 커지고 있다. 연애에서 '건전함'은 스킨십과 직결된다. "연애를 하더라도 상식선을 넘어서는 안 된다"고 했을 때의 상식의 기준도, "어른들의 문화를 흉내 내지 말고 책임감과 자제력을 갖고 교제를 해야 한다"고 말할 때의 자제력의 대상도, 다름 아닌 스킨십이다. 그렇다면 청소년들은 스스로 어디까지 스킨십을 허용하는 것이 가능하다고 생각하고 있을까?

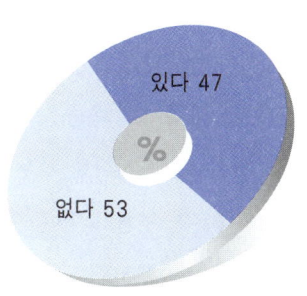
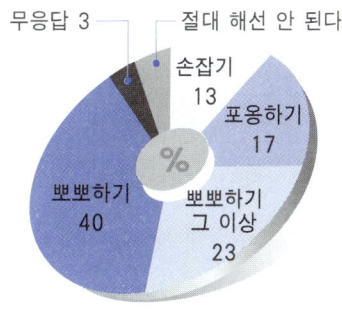

「'이성 교제' 청소년 설문조사」, 〈한겨레〉, 2010년 8월 1일.

앞의 그림에서 보는 바와 같이 70%의 청소년이 손잡기나 포옹, 뽀뽀까지 허용해야 한다고 답했고, "뽀뽀하기 그 이상"이라는 응답도 23%나 되었다. 정말 스킨십에는 단계가 있고, 청소년이라면 넘어서지 말아야 할 선이 존재하는 걸까? "뽀뽀하기 그 이상"이라고 했을 때, 우리가 상상하는 것은 무엇일까? 바로 섹스다.

청소년들에게 '섹스'라는 단어는 야동이나 포르노에서나 접할 수 있는 단어다. "나는 어떻게 태어났어?"라고 부모님께 물어봐도 돌아오는 말은 "엄마, 아빠가 사랑해서 태어났다"지 "엄마, 아빠가 섹스해서 태어났다"는 아니다. 비단 청소년들뿐 아니라 우리 사회 전체가 성에 대해 '부끄러운 것, 공개적으로 말해서는 안 되는 것'으로 여기기 때문에 섹스를 자연스럽게 접할 기회가 드물다. 학교에서 하고 있는 성교육이 얼마나 실효성이 없는지는 학생들이 훨씬 더 잘 알고 있다. 정자와 난자가 만나는 장면을 담은 성교육 영상을 보며 청소년들은 비웃음을 날린다. 2008년 보건복지가족부의 조사에 따르면 우리나라 청소년이 첫 성관계를 경험하는 시기는 평균 14.8세로 나타났다. 성을 결혼 후의 임신과 생식의 문제로 가둬 두는 사이, 청소년들은 제 나름의 실천을 통해 상식선을 훌쩍 뛰어넘고 있다.

어른들에게 "스킨십은 어디까지 허용해야 하는가?"라는 질문은 참 어색하다. 결혼하기 이전에 잠자리를 함께하는 커플들에게 안 좋은 시선을 보내기도 하지만, 그렇다고 감히 허용과 금지를 운운하진 않는다. 스킨십은 연애하는 서로가 결정할 문제고, 그 결정은 상대에 대한 존중을 바탕으로 이루어져야 한다. 그리고 안전한 섹스를 할 수 있는 정확한 정보, 그리고 어떻게 서로를 어루만지는 것이 더 기분이 좋은지 천천히 찾아 가는 과정이 중요하다. 모두가 섹스를 해야 하는 것도 아니고 섹스를 통해 오르가슴을 느끼는 것도 아니다. 다만, 그것을 원천적으로 금지하는 것과 자신의 몸에 대해 스스로 알아 가는 과정을 거치는 것은 차원이 다른 접근이다. 어른들이라고 해서 서로 존중하며 책임감 있는 스킨십을 실천하고 있는 것은 아니다. '쉬쉬하는' 성교육으로는 서로를 존중하는 방법을 배울 수 없고, 자신이 원치 않을 때 거절하는 힘도 기를 수 없다. '솔직한' 성교육이 절실하게 필요한 이유다.

미국에서 조지 부시 대통령이 집권하던 2005년, "금욕만이 최선"이라는 정책을 추진하는 데 상당한 예산을 투자했다고 한다. 이 정책은 학교에서의 피임 교육을 금지했고, 청소년들에게 성적 욕구를 자제할 것을 강조했다. 미국의 10대 학생들 중 60%가 18세 이전에 성경험을 하는 현실을 도외시한 정책의 결과는 참담했다. 이 정책의 결과 '건강하고 해맑은 소년 소녀'가 늘어난 것이 아니라 10대 임신, 임신중절, 성병, 에이즈 환자가 크게 늘었다고 한다. 한국의 순결 서약과 비슷한 '동정 지키기' 서약을 한 청소년을 상대로 한 조사 결과도 재미있다. 다짐한 지 평균 18개월 후에 서약이 깨졌고, 서약자 중 60%는 성행위 중 피임을 하지 않은 것으로 나타났다. 섹스를 최대한 자제하고 미뤄야 할 것으로 여기고 섹스에 대한 공포를 조장하는 것이 오히려 원치 않는 임신 등의 결과를 초래함을 보여 준다.

100% 완벽한 피임 방법은 없다. 피임을 했더라도 임신 가능성이 전혀 없는 건 아니다. 이는 청소년뿐 아니라 성인도 마찬가지고, 원치 않는 시기에 아이를 갖는 건 참 당혹스러운 일이다. 이 당혹스러움이 채 가라앉기도 전에 가장 먼저 마주해야 하는 것은 주변의 따가운 눈총이다. 한국 사회는 결혼하지 않은 상태에서 임신하는 것에 대해 "왜 조심하지 않았느냐?"며 쯧쯧 혀를 차는 정도지만 그 주인공이 청소년일 때는 곧바로 심각한 사회문제로까지 발전한다. "애가 어떻게 애를 길러?"와 같은 빈정거림에서 "청소년이 임신을 해? 발랑 까졌구먼!"과 같은 낙인까지, 임신한 청소년들은 홀로 이 모든 무게를 감당해야 한다. 경제적으로 독립하지 못한 청소년의 임신이 성인의 임신보다 더 걱정스러울 수밖에 없다는 의견도 물론 있다. 그러나 정말로 걱정된다면, 그 어려움을 해소할 방법을 찾아 적극적으로 지원해야지 왜 도리어 청소년의 몸을 통제하는가? 그 걱정의 이면에는 어떤 진심이 숨어 있는 걸까?

청소년은 성과 거리가 먼 존재다?

청소년의 성을 통제하는 가장 주된 근거는 '청소년은 아직 미성숙한 존재'라는 생각이다. 특히 신체적인 미성숙함을 이야기할 때는 의학적·과학적 근거가 잔뜩 등장하기 때문에 객관적이고 합당한 논리로 여겨진다. 청소년기에 겪는 이른 성 경험이 정상적인 신체 성장 과정을 방해하고, 호르몬 변화로 인한 체중 증가를 일으켜 비만을 유발할 수 있다거나, 18세 이전에 섹스를 하면 자궁에 병이 생길 가능성이 약 3배 이상 높다, 만 15세 미만일 때 출산을 하게 되면 아이가 미숙아일 가능성이 높다 등과 같은 연구 결과

들이 인용된다. 만약 이러한 의학 정보가 모두 사실이라면 청소년의 성행위를 통제하고 금지하는 것이 마땅할까?

건강과 관련한 정보를 알리고, 어린 나이의 임신은 가급적 삼가자고 이야기하면 될 일이 '청소년이기 때문에' 아예 비행으로 취급되고, 사회적으로 금기시된다. 섹스를 흡연, 음주, 가출, 자살 등 흔히 문제 행동으로 여겨지는 것들과 관련짓는 것도 마찬가지다. "청소년은 미숙하고 충동적이기 때문에 올바른 판단을 내리기 어렵다"는 전제가 우선하기 때문에 벌어지는 현상이다.

'청소년은 본래 순진무구하고 무성(無性)적인 존재'라는 생각은 어떨까? 순수하게 자라야 할 청소년들이 범람하는 야동과 포르노의 영향으로 일찍부터 성에 눈을 뜨게 된 것일까?

여자는 7세에 신기(腎氣)가 왕성해져서 이를 갈고 머리가 길어지며 14세에는 천계(天癸)가 꽉 차서 임맥(任脈)이 통하고 태충맥(太衝脈)이 왕성하여 월경이 때맞추어 나오므로 자식을 둘 수 있으며, 21세에는 신기가 고르게 되어 진아(眞牙)가 나고 성장이 극에 이르며, 28세에는 근골이 견고해지고 머리카락의 성장이 극에 이르면서 신제가 상성하다.

남자는 8세에 신기가 실해져 머리카락이 길어지고 이를 갈며, 16세에는 신기가 왕성해져 천계가 꽉 차며 정기가 흘러넘쳐 음양이 조화되므로 자식을 낳을 수 있으며, 24세에는 신기가 고르게 되고 근골이 단단해지므로 진아가 생기면서 성장이 극에 이르며, 32세에는 근골이 융성하고 기육이 팽팽해지고 굳세게 된다.

《동의보감》〈내경편〉.
《이팔청춘 꽃띠는 어떻게 청소년이 되었나?》에서 재인용

고미숙의 저서 《이팔청춘 꽃띠는 어떻게 청소년이 되었나?》에 조선 시대 대표적 의학 서적인 《동의보감》에서 제시하는 인간의 자연스런 생체 주기가 소개되어 있다. 이 주기에 따르면 남성과 여성 모두 성적 욕망이 가장 왕성한 건 10대 중반이다. 여자는 14세 이후 "월경이 때맞추어 나오므로 자식을 둘 수 있"고, 남자는 16세 이후 "정기가 흘러넘쳐 음양이 조화되므로 자식을 낳을 수" 있다. 조선 시대 기본 법전인 《경국대전》에도 여자 14세, 남자 15세가 되면 혼인을 허한다는 규정이 있다. 성행위를 공식적으로 인정하는 연령은 시대마다, 국가마다 달랐다. 조선 시대에는 이팔청춘(16세)들이 혼인을 하고 성생활을 누렸지만, 21세기 한국에서 이팔청춘들은 오로지 공부에만 몰두해야 한다.

예전에는 아이와 어른의 세계가 뚜렷이 분리되지 않았다. 어른이 할 일, 아이가 할 일을 구분짓지 않았기 때문에 특정 연령이 미성숙하다는 개념 자체가 없었다. 일곱 살이 지나면 몸집이 작은 어른으로 대우했고, 그만큼 성적 욕구를 표현하는 일도 자유로웠다. 그 반면에, 지금의 청소년들은 어른이 되어 가는 과정에 있는 사람, 아직 성인이 되지 못한 사람으로 여겨진다. 성인과 청소년을 구분하는 데 가장 중요한 경계가 바로 성(性)이다. 성적인 것이 청소년이 알아서는 안 될 비밀의 세계가 되다 보니, 지금의 청소년들은 정말 성에 대해 무지해지고 말았다. 인터넷 키즈락 설정처럼 성에 관한 지식들을 '19금'으로 묶어 버리니 공개적으로 정보를 구할 수 있는 통로가 거의 없다. 그렇다 보니 더욱 왜곡된 정보만을 학습한다. 자기 몸에 나타나는 변화를 긍정하는 경험을 하지 못하고 성적인 호기심을 풀어낼 수 있는 구체적 언어를 배우지 못하니, 성적인 것은 더더욱 감추어야 하는 것, 더러운 것으로 느껴지게 된다.

성적으로 무지하고 무력하다는 건 그만큼 폭력에 노출될 가능성이 크다는 걸 의미하기도 한다. 그러므로 "아동과 청소년을 대상으로 하는 성폭력 범죄가 증가하고 있으니 더욱 청소년을 성으로부터 보호해야 한다"는 말은 모순적이다. 청소년이 성적인 존재이자 주체로 인정되지 않고 체계적이고 내실 있는 성교육이 이루어지지 않는 사회에서는 성폭력 피해를 입은 청소년들이 자신에게 일어난 사건을 인식할 언어와 지식을 갖지 못하기 십상이다. 왜 청소년이 쉽게 성폭력에 노출되고 폭력의 대상으로 선택되는가는 묻지 않으면서 청소년들의 행동반경을 좁히고 자유를 제한하는 방식은, 청소년을 보호하기는커녕 더 무력하게 만든다.

여자니까 더더욱 순결을 지켜야지!

같은 청소년이어도 여성이냐 남성이냐에 따라 들이대는 잣대가 다르다. 남학생에게 많은 관심을 표현하는 여학생은 "남자를 밝힌다"고 욕을 먹는다. 반대의 경우, 남학생은 심해야 "바람둥이" 보통은 "인기가 많다"는 평을 듣는다. 성 경험이 있는 여학생은 온갖 악소문에 시달리고 학교에 알려지면 정학 등 높은 수위의 처벌을 받지만, 남학생은 친구들 사이에서 우상이 되고 처벌을 받는 경우가 드물다. 함께 나눈 성에 대해서는 동등한 책임을 갖고 문제를 해결해야 함에도, 10대 미혼모에 대해서는 비난이 쏟아지지만 10대 미혼부의 존재는 드러나지 않는다.◀

우리는 흔히 '남자는 여자보다 성욕이 왕성해 억제할 수 없다'고 생각한다. 성교육을 할 때도 남학생들에게는 최대한 '참으라'고 말하고, 여학생들에게는 최대한 '조심하라'고 말한다. 남성은 성욕을 느끼고 성행위를 하는 주체로 생각하는 반면, 여성은 남성의 성욕을 불러일으키는 대상

◀
2009년 국가인권위원회 실태 조사에 따르면 조사에 응한 미혼모 중 87.6%가 학업을 계속할 뜻이 있는 것으로 나타났다. 그러나 이들의 71.4%는 임신 당시 이미 학업을 중단한 상태였고, 임신 사실을 학교에 알린 상당수는 휴학이나 자퇴 등을 권유받은 것으로 조사됐다. 이에 인권위는 2010년 8월 "청소년 미혼모가 학업을 유지하도록 실질적 지원 방안을 마련하라"고 교육과학기술부, 여성가족부, 보건복지부, 각 시·도 교육청에 권고했다.

10대 여성주의 온라인 커뮤니티 '깸' 회원들이 10대 여성들에게 순결을 강요하는 문화를 비판하는 퍼포먼스를 벌였다.

으로 여기기 때문이다. 그래서 남녀 학생이 연애를 할 때, 교사들은 여학생을 불러 특히 단속을 한다. "짧은 치마 입고 다니지 마라. 둘만 있지 마라. 남자들 다 늑대다." 서로 합의하에 성행위를 하든 그렇지 않든 그 모든 책임 또한 여학생에게 돌아간다. "네가 단호하게 거절하지 않으니까 이런 일이 생기지." 임신에 대한 막연한 공포와 책임의 무게 때문에 대부분의 여학생은 자신의 욕구를 실현하기보다는 남자 친구의 욕구를 다스려 서로 참는 길을 택한다. 청소년의 성적 권리에 대한 태클은 대개 여학생의 성을 통제하고 관리하는 방식으로 이루어진다.

사실, 성욕을 수치화하는 것은 불가능하다. 성적인 환경에 노출되는 빈도도 다르고, 성에 대한 민감함도 사람마다 다르기 때문에 여성, 남성 할 것 없이 개인마다 다르다고 볼 수 있다. 다만, 남성들의 성욕이 더 왕성해 보이는 건 그만큼 남성들이 성적인 표현을 하는 데 있어 제재를 덜 받기 때문이다. 가끔 "여성도 자위를 하나요?"라고 묻거나 "여성은 자위를 해서는 안 된다. 부정 탄다"고 말하는 사람도 있다. 여성은 성욕이 없거나, 성욕을 드러내서는 안 되는 존재로 여기는 것이다. 이런 사회적 압박의 영향으로, 여성들 스스로도 자신의 몸을 알아 가고 성적인 욕구를 드러내는 것을 꺼리게 된다.

1920~1930년대에 머리를 단발로 자르고 자유 연애를 실천했던 신여성들은 '모던 걸(근대녀)'이 아닌 '못된 걸(불량녀)'로 불렸다. 조신하

고 참한 여성상을 강요했던 당시, 신여성들이 추구했던 성적인 욕망에 대한 긍정과 자유는 사회적 탄압의 대상이었다. 그렇다고 여성들의 목소리가 멈춘 건 아니었다. 당시를 살았던 여성운동가이자 화가였던 나혜석의 글은 지금의 여성 청소년들에게도 진한 울림을 전한다.

우리는 어서 속히 내 한 몸이 있는 것을 확인하여야 하겠고, 동시에 내 몸이 귀엽고 사랑스럽고 아껴야 할 것을 잊지 않도록 되어야 하겠다. 내 몸이 귀엽거늘 어찌 남의 손에만 맡겨 둘 수 있겠으며, 내 몸이 사랑스럽거늘 어찌 반드시 한(限) 있는 다른 사람의 사랑으로만 만족할 수 있으랴! 내 몸이 아깝거늘 어찌 남의 일만 죽도록 보아 주고 남을 편하게 해 주기만으로 일생을 보낼 수 있으랴! 자기를 잊지 않고서라야 남을 진심으로 사랑할 수 있을 것이요, 자기를 잊지 아니하는 가운데에 여자의 해방, 자유, 평등이 다 있는 것이요, 연애의 철저가 있을 것이며 생활 개선의 기초가 잡힐 것이며 경제상 독립의 마음이 날 것이다.

_나혜석, 〈나를 잊지 않는 행복〉, 《삼천리》, 1931.11.

연애와 이성 교제는 같은 말인가?

학교에서 아예 존재 자체를 부정당하는 커플도 있다. 연애를 곧 이성 간의 사랑으로만 한정짓기 때문에 동성 커플은 '변태'로 취급하거나, 동성애 자체가 치료해야 할 정신병인 양 여긴다. 청소년은 미성숙하기 때문에, 동성애에 물들어선 안 되기 때문에 아예 동성애에 관한 정보 자체를 차단해야 한다는 논리가 난무한다. 그렇다면, 10대들의 동성애는 단지 정체성이 혼란한 시기에 겪는 일탈 현상일까? 한때의 유행이나 모방이므로 하루 속히 '색출'해서 '정상'으로 회복시키면 되는 걸까?

박수진의 논문 〈한국 레즈비언의 인권실태에 관한 연구〉에 따르면, 연구 대상자의 69.3%가 10대 이하의 시기에 자신의 성 정체성과 관련된 고민을 하기 시작한 것으로 나타났다. 10대가 정체성의 혼란을 겪는 시기라고 한다면 더욱 '나는 누구인지', '나는 누구를 좋아하는지'를 고민할 수 있도록 더 많은 정보와 상담을 제공해야 한다. 그러나 2004년까지 명맥을 유지했던 청소년보호법 시행령 제 7조◀를 보면 알 수 있듯이, 여전히 학교와 사회는 동성애를 표현한 매체를 유해물로 규정하고 있다.

청소년 동성애자에게 연애 탄압은 자신의 존재를 부정하는 경험이기도 하다. "동성애는 사회악"이라는 교사의 말, "동성애자는 변태"라는 친구들의 말, "내 자식이 동성애자면 나는 죽어 버릴 거야"라는 부모의 말을 들으며 10대 동성애자는 '나는 이대로 괜찮은가. 나는 왜 이렇게 태어났을까'를 되뇌며 끊임없이 자기를 부정한다. 자신이 원치 않는 순간에 자신이 동성애자임이 '아웃팅'되면 그때부터 학교생활은 정말 '아웃'이 된다. 친구들 사이에서의 따돌림은 물론이고 구타를 당하기도 한다. 교사는 정신과 상담을 권유하거나, 애인이 학교 안에 있을 경우 강제로 전학을 보내기도 한다.

◀ 청소년 보호법 시행령 제 7조 청소년 유해 매체물 심의 기준 등 개별 심의 기준 (다)항– 수간을 묘사하거나 혼음, 근친상간, 동성애, 가학·피학성 음란증 등 변태 성행위, 매춘 행위, 기타 사회 통념상 허용되지 아니하는 성관계를 조장하는 것. 동성애자 인권단체들의 운동과 노력으로 2004년 동성애가 심의 기준에서 삭제되었음.

학교 안에서의 동성애 탄압은 청소년의 연애할 권리의 문제이기도 하고, 학교에서 '다름'이 어떻게 교육되는가를 보여 주는 단면이기도 하다. 이성애라는 정답에서 벗어난 동성애자의 사랑과 연애는 쉽게 오답으로 처리된다. 교실에는 다양한 사람이 섞여 있지만, 다양한 사람의 다양한 욕구가 평등하게 대우받지는 못한다. 그러므로 청소년 동성애자에게 연애할 권리는 자신의 성 정체성을 고민하는 데에서 필요한 정보를 알 권리, 자기 긍정을 통해 행복을 추구할 권리, 자신이 누구인지 그리고 자신이 무엇을 원하는지 표현할 권리를 모두 아우른다. 또한, 그것은 교실 안이 모두 똑같은 학생들로 채워져 있지 않음을 온몸으로 알리는 저항이기도 하다.

행복해지는 것을 왜 두려워해야 해?

성적 권리는 생존과 직결되는 권리는 아니다. 당장 이 권리를 행사하지 못한다 해도 생물학적인 죽음을 맞이할 확률은 적다는 말이다. 그러나 성은 사람들의 행복과 불행에 커다란 영향을 미친다. 《머리에 피도 안 마른 것들 인권을 넘보다》에서 저자는 "청소년의 성적 권리는 청소년들의 사생활, 행복추구권, 욕망, 정체성 등을 전제한다. 그렇기에 부모나 보호자, 국가 등이 청소년들을 통제하고 관리하며 청소년들의 사생활과 욕망에 직접적으로 간섭하는 것이 당연시되는 사회에서는, 청소년들의 야한 짓을 규제하려 든다"고 말한다.

다른 사람의 권리를 짓밟고 자신의 자유를 누리는 것은 권리라고 부를 수 없다. 성적 권리를 주장한다는 것은 이 무대의 주인공으로 제대로 등장한 적 없는 여성, 청소년, 동성애자, 장애인 등 사회적 약자의 입장에

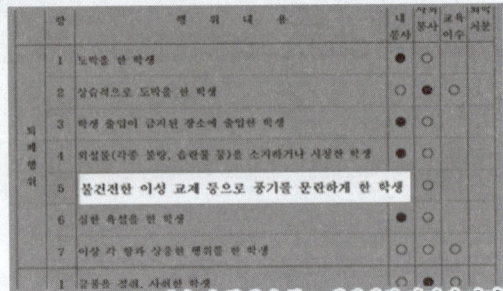

"남·여 학생이 학교 내외에서 짝지어 다니는 것을 금한다."
"재학생의 교내외 이성교제는 금한다
이성교제를 한 학생 : 장기선도(가정학습, 병원이나 치료전문기관 의뢰)"
"벌점 20점 : 동성간의 비정상적인 교제"

사랑도 인권이라규!

– 청소년 연애 탄압 사례를 조사합니다 –

성적 떨어진다며 연애하는 학생들을 윽박지르는 교사,
'이성교제'를 징계하고 손잡는 것에 벌점을 매기는 학교,
동성애를 '비정상적'이라며 검열하는 규정....

사랑을 탄압하는 구닥다리 인권침해가 여기저기서 계속되고 있습니다.
하지만 사랑도 우리의 당당한 인권입니다!
청소년이라는 이유로, 학생이라는 이유로, 사랑을 금지당한 사례를 모읍니다.
어이없는 교칙, 친구의 경험, 나 자신의 경험 등등.......
지역, 학교 이름, 어떤 일이 있었는지 등을 onlyasunaro@naver.com 이메일로
보내주세요. (2010년 10월 11일까지 보내주세요! ^^;)

※ 보내주신 사례들은 익명 처리 후 인권 현실을 알리고
바꿀 것을 요구하는 데 사용됩니다.
제보자의 신분 등이 노출되지 않게 할 것을 약속드립니다.

http://asunaro.or.kr   청소년인권행동 아수나로

"사랑도 인권이라규!"
청소년인권행동
'아수나로'는 청소년
연애 탄압 사례를
수집하고, 그 결과를
발표했다.

서 권리의 그림을 그려 보는 것이다. 성이라는 단어를 들으면 '결혼한 비장애인 남녀 커플의 건전한 성생활' 아니면 '야동과 포르노'만을 떠올리는 우리의 빈곤한 상상을 다채롭게 채워 보자는 것이다. 이 양 극단 사이의 빈 영역, 바로 그 자리에서 성적 권리가 싹틀 수 있다.

그러므로 청소년의 성적 권리를 주장하는 것은 단순히 프리섹스를 장려하자는 것이 아니다. 성적 권리, 성적인 관계는 인간관계의 문제이며, 그 속에서 많은 소통과 관계 맺음이 필요하다. 또한, 요즘처럼 성적인 이미지가 범람하고, 연애가 곧 소비로 직결되며, 애인이 없으면 뭔가 부족한 사람처럼 여겨지는 시대에 오히려 '연애를 하지 않을 권리(연애를 안 해도 소외되지 않을 권리)'를 주장하는 청소년들도 있다.

청소년 인권 하면 대부분 두발 규제, 체벌, 강제 야자 등을 떠올리지만, 어떤 청소년들은 "사랑도 인권이라규!"를 외친다. 학교에서 벌어지는 연애 탄압 사례를 수집하고, "사랑은 19금이 아니다"라고 알리는 활동을 한다. 청소년의 사랑, 연애, 섹스가 금지되는 것은 청소년에게 그럴 자격도, 권리도 없기 때문이 아니라 그 권리를 행사하지 못하게 하는 권력이 있기 때문이라고 말한다. 그 거대한 힘이 청소년들이 자신의 행복을 두려워하게끔 만든다고 말이다. 그래서 "청소년의 사랑할 권리, 야할 권리를 보장하라!"는 구호는 청소년이 자신의 성 정체성을 탐색하는 데 필요한 정보와 경험을 보장하고, 이를 구체적 실천으로 이끌 수 있도록 사회·경제적 지위를 개선하라는 의미를 동시에 담고 있다. 청소년도 인간임을 끊임없이 선언해야 하는 이 사회에서 청소년도 행복할 권리가 있음을 도발적으로 주장하고 있는 것이다.

사랑은 아무나 하나
'연애질', 금지된 것을 꿈꾸다

연애할 자유? 여자들만 손해 보는 거 아닌가요?

저는 올해 16살이 된 여중생입니다. 바로 이팔청춘이지요. 초등학교 때와 중학교 때 잠깐 연애를 해 봤는데, 청소년이라고 해서 사랑할 권리나 연애할 권리를 침해받는 것은 문제가 있다고 생각합니다. 사랑이 사람을 좋아하는 것이 죄가 되는 건 아니니까요. 그런데 제 주변에 있는 남자애들을 보면 고개가 갸웃거려질 때가 가끔 있어요. 특히 우리 반 어떤 남자애는 거의 계절마다 애인을 바꿉니다. 애인을 바꿀 때마다 친구들한테 사진을 보여 주면서 엄청 자랑을 하곤 합니다. 자기가 질렸다 싶으면 바로 차 버리고 다른 여자애를 만나는 남자애도 있고, 헤어진 여자애에 대한 나쁜 소문을 퍼뜨리는 못된 남자애도 있습니다. 특히, 애인과 키스한 얘기를 다 들으라는 듯이 아무렇지도 않게 얘기하는 남자애도 있습니다.

제가 나설 일은 아니지만, 걔네들 주변에 있는 여자애들이 솔직히 걱정됩니다. 상처도 많이 받는 것 같고요. 청소년들이 연애할 자유를 보장하면 결국 이런 남자애들만 좋은 것 아닌가요? 남자애를 잘못 만난 여자애는 상처는 상처대로 받으면서 학교에서 온갖 비난까지 받아야 하는 상황입니다. 이런 일이 많아지면 결국 여학생들만 손해 보는 것 아닐까요?

토론거리

1 연애를 하고 있는 주변 친구들의 모습은 어떠한가? 앞의 사례와 비슷한 일이 많은가?

2 남자들이 연애할 때 여자를 폭력적으로 대하거나 여자가 받을 수 있는 상처에 무심한 경향이 있다고 볼 수 있을까? 만약 그렇다면, 그건 남자들의 본성이라고 봐야 할까? 아니면, 다른 이유가 있을까?

3 청소년이 아닌 사람들의 연애에도 이러한 위험성이 있기는 매한가지다. 그렇다고 비청소년의 연애할 자유를 제한해야 한다고 얘기하는 사람은 없다. 이 차이는 어디에서 비롯하는 것일까?

4 평등한 연애란 무엇인가? 평등한 연애는 어떻게 가능할까?

5 연애와 관련해서 "모든 연애에는 배울 점이 있다", "아픈 만큼 성숙해진다"와 같은 말들이 있다. 이런 말들은 진실일까? 어떤 조건이 갖춰져야만 연애가 우리를 성숙하게 만드는 배움의 과정이 될 수 있을까?

6 "연애는 시작하는 것보다 잘 끝내는 것이 더 중요하다"는 말도 있다. 연애 관계를 잘 정리한다는 것은 무엇일까?

3부

학생인권 논리 탐구

잊을 만하면 뇌물 수수나 비리 혐의로 신문 1면을 장식하는 '성년' 사장님, 국회에서 매일같이 난투극을 벌이는 '성년' 국회의원, 가정에서 아내와 자식을 구타하는 '성년' 가장까지, 도대체 누가 더 미성숙한가? 나이가 성숙을 가르는 기준이라면, 이런 미성숙한 어른들의 존재를 어떻게 설명해야 할까?

① 성숙은 나이와 함께 찾아오는가?

미성숙의 갑옷을 벗는다는 것

세상살이 경험이 많은 어른들은 국가의 중대 사안을 사적인 이익에 치우쳐 결정할 가능성이 높다. 그러므로 정부 각 부처의 중요 직책은 순수하고 청렴한 청소년이 담당하도록 하며, 대통령이나 국회의원 등을 선출할 수 있는 권리도 청소년이 독점하도록 한다.

만 19세 이상의 과성년자는 뇌의 일부가 급속도로 마모되고 뇌세포 숫자가 줄어들어 상황에 대한 적절한 판단을 내리기 쉽지 않고, 자기 결정에 책임지지 않는 경향이 크다. 만 19세가 지나면 과성년자의 모든 권리는 집안의 자식들에게 양도되며, 이들은 죽을 때까지 의무 정화교육을 받아야 한다. 의무 정화교육을 수행하는 학교에서 청소년은 교사가 되며, 비행 어른의 경우 자식 면담이 요청된다.

과성년자는 의무 정화교육에 일차적으로 충실해야 하므로, 과성년자가 직업을 갖고 노동하는 것은 원칙적으로 금한다. 대신 자식에게 용돈을 받아 생활할 수 있으며, 충동적인 소비를 조절하기 위해 용돈 기입장 사용을 의무화한다. 단, 노동하고자 하는 과성년자가 있을 경우 반드시 자식의 동의가 필요하며, 과성년자가 받은 임금에 대한 관리 책임은 자식에게 있다.

— '가상 청소년공화국 법률' ◀ 중에서

◀ 이 법률은 청소년인권활동가 네트워크에서 가상으로 만든 것으로, 실제로 있는 법률은 아니다. 소설 〈이갈리아의 딸들〉이 여성과 남성의 권력 관계를 뒤집은 것이라면, 이 법률은 청소년과 성인의 권력관계를 뒤집어 본 것이다.

"학생들은 때려서라도 가르쳐야 한다. 학생들에게 자유를 주면 제멋대로 행동하니 규제를 엄하게 해야 한다. 학생들이 정치 활동을 하거나 집회에 참여하는 것은 위험하다. 사랑이나 연애는 성인이 된 뒤에 해야 한다. 학생은 배움의 과정에 있는 만큼, 성인과 똑같이 대우해서는 안 된다." 이런 주장들은 같은 전제를 달고 있다. 바로 학생은 미성숙하다는 것.

학생의 또 다른 이름은 청소년 또는 미성년자다. 아직 성년에 이르지 못했기 때문에 법적으로 무능력자로 간주되며, 학생의 모든 권리는 부모나 후견인이 대신 행사한다. 그 뒤에는 "청소년은 심신의 발육이 충분하지 않아 판단 능력이 부족하고 미성숙하다"는 설명이 따라붙는다. 귀에 못이 박히도록 듣는 이 말이 가끔은 억울하게 느껴지지 않는가? 잊을 만하면 뇌물 수수나 비리 혐의로 신문 1면을 장식하는 '성년' 사장님, 국회에서 매일같이 난투극을 벌이는 '성년' 국회의원, 가정에서 아내와 자식을 구타하는 '성년' 가장까지, 도대체 누가 더 미성숙한가? 나이가 성숙을 가르는 기준이라면, 이런 미성숙한 어른의 존재를 어떻게 설명해야 할까?

너무도 익숙한 이 논리를 뒤집어 보면 어떨까? 청소년과 어른의 입장이 뒤바뀐 가상 청소년공화국은 참으로 우스꽝스러운 세상이다. 이 세계의 법률을 보면 피식피식 웃음이 나온다. 이 웃음의 의미는 무엇일까? 사회가 청소년들에게 입히는 '미성숙의 갑옷'을 어른에게 입히고 나니, 갑옷이 갖고 있는 마법이 사라진다. 어디에도 당연한 것은 없다. 당연하게 보이도록 만드는 배경이 있을 뿐. 나이가 어리면 미성숙하므로 어른의 충고와 지시를 무조건 따라야 한다는 생각, 청소년은 판단력이 부족하다는 생각은 과연 옳을까?

청소년 '의' 이야기와
청소년 '에 대한' 이야기

청소년 자살은 성인의 자살에 비해 다분히 충동적인 경향을 보인다. 일례로 어머니에게 꾸지람을 들은 후 가출해서 '죽고 싶다'고 외치는 등 자살을 문제 회피의 수단으로 여기고 있는 듯하다. 아직 인생의 고락을 채 느껴 보지도 못한 청소년들이 생명의 소중함이나 존엄성에 대한 인식 없이 단지 순간적인 감정 때문에 자살을 시도하는 것은 매우 어리석은 행동이라는 점을 알아야 한다. (……) 미디어에서 제공하는 자살에 대한 이미지가 성인보다 판단력이 미숙한 청소년들에게 '자살이 곧 아름다운 이별'이라는 잘못된 인식을 심어 주고 있는 것은 아닌지 심히 염려된다.

— 「청소년 자살 예방, 관심이 관건이다」, 〈문화일보〉, 2010년 9월 13일.

왼쪽 그림을 보자. 벽에 커다랗게 붙여 놓은 현수막에 "신나는 영어 교실"이라고 쓰여 있다. 바닥에 나란히 줄지어 앉아 있는 학생들은 과연 신이 날까? 옴짝달싹 못하고 줄지어 앉아 단상을 쳐다보아야 하는 상황이 즐거울까? 현수막의 문구를 만든 사람, 곧 이런 장면이 '신나는' 상황이라고 생각하는 사람은 누구일까? 아마 자리에 앉아 있는 학생들은 아닐 것이다.

한국 사회에서 청소년 '에 대한' 이야기는 차고 넘친다. 그러나 청소년 '의' 이야기를 듣기는 쉽지 않다. 청소년의 행동을 분석하는 것도, 청소년에게 이런 것이 필요하다고 요구하는 사람도 대부분 성인이다. 청소년은 말을 하는 사람이 아니라 들어야 할 사람이다. 청소년이 자신의 요구를 직접 말하면 이런 말을 종종 듣는다. "나이도 어린 것이, 버릇없이 어디 말대꾸야?"

청소년 자살을 둘러싼 이야기도 마찬가지다. 청소년은 충동적이고 판단력이 부족하기 때문에 자살을 예방하기 위해선 어른들의 더 많은 관심과 지도가 필요하다는 말은 차고 넘친다. 그러나 청소년이 직접 "내가 자살하고 싶은 이유는 이렇다", "나는 이런 고통 속에 살고 있다"고 말하는 경우는 드물다. 자신의 목소리를 낼 기회가 없다는 것, 고통에서 벗어날 수 있는 길은 여러 갈래일 수 있는데 실제로는 죄다 막혀 있거나 가고 싶지 않은 길만 허락된다는 것, 이런 조건 때문에 많은 청소년이 자살이라는 극단적 선택을 하는 것은 아닐까? 자신을 이해시킬 수 없기에, 아니 사람들이 이해하려 하지 않기에 점점 더 입을 닫게 되고, 침묵 속에서 선택한 막다른 방법은 이유 없는 또는 가벼운 충동으로 해석되어 버리는 것은 아닌가? 40대가 자살하면 빈곤, 실업, 가족 갈등처럼 '사회적 원인'을 찾으면서 10대가 자살하면 충동적이라는 '청소년의 특성'에서 원인을 찾는 것은 옳은 진단인가?

인터넷에 어이없는 글이 올라오면 "너 초딩이냐", "완전 애 같다"는 댓글이 달린다. 청소년을 판단력이 부족하고 미성숙한 존재로 보는 시각은 널리 퍼져 있다. 그런데 성인 중에도 판단력이 부족하고 충동적으로 행동하는 사람은 많다. 텔레비전 홈쇼핑 광고를 보다 꼭 필요하지도 않은 안마기나 건강식품 등을 충동적으로 구매하는 성인이 얼마나 많은가. 미성숙함을 탓하자는 얘기가 아니다. 사람이 하는 일이 모두 철저한 계획과 판단 아래 이루어지는 것도 아니고, 우왕좌왕 실수하며 가슴 저리게 후회도 해 보는 게 인생이다. 나이를 불문하고 실수하며 배워 나가는 게 사람 아닌가?

때로는 '학생다움'이라는 틀에서 벗어난 청소년들의 용감한 선택이 충동적인 일탈 행동인 것처럼 비판받기도 한다. 학생다움보다 인간다움이 더 중요하다고 생각하며 두발 규정을 따르지 않는 청소년들을 충동적이고 어리석은 행동을 한다고 나무랄 수 있을까? 지금의 학교를 묵묵히 견뎌내도 그 길이 행복을 보장해 주지 않는다는 걸 알아차린 청소년, 미래를 위해 현재를 포기하지 않고 지금 하고 싶은 걸 하겠다고 결심한 청소년이 학교를 나와 밖에서 길을 찾는 행동을 과연 '충동적 일탈'이나 결국 후회하고 말 '한때의 변덕'으로만 볼 수 있을까? 사회에서 일탈, 변덕이라고 부르는 바로 그 행동이 사실은 아래의 노랫말처럼 현실을 정확히 꿰뚫어 본 현명한 선택인 것은 아닐까? 그 '일탈권'과 '변덕권'이 보장될 때, 사람들은 좀 더 두리번거리며 여유롭게 자기 길을 찾아갈 수 있는 것 아닐까?

터벅터벅 느릿느릿 황소를 타고 왔다네/ 푸른 초원을 찾아 여기까지 왔다네/
초원에 풀이 없어 소들이 비쩍 마를 때쯤/ 선지자가 나타나서 지팡이를 들어/
(저 쪽으로 석 달을 가라)/ 풀이 가득 덮인 기름진 땅이 나온다길래/ 죽을똥 살똥 왔는데/
여긴 아무 것도 없잖어/ 푸석한 모래밖에는 없잖어/ 풀은 한 포기도 없잖어/
이건 뭐 완전히 속았잖어/ 소들은 굶어 죽게 생겼잖어/ 먹을 거는 한 개도 없잖어/
되돌아갈 수도 없잖어

_ 장기하와 얼굴들, 〈아무것도 없잖어〉

완벽하게
성숙한 사람은 없다?

대한민국교원조합 노정근 위원장은 "학교에서 학생인권 교육이 없었던 만큼 학생인권조례를 학교 현장에 적용한다면 학교 현장의 파행적인 분위기만 몰아갈 것"이라며 "교사에게 욕, 반항 등으로 대드는 학생들을 경험하는 만큼 학생인권조례를 실시한다면 더 많은 혼선을 빚게 될 것"이라고 말했다.
이어 노 위원장은 "아이들은 진정한 인권이 무엇인지 잘 모른다"며 "두발단속과 체벌을 행하는 이유는 아이들의 기본을 바로잡기 위한 것이다"고 덧붙였다.
또 뉴라이트 학부모연합 강대신 대표는 (……) "아직 미성숙한 학생들에게 학교 인사 및 경영을 결정할 때 참여할 수 있다는 학생인권조례 내용은 학생들이 어른과 똑같은 권리를 가진다는 데 있어 납득할 수 없다"며 "학생들은 학생이라는 자체만으로도 충분한 권리를 갖고 있으며 강제성은 그 자체만으로 교육 효과를 지닌다"고 피력했다.

―「학생인권조례 놓고 청소년 성숙·미성숙 따져」, 〈메디컬투데이〉, 2010년 6월 25일.

"여자에겐 긴 머리와 짧은 정신이 있다." "여자 가운데 가장 지혜로운 사람은 바보 가운데 가장 대단한 바보다." "여자는 결코 책임지지 않는다." 《세계 여성 속담 사전》을 보면 여성에 대한 오래된 편견을 담은 속담들이 여럿 소개돼 있다. 요즘 이런 말을 대놓고 한다면 어떻게 될까? 주위의 엄청난 반발을 사거나 '마초'라고 지탄받을 것이다. 그런데 과거 여성에게 덧씌워졌던 편견은 고스란히 청소년에게 옮아가 있다. 그래서 어떤 이들은 "청소년은 또 다른 이름의 여성이다"라고 말한다.

　　　미성숙은 말 그대로 성숙하지 못하다는 뜻이다. 그런데 사람은 달걀 프라이가 아니니 어디까지가 반숙인지 완숙인지 구분하기란 불가능하다. 겉으로 완벽해 보이는 사람도 어딘가 미숙한 구석이 있게 마련이고,

오히려 정신이 성숙하지 못한 사람들이 겉으로는 센 척, 성숙한 척하는 일도 많다. 게다가, 영화나 드라마를 보면 딸이 엄마의 상담자 역할을 하거나 똑 부러지는 여동생이 오빠에게 진정 어린 조언을 건네는 장면이 간혹 나온다. 나이의 많고 적음이 성숙과 미성숙을 구분하는 유일한 잣대가 될 수 없다는 말이다.

중요한 것은 우리 사회에서 어떤 사람을 성숙하다고 여기고 어떤 사람을 철없는 사람으로 여기느냐, 곧 성숙을 판가름하는 기준이 무엇이냐를 살펴보는 일이다. 나이 서른을 훌쩍 넘기고도 결혼하지 않은 이모나 삼촌은 명절 때마다 집안에서 천덕꾸러기 취급을 받는다. 중학교 교사가 노랗게 머리를 염색하고 스키니진을 입은 채로 출근하면 아마도 교사답지 못한 경솔한 행동이라며 교장에게 불려가 혼쭐이 날 것이다. "어린애 같던 아들이 군대 갔다 오니 철들었어요."라는 말도 마찬가지일 수 있다. 여기서 철이 든다는 건 뭘까? 윗사람의 지시와 명령을 잘 따르고 눈치 빠르게 행동하고 자기 의견을 내기보다 대세에 묻어 가는 것, 굴욕적인 순간에 찍소리도 않고 참아 내는 것을 혹 철든 어른의 덕목으로 삼고 있는 것은 아닐까? '나이는 먹지만 어른이 되진 않겠어'라는 다짐에는 남들이 가라는 길, 주어진 성숙의 기준에 자기 인생을 저당 잡히지 않겠다는 의지가 실려 있는 것은 아닐까?

이토록 성숙을 중요시하는 우리 사회는 과연 청소년이 자기 삶을 스스로 책임질 힘을 길러 주고 있는가? 학교는 과연 학생들의 성숙을 돕고 있는가? 사람이 자기를 돌아보고 자기 선택을 책임지기 위해 반드시 필요한 것이 여유다. 나에게 집중할 수 있는 시간, 자기 선택의 결과와 오롯이 대면할 수 있는 시간 말이다. 그런데 그런 여유가 청소년에게는 허락되지 않는다. 하루의 절반 이상을 학교에 묶여 암기식 수업을 듣고 있는 학생들에게, 보호와 대리 결정의 덫에 걸려 있는 학생들에게 성숙이란 먼 이야기다. 도대체 언제, 어떻게 성숙할 수 있다는 것인가? 갓 스무 살이 된 새내기 성인들은 하소연한다. 청소년 딱지를 떼긴 했지만 여전히 엄마 없이는 중요한 결정을 내릴 수가 없다고. 성숙은 나이가 들면 저절로 찾아오는 것이 아니다. 사람은 다양한 경험을 하고 그 과정에서 단맛, 쓴맛을 보면서 차츰 성숙하는 것 아닌가?

"청소년은 책임질 줄 모른다. 그러므로 미성숙한 그들에게 권리를 보장하면 너무 비싼 대가를 치러야 한다"는 주장은 또 어떤가? 학급에서 청소를 자율로 하자고 했더니 아무도 청소를 안 하더라, 휴대전화 사용을 규제하지 않았더니 수업 중에도 여기저기서 벨소리가 터져 나오더라, 자기 멋대로 하는 것을 인권으로 알더라는 말들은 또 어떤가? 원인을 짚어 보기 전에 청소년의 미성숙함을 탓하는 것은 옳지 않다. 어쩌면 성숙할 기회를 빼앗은 타율과 통제가 바로 그와 같은 행동을 낳은 이유는 아니었나? 교실 청소만 해도 그렇다. 청소가 늘 벌이나 의무로만 주어지다 보니, 함께 사용하는 공간을 정리하는 기쁨을 느낄 기회가 없는 것은 아닌가?

학생들이 인권을 말하기 시작하면 학교가 소란스러워지는 것은 당연하다. 이제껏 입을 꾹 다물고 있던 학생들이 옹알이를 시작하듯 말문을 트기 시작한다. 누구는 그 옹알이를 환영할 것이고, 누구는 옹알이하지 말고 똑바로 말하라고 다그칠 것이다. 소란스럽고 다툼이 일어날 수도 있다. 그런데 본래 배움터라는 곳이 그런 모습이어야 하지 않는가? 자기 생각을 끝까지 밀고 나가 반론에 부딪혀 보고, 자기 생각의 모순에 부딪혀 깨지는 경험도 해 보면서 자기의 한계를 확인하고 타인에게서 배움을 얻는 과정이 바로 교육 아닌가? "학교로 다시 돌아가느니 차라리 군대에 다시 가겠다"고 말하는 이들에게 학교생활의 추억은 어떤 것일까? 무섭기로

소문난 교사가 담임을 맡고 있는 반 교실은 시계 초침 소리마저 들릴 정도로 조용해진다. 이 조용함을 질서라고 말한다면, 질서보다는 혼란과 술렁임을 만들어 내야 하는 것은 아닌가?

학생들 스스로 통제를 원한다?

학생인권을 주제로 청소년 대토론회가 열렸다. 두발 및 복장 자유, 체벌 금지, 휴대전화 압수 금지 등 학생인권조례에 담긴 내용에 대해 찬반 토론을 벌였다. 청소년들이 직접 자기 의견을 말하고 논의하는 시간이었기에 더욱 의미 있는 자리였다. 그런데 결론은 '우리는 아직 미성숙하니, 적절한 통제가 필요하다'는 식으로 나 버렸다. 다음과 같은 의견이 대다수 학생들에게 설득력 있게 다가왔기 때문이다.

"머리 모양의 경우 학생들이 스스로 기준을 정하고 학생 신분에 어긋나지 않도록 하는 것이 좋다. 완전히 자율에 맡기면 탈선의 위험이 있을 것 같다."
"학생인권이 보장되면 그것을 악용하는 학생이 늘어날 것이다."
"체벌은 허용되어야 한다. 우리는 아직 미성숙하니까 통제가 필요하다."

학생 가운데 학생인권조례를 반기고 학교를 바꿔야 한다고 목소리를 내는 이들과 학생들을 풀어 주면 수업 분위기가 흐려진다고 생각하는 이들 중 어느 쪽이 더 많을까? 아니면, 아예 관심 없는 학생이 더 많을까? 어차피 학교는 변하지 않는다고 냉소하는 학생들이 다수를 차지할까? 스스로 통제를 원하는 마음, 자기 삶에 결정적 영향을 미치는 학교 제도에 대한 무관심과 냉소는 어디에서 비롯하는가?

영화 〈쇼생크 탈출〉을 보면 30년 넘게 감옥살이를 하다 출소한 남

자의 이야기가 나온다. 오랫동안 자기만의 시간과 공간 없이 간수의 지시와 명령에만 따라 살아온 남자는 바깥생활에 도통 적응하지 못한다. 슈퍼마켓에서 일을 하다가도 "매니저님, 화장실 다녀와도 될까요?" 하고 질문한다. 매니저는 어리둥절해하며 대답한다. "그런 건 물어보지 않고 다녀와도 돼요. 알아서 하세요." 시키는 일만 반복적으로 해 온 남자에게 '알아서 한다는 것'은 참 어려운 일이다. 뭘 해야 할지, 뭘 하고 싶은지도 모르겠다. 지시와 명령이 사라진 자리에 먼저 자리 잡는 것은 자유의 달콤함이 아니라 불안이다. "학교에서 시키는 대로 하는 게 편해요"라고 말하는 학생들의 마음속에도 이 남자와 같은 불안이 자리 잡고 있는 것은 아닐까? 통제

와 명령의 가장 무서운 점은 스스로 통제를 원하게끔 만든다는 것이다. 그리고 자기가 지닌 힘을 믿지 못하게 한다. 학생들은 자신을 존중하지 않는 학교를 비판하기보다 자신이 뭐가 부족하고 무엇을 잘못했는지 의심한다. 몸에 밴 습관을 고치는 것이 가장 어려운 것처럼, 이젠 누가 시키지 않아도 스스로 자신의 통제자, 감시자가 된다.

자유보다 통제를 먼저 배운 학생들에게 필요한 건 억눌림과 무기력의 독을 빼낼 수 있는 시간과 여유다. 사과를 한 번도 먹어 본 적 없는 사람이 사과의 맛을 제대로 표현하기란 힘들다. 그동안 받아왔던 통제에 대한 거부반응으로 '○○를 하지 않는 것'이 자유로 느껴지기도 한다. 잃어버린 자유의 감각을 되찾기 위해서는 스스로 생각하고, 결정하고, 행동할 기회를 충분히 가져야 한다. 그 과정에서 처음 만난 자유를 서툴게 표현하다 갈등을 빚을 수도 있다. 수업 시간에 '이건 내 자유'라면서 떠들며 돌아다니는 학생이 있다면? 학생들 대부분은 이런 상황에서 교사가 개입해 주길 원한다. "선생님, 쟤 좀 조용히 하도록 혼내 주세요"라는 말 속에는 수업 시간을 통제하고, 학급을 운영하는 사람은 교사라는 전제가 깔려 있다. "수업이 재미없어? 왜 돌아다녀?"라고 묻는 상담자 역할을 동료 학생이 맡는 장면은 상상할 수 없을까? 상상해서는 안 되는 것일까?

"청소년은 미성숙하다"는 말은 부분적으로는 사실일 수 있다. 하지만 모든 인간이 어느 영역에서 어느 만큼은 미성숙하다. 각자가 한 경험과 성찰의 폭과 깊이에 따라 성숙의 영역과 정도가 다를 뿐이다. '누가 미성숙한가?'라는 질문이 '성숙이란 무엇인가?', 혹은 '성숙은 꼭 필요한가?', '충분히 성숙하려면 어떤 조건이 뒷받침되어야 하는가?'라는 질문으로 바뀔 때, 비로소 모두가 조금 더 성숙해지지 않을까.

② 보호는 안전망인가, 올가미인가?
청소년 보호주의 넘어서기

청소년 보호주의 감 잡기

한 청소년이 아래와 같은 상황에 놓여 있다. 이 이야기를 듣고 자기 마음속에 떠오르는 생각이나 느낌을 잘 표현하고 있는 문장을 [보기]에서 모두 골라 보자.

중학생 한결이는 친구들과 놀다가 찜질방에서 자는 생활을 며칠째 하고 있다. 밤 10시가 지나면 찜질방 관리자가 돌아다니면서 청소년들에게는 이제 그만 집으로 돌아가라고 말한다. 이때쯤부터 한결이는 남들 눈에 잘 띄지 않는 수면실 구석에 가서 조용히 누워 있거나 엄마 나이 또래의 아주머니들 근처에서 얼쩡거린다. 한숨 푹 자고 나면 다음 날 오전 10시가 되기도 하는데, 그런 날이면 학교는 빠진다. 근처 김밥 가게에 들러 아침을 때운다. 돈이 떨어지기 전까지는 이 생활을 계속할 생각이다.

〔보기〕

1. 위기에 처한 청소년임이 분명하다. 빨리 도움의 손길을 내밀어야 한다.
2. 중학생이면 얼핏 봐도 티가 날 텐데 늦은 시간에 찜질방에 출입시키다니! 돈 벌 욕심에 청소년의 안전은 뒷전인 찜질방 주인에게 화가 난다. 이런 업소가 사라지도록 경찰은 찜질방 단속을 강화해야 한다.
3. 아무래도 친구를 잘못 만나서 비행을 저지르고 있는 것 같다. 학교 담임 선생님께 연락해 함께 어울려 다니는 친구들과 거리를 두게 만들어야 한다.
4. 부모가 한결이를 방치하고 있는 것 같다. 애가 집에도 안 들어가고 찜질방을 떠도는데 찾지도 않다니! 아이들에게 밖은 위험하니 일단 집으로 돌려보내야 한다. 그리고 앞으로는 부모가 한결이를 더욱 신경 써서 보살펴야 한다.

한결이의 이야기를 들었을 때, 가장 먼저 떠오른 느낌은 무엇인가. 아슬아슬하다? 안타깝다? 무섭다? 불량스럽다? 청소년이라면 부모의 보호 아래 밝고 건강하게 자라야 하는데 한결이는 그렇지 않아 보인다. 흔히 말하는 위기 상황에 놓여 있다. 밤늦게까지 친구들과 놀고 심지어 집에도 들어가지 않는다. 늦잠을 자면 학교도 안 가고 거리를 헤맨다. 집과 학교라는 안전한 울타리를 넘어선 한결이는 위험하고 불안해 보인다. '저렇게 혼자 두면 안 되는데⋯⋯. 옆에서 돌봐 주는 사람이 있어야 하는데⋯⋯.' 걱정스러운 시선이 한결이와 같은 청소년에게 따라붙게 마련이다.

청소년은 약자이고 위험에 처하기 쉽기 때문에 누군가의 보호 아래 있어야만 안전하다는 생각이나 태도를 '청소년 보호주의'라고 부른다. 청소년 보호주의는 여러 가지 모습으로 나타난다. 청소년의 심야 찜질방 출입을 법으로 금지하는 것, 영화에 '청소년 관람 불가' 딱지를 붙이는 것, 청소년 유해 구역을 지정하는 것, 청소년들의 집회의 자유를 제한해야 한다고 주장하는 것, 청소년에게 무슨 일이 생기면 일단 부모나 교사에게 연락하는 것 등. 이 모두가 청소년을 보호한다는 명분으로 이루어지는 것이다. 보호주의의 눈으로 보면, 청소년은 주체적인 삶을 꾸려 나갈 수 없는 한없이 약한 존재다.

보호라는 말은 흔히 긍정적으로 여겨진다. 하지만 자신을 보호하기 위해서 존재하는 여러 가지 법과 제도, 어른들의 행동을 갑갑해하고 때로는 거부하는 청소년들도 있다. 학생인권을 이야기하면서 청소년 보호주의를 비판하는 이들도 있다. 그런 건 다 '철없는 애들'이 뭘 몰라서 부리는 투정에 불과할까? 보호주의를 거부하면 청소년들은 위험에 빠지게 되는 걸까?

청소년 보호주의는 때로는 청소년들을 위해 꼭 필요한 것처럼 보이기도 하고, 때로는 청소년들을 규제하는 억압처럼 보이기도 한다. 그래서 청소년 보호주의의 짙은 화장을 지우고 맨 얼굴을 들여다볼 필요가 있다. 청소년 보호주의는 단순히 청소년을 걱정하고, 배려하는 따뜻한 마음을 뜻할까? 보호주의를 통해 사회적 약자인 청소년의 삶을 정말 보호할 수 있을까? 청소년을 보호한다고 추진하는 정책들은 왜 대부분 금지의 모습을 띠는 것일까? 보호받기 위해 자신의 자유를 반납하는 건 당연한 일일까?

이름값 못 하는 보호주의

아동 성폭력과 학교 폭력을 예방할 폐쇄 회로 텔레비전(CCTV)이 울산 지역 일선 학교 주변에 속속 설치된다. (중략) 또 울산시 남구 등 5개 지역의 자치단체는 학교 건물 밖의 담과 어린이 보호구역 등에 CCTV를 가설해 학생들을 성폭력에서 보호하기로 했다. 남구는 이에 따라 올해 하반기에 관내 61개 초·중·고교에 78대의 방범용 CCTV를 학교 건물 밖의 담과 교문 앞, 어린이 보호구역 등에 설치하기로 했다. 중구와 울주군 등 다른 자치단체에도 학교 주변에 CCTV를 설치해 달라는 학교와 학부모의 요구가 쇄도하고 있다.

- 「울산 학교 성폭력을 막아라… CCTV로 전천후 경계」, 〈연합뉴스〉, 2010년 7월 5일.

청소년 보호주의가 위험에 처한 청소년을 보호할 수 있고 청소년에게 도움이 된다고 생각하는 사람이 많다. 평소에 청소년의 자기 결정을 존중해야 한다고 말하던 사람들도 학교 폭력이나 아동 성폭력 문제가 터지고 나면 '보호가 우선'이라는 입장으로 돌아서곤 한다. 청소년의 안전을 위해서 부모들이 자식들의 휴대전화에 위치 추적을 걸어 놓는 일도, 학교에서 폭력 예방을 이유로 CCTV를 설치하는 일도 별다른 고민이나 갈등 없이 이루어진다. 청소년을 폭력이나 위험으로부터 보호하기 위해 권리를 제한하는 것은 어쩔 수 없는 일이라는 것이다.

　　사람 사이에는 근력의 차이에서 경제적 차이, 사회적 힘의 차이까지 다양한 힘의 차이가 존재한다. 우리 사회에서는 상대적 약자들을 대상으로 갖가지 폭력과 사기, 착취 등이 일어나고 있다. 그들이 꾐에 넘어가거나 피해를 입어도 그 피해에 맞서 싸울 힘이 약하다는 걸 악용하는 것이다. 청소년도 사회적 약자다. 그래서 청소년에게는 보호가 필요하지 않다는 말은 현실을 무시한 이상론이 되기 쉽다. 문제는 '왜 청소년이 폭력의 대상으로 쉽게 선택되는가?'를 고민하지 않고 만들어 낸 보호 대책들이 사실상 청소년을 보호하는 효과를 내지 못한다는 데 있다. CCTV와 같은 감시 도구가 일시적인 불안을 해소해 주는 심리적 효과는 있다 해도 실제 범죄율을 낮추는 데는 별다른 효과가 없다는 조사 결과가 있음에도 여전히 대부분의 범죄 예방 예산을 CCTV 설치에 쓰고 있다. CCTV 아래에서 사람들은 모두 예비 범죄자이거나 무력한 예비 피해자가 된다. 범죄를 예방하고자 한다면 CCTV의 힘을 키울 게 아니라 청소년들의 힘을 키워야 하지 않을까?

　　일하는 청소년을 보호한다는 대책들도 마찬가지다. 청소년들은 일터에서 성인과 같은 일을 하면서도 적은 돈을 받거나 폭력이나 모욕을 당하기 쉽다. 청소년들이 구할 수 있는 일자리는 죄다 위험하거나 쥐꼬리만한 시급만 주는 '밑바닥 일자리'다. 이런 현실에서 일하는 청소년을 보호하고 싶다면 업주들이 관련 법 기준을 지키도록 잘 감독하고 청소년들이 안전한 일자리를 얻을 수 있도록 해야 한다. 나이가 적다는 이유로 사람을 무시하고 함부로 대하는 문화를 바꾸어야 한다. 아니면, 적어도 '나쁜 일자리'라면 때려치우고도 살아갈 수 있도록 지원해 주는 정책을 펼쳐

야 한다. 그럼에도 정부가 내놓는 대책들은 오히려 청소년을 힘겹게 하는 것들이다. 청소년의 일자리를 제한하거나, 아니면 보호자 동의서 없이는 일을 하지 못하도록 한다. 청소년은 부당한 일을 당하기 쉬우니 청소년의 노동을 금지해야 한다고 주장하는 사람들도 있다. 그러다 보니 보호자의 동의를 구할 수 없는 청소년은 불법 상태에서 일하게 되고, 그 상태가 일하는 청소년을 더욱 위험하게 만든다.

    누군가를 보호하려면 그 대책은 안전을 위협하는 것들을 대상으로 해야 한다. 그런데 청소년 보호 대책들은 대개 청소년을 대상으로 삼고, 그들의 힘을 제한하는 방식이다. 이래서야 청소년 보호주의가 '보호'라는 제 이름값을 할 수 있을까?

금지가 제일 쉬웠어요?

사회문제가 되고 있는 게임 중독을 막기 위해 앞으로 심야 시간에는 만 16세 미만 청소년들의 인터넷 게임이 금지된다.
문화체육관광부는 자정부터 새벽 6시까지 인터넷 게임을 금지하는 '셧다운 제도'를 만 16세 미만 청소년에게 적용하도록 여성가족부와 합의하고 청소년보호법의 관련 조항에 넣기로 했다. 이 규정을 어기는 게임 사업자는 2년 이하 징역이나 1,000만 원 이하의 벌금을 내야 한다.
또, 18세 미만 청소년이 회원으로 가입할 때는 부모의 동의를 받아야 하고 게임업체는 부모 등 법정 대리인에게, 이용 시간과 결제 정보 등을 제공해야 한다는 규정도 확정했다.

- 「초·중학생 '심야 게임 못 한다'」, 〈매일경제〉, 2010년 12월 9일.

청소년을 중독의 위험에서 보호한다는 명분으로 각종 금지 조치를 취하는 일도 다시 생각해 보아야 한다. 대표적으로 청소년의 심야 게임 이용을 금지하자는 논리를 살펴보자. '게임 중독이 사회문제가 되고 있다.→게임 등 유해 환경으로부터 청소년을 보호해야 한다.→밤 12시부터 새벽 6시까지 게임 이용을 금지한다.' 술이나 담배, 음란물 역시 이와 같은 논리에 따라 청소년에게 판매하거나 보급하는 것이 금지되어 있다.

술과 담배가 건강에 해롭다는 데는 다들 고개를 끄덕인다. 그런데 술, 담배가 건강에 해로운 건 어른에게도 마찬가지일 텐데 왜 유독 청소년에게만 엄격하게 금지할까? 청소년의 신체 특성 때문에 더 위험하다는 말도 있지만, 성인 중에서도 술, 담배를 하기에는 몸이 허약하거나 아픈 사람들이 있다. 그럼에도 어른들에게는 '건강 확인증'을 내놓으라고 요구하지 않는다. 어른들에게는 절주, 금연 캠페인을 펼치고 청소년들에게는 법으로 금지하는 차이는 어디에서 오는 것일까? 건강에 좋지 않은 일을 했다는 이유로 학교에서 처벌을 받아야 할까? 청소년의 건강을 걱정한다면서도 '심야공부금지법'이나 '학원금지법'은 만들지 않으면서 술, 담배만 금지하는 이유는 뭘까? 청소년은 제대로 된 판단을 내릴 수 없다는 전제가 깔려 있는 것은 아닐까?

청소년 보호를 외치면서 술, 담배, 게임 등에 '19금' 딱지를 붙여 버리는 것은 손쉬운 해결책처럼 보인다. 하지만 이런 대책들이 언제나 효과가 있는 것도 아니고 바람직한 결과를 낳는 것도 아니다. 담배가 공식적으로 금지되어 있지만, 한국의 청소년 흡연율은 세계적으로도 대단히 높은 편이다. 많은 이들이 청소년의 게임 중독을 걱정하지만, 그럼에도 청소년들은 게임을 그만두지 않는다. 장시간 게임을 하는 사람들은 대부분 "스트레스를 풀 방법이 이것밖에 없다"고 말한다. 게임 이외에는 달리 할 것이 없다는 조건이 사라지지 않는 한, 청소년들은 게임을 계속할 것이다.

다른 사람의 주민등록번호를 빌려서든, 아니면 규제가 적용되지 않는 게임을 찾아서든.

이처럼 청소년을 보호한다는 명목으로 가장 쉽게 선택되는 건 '금지'지만, 그 금지는 대개 청소년들에게 별반 도움을 주지 않거나 스트레스만 쌓이게 한다. 아울러, 청소년은 위험한 것을 접하면 곧장 중독에 빠진다는 편견만 강화된다. 로렌 슬레이터가 쓴 《스키너의 심리상자 열기》라는 책에는 세계를 뒤흔든 10가지 심리학 실험이 소개되어 있는데, 그중 하나가 바로 '중독'에 관한 실험이다. 비좁은 우리 안에 격리된 쥐들은 모르핀이 든 음료수에 쉽게 중독된 반면, 쾌적한 공원처럼 꾸며진 공간 안에 놓인 쥐들은 그 음료수를 마시지 않거나 마시더라도 그냥 물을 더 좋아하는 것으로 나타났다. 행복한 공원에서 사는 쥐들은 중독에 빠지지 않는 힘을 지니고 있음이 드러난 것이다. 그렇다면 문제는 '조건', '사회'가 아닐까? 무언가를 금지하기보다 금지된 것을 택하도록 만드는 사회를 바꾸는 데 에너지를 써야 하지 않을까.

'보호'의 반대말은 무엇인가?

미국산 쇠고기 전면 수입에 반대하는 촛불집회에 군대 동원을 주문한 바 있는 보수 논객 조갑제 전 《월간조선》 대표가 이번에는 촛불집회 현장을 '포르노 영화관'에 빗대 '청소년 통행금지'를 주장해 논란을 자초하고 있다.
조 전 대표는 15일 자신의 홈페이지에 게재한 글("학생 데리고 나오는 부모, 교사들 처벌해야")을 통해 촛불집회에 청소년들이 대거 참여하고 있는 것과 관련, 학부모와 교사들을 겨냥해 "청소년들을 포르노 영화관이나 호스티스가 있는 술집으로 데려간 격"이라며 "광화문 지역을 야간에 청소년 통행금지 구역으로 지정해야 한다"고 주장했다.

조 전 대표는 이날 글을 통해 "19세 이하 청소년들은 사물에 대한 지각 능력이 떨어지므로 부모와 국가가 특별히 보호해야 한다"는 논리를 폈다.

그는 "19세 미만 자들에게 투표권을 주지 않는 이유도 청소년들이 정치적 행동을 하는 것은 아직 분별력이 부족하여 적합하지 않다는 판단 때문"이라며 "서울 광화문 일대에서 거의 매일 밤 벌어지는 촛불 시위는 청소년들에게 특히 유해한 환경을 조성한다"고 주장했다. (중략)

조 전 대표는 이어 "이들 청소년을 이런 유해 환경으로 끌고 나온 세력이 있다"며 이른바 '배후론'을 제기했다. 그는 청소년들의 '배후'와 관련해 "교사들이 조직적으로 데리고 나온 경우와 부모들이 데리고 나온 경우"라며 이는 청소년을 포르노 영화관이나 호스티스가 있는 술집으로 데려간 격이라고 교사와 학부모들을 싸잡아 비난했다.

— 조갑제, 「촛불집회=포르노 극장, 청소년 통행금지시켜야」, 〈참세상〉, 2008년 6월 16일.

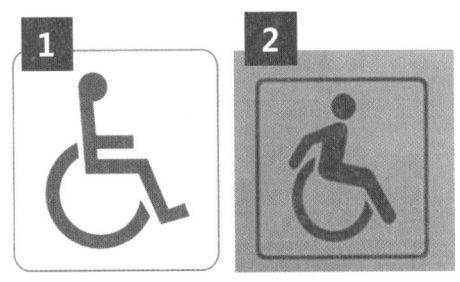

길거리에서 흔히 볼 수 있는 장애인 표지판 두 가지를 비교해 보자. 어떤 차이가 있나? 왼쪽 그림(1)에서 장애인의 손은 무릎 위에 가지런히 놓여 있는 반면, 오른쪽 그림(2)에서 장애인의 손은 휠체어 바퀴에 가 있다. 도와주고 보호해 주는 사람이 나타날 때까지 왼쪽 장애인은 꼼짝없이 그저 기다려야 한다. 반면에, 오른쪽 장애인은 스스로 움직일 수 있다. 장애인들은 말한다. "우리가 스스로 이동할 수 없는 것은 가파른 경사와 계단 때문이지, 우리가 무력하기 때문이 아니다. 우리를 무력한 존재로 여기는 순간, 세상은 아무

것도 달라지지 않는다." 한국 사회에서 청소년은 이 두 표지판 중 어느 쪽에 가깝게 대우받고 있을까?

  2008년 광우병 위험 미국산 쇠고기 수입을 반대하는 촛불집회가 열렸을 때, "아이들이 무슨 죄냐 우리들이 지켜 주자"라는 피켓이 눈에 띄었다. 아이들을 지켜 주어야 할 시민인 '우리'에 청소년은 포함되어 있지 않다. 아이들을 위해 어른들이 대신 말하고 행동해야 한다고 생각하는 사이, 청소년은 스스로 권리를 주장할 수 있는 사람이 아니라 보호의 대상이 된다. 당시 많은 청소년들이 민주주의와 건강권을 지키기 위해 직접 촛불을 들고 거리에 나섰지만, 민주주의나 나라 살림은 어른들이 알아서 할 테니 아이들은 공부나 하라는 '보호의 말씀'들이 쏟아져 나왔다. 한편으론 판단력이 부족한 청소년이 거리로 쏟아져 나온 건 분명 누군가의 꼬드김이나 부채질 때문이라고 목소리를 높인 유명 인사도 있었다.

  청소년 보호주의는 이처럼 우리 사회가 쳐 놓은 울타리 안에 청소년을 가두고, 그 울타리를 벗어나려는 청소년의 날개를 꺾는 데 이용되곤 한다. 촛불집회가 열리는 광화문을 청소년 통행금지 구역으로 설정해야 한다는 주장처럼, 청소년들에게서 기회를 빼앗는다. 울타리 안에서만 살아야 하는 청소년들에게 세상을 알고 정치에 참여하고 권리를 행사할 기회란 없다. 기회가 없기에 '바깥세상'에 대한 관심이 시들해지고 무력해진다. 나를 보호해 줄 누군가가 없는 상황에 놓이면 백전백패다. 이렇게 보호주의는 청소년들의 힘을 키우는 방향이 아니라 억누르는 방향으로 움직인다.

  흔히 청소년 보호주의가 문제라고 하면 "그럼, 청소년을 방치하자는 거냐?"라는 물음이 돌아온다. 그런데 이런 물음 속에는 이미 청소년을 보호 대상으로 바라보는 선입견이 담겨 있다. 청소년을 무언가를 스스로 할 수 있는 사람으로 보지 않기 때문에 청소년은 보호의 대상 아니면 방치의 대상 둘 중 하나라고 생각하는 것이다. 보호의 반대말은 방임이 아니라 '자유'가 아닐까? 청소년이 자기 힘을 기르고 자기 삶의 주인이 될 수 있도록 하는 자유 말이다. 그런데 자유는 단순히 '간섭이 없는 상태'가 아니라 '지원을 요구할 수 있는 상태'를 말한다. 휴대전화를 사용할 자유가 있다고 해도 휴대전화를 살 수 없거나 비용을 낼 수 없다면 그 자유는 아무 쓸모가 없다.

청소년 보호를 목청껏 외치는 우리 사회가 정작 청소년들에게 제공하는 지원은 교통비나 영화 관람료 할인 혜택 말고는 거의 없다. 그래서 청소년들에게 던져진 선택지는 보호라는 틀 안에 갇히거나, 정글 같은 세상에 홀로 남겨지거나, 둘 중 하나밖에 없는 듯이 보인다. 보호주의의 바깥 세계는 황량하고 냉혹하다는 두려움에 청소년들 스스로도 '나는 보호받을 수밖에 없는 사람'이라 생각하는 것은 아닐까?

보호주의를 넘어서자는 말은 청소년에게 홀로서기를 강요하는 것이 아니다. 청소년들을 울타리 안에 꽁꽁 가둬 두는 보호주의에 묶여 있는 한, 청소년에게 정말 필요한 사회적 지원이 뭔지를 보지 못하게 된다는 이야기다. 스웨덴에서는 부모가 이혼할 때 누구랑 살지 결정하는 권한이 자녀에게 있다. 보호자가 데려갈 아이를 선택하는 것이 아니라, 청소년이 '양육자'를 선택하는 것이다. 양육에 따른 부담은 사회가 지원한다. 영국은 아동 학대 사건이 발생하면 아동을 보호시설로 옮기는 것이 아니라 아이의 부모를 격리 조치한다. 가족들과 같이 살고 싶지 않은 가출 청소년에게는 1인 1가구를 지급하기도 한다. 뉴욕에 있는 어느 학교의 규칙에는 "성인이나 대리인의 입회 없이는 경찰이 학생을 심문할 수 없다"는 내용이 명시되어 있다. 경찰과 학생 사이에 있는 힘의 차이를 조금이라도 줄여야 학생이 억울하게 죄를 뒤집어쓰는 일이 없다. 그래서 학생에게 누가 자기를 도와줄 수 있는지를 선택할 권리를 부여하는 것이다. 이렇게 보호가 자유를 빼앗는 방식이 아니라 자유와 권리를 두텁게 감싸 주는 방식으로 제공될 때, 보호는 외부에서 가해지는 억압 이상이 될 수 있다.

인간은 누구도 혼자서는 살 수 없다. 자기 삶의 주인은 '나'지만, 혼자서만 모두 해결해야 한다면 쓸쓸하고 너무 힘겨울 것이다. 그래서 나이에 상관없이 누구에게나 자기결정권이 중요한 동시에 보살핌을 받을 권리도 중요하다. 홀로 꼿꼿이 하늘을 향해 뻗어 있는 듯 보이는 대나무도 흙 아래에서는 많은 뿌리가 서로 뒤엉켜 있다고 한다. 청소년이 자유를 누리면서도 지원을 포기하지 않아도 되는 사회, 청소년이 도움을 받으면서도 다른 누군가에게 도움을 줄 수 있는 관계를 상상할 수 있다면, 금지와 통제만 남발하는 보호주의를 넘어설 수 있지 않을까?

③ 학생인권, 학생과 교사의 다툼인가?
학생인권과 '교권'의 관계 찾기

강원도 춘천 시내 한 초등학교에서 남학생이 담임 여교사를 폭행해 충격을 주고 있다. 26일 강원교육청에 따르면 지난 23일 오전, 춘천 시내 모 초등학교에서 6학년 담임 A씨는 휴식시간을 이용해 친구를 괴롭힌 B군(13)을 훈계하던 중 B군으로부터 주먹으로 머리를 몇 차례 맞았다. 해당 교사는 외상을 입진 않았지만, 정신적인 충격을 받아 병원에서 치료를 받고 있다. 진상조사 결과 B군은 어려서부터 어머니가 안 계시는 결손가정에서 커 오면서 아버지에게 자주 구타당하는 등 폭력에 노출됐으며, 학교 밖에서도 비슷한 성향의 선후배와 어울려 온 것으로 알려졌다.

(……) 이와 관련해 정을권 도의원은, 이날 도의회에서 열린 행정사무감사에서 "학생의 인권 보장도 필요하지만, 교사의 권위가 무너지면 학교 질서가 무너지기 때문에 먼저 교사의 권위를 중요시하는 교육정책이 필요하다"며 "교사가 존경받지 못하고 사기가 떨어지면 아무것도 하지 못하는 것 아니냐"라고 지적했다.

– 「춘천 초등학생, 담임 여교사 폭행 '충격' … 교권 추락」, 〈티브이데일리〉, 2010년 11월 26일.

학생인권에 대한 이야기가 활발해지면 으레 나오는 이야기가 교권이 무너진다는 우려다. 2010년 하반기부터 서울시에서 체벌이 전면 금지되고, 경기도에서 학생인권조례가 통과되자 여러 언론이 앞다투어 보도하는 장면도 교사에게 대드는 학생의 모습이다. 두발 규제가 사라지면 학생들이 공부 이외에 다른 데 관심을 갖게 될 거라는 우려도 나오지만, 교사의 '가르칠 권리'를 방해한다는 우려도 동시에 나온다.

학생은 배움의 과정에 있고, 그런 학생을 가르치기 위해서는 교사에게 권위가 필요하다는 생각, 학생이 말을 듣지 않으면 강제적으로라도 말을 듣게 만들 최후의 수단이 필요하므로 체벌은 폭력이 아니라 교사의 가르칠 권리의 일부라는 생각, 학생의 인권에 무게중심이 쏠리면 교권이 추락할 수밖에 없을 거라는 생각 등이 널리 퍼져 있다. 이런 말을 듣다 보면, 학생인권은 사뭇 위험해 보이고 교사의 교육 행위를 위협하는 주장으로 여겨지기도 한다. 학생인권은 정말로 교권과 대립적일까? 많은 이들이 추락해서는 안 된다고 말하는 교권이란 과연 무엇인가?

'미친 개'와 '카리스마 교사'의 차이는?

오랜만에 수업 좀 들을라치면 옆 친구와 장난을 치거나 수업을 방해하는 학생들이 있다. 안 그래도 집중이 잘 안 되는데 그런 친구를 보고 있자니 수업에 집중이 되질 않는다. "조용히 좀 하자"고 외치고 싶지만 다른 친구들한테 '재수 없다'는 얘기를 들을까 봐 그냥 참는다. 자연히 눈은 교사에게 간다. '매라도 들어서 조용히 좀 시켜 주지!' 이때 심한 체벌이나 언어폭력을 가하는 교사는 흔히 '미친 개'로 분류된다. 적절한 '마사지'나 위협 정도로도 떠드는 학생을 제압하면 '카리스마 있는 교사'가 된다. 학생을 제압하는 데 실패하면 '무능 교사'로 분류된다. 대개 학생들은 '미친 개'는 싫어하지만, 카리스마 없는 교사를 보면 답답해한다. 교사에게는 뭔가 학생들을 강력히 통제할 수 있는 힘이 있어야 한다고 생각한다. 시험대에 오른 교사들도 무능 교사가 되느니 차라리 매를 드는 게 낫다고 생각한다. 매를 들든 그렇지 않든 학생을 들었다 놨다 할 수 있는 힘, 말을 듣지 않는 학생을 누를 수 있는 힘, 그것이 사람들이 흔히 말하는 교권의 핵심이다.

학생을 누르는 힘을 교권이라고 한다면, 이 교권은 학생인권과 대립할 수밖에 없다. 교사에게만 교실을 통제할 힘이 부여되어 있을 때, 학생은 계속 교사의 처분만 기다리는 수동적 위치에 남아 있게 된다. 교사에게만 허용된 그 '힘'은 온화한 지도력으로 발휘될 수도 있고, 강력한 카리스마로 발휘될 수도 있으며, '미친 개'의 폭력으로 나타날 수도 있다. 선택은 교사가 하고, 학생들은 선택을 기다린다. 그런데 때려야 말을 듣는 데 익숙해진 학생에게는 "친구들한테 방해되니까 조용히 좀 해 줄래?"라는 정중한 요청도, "너 그러다 맞는다!"는 엄포도 통하지 않을 가능성이 크다. 대화로 문제를 해결하려는 교사들은 얕잡혀 보이기 십상이다. '무서운 교사가 되지 않으면 살아남지 못한다'는 생각, '쟤는 맞아야 말을 듣는다'는 생각은 '체벌은 불가피하다'는 생각으로 이어진다. 교사와 학생 사이의 힘겨루기에서 교사는 승리하지 않으면 안 된다. 이렇게 교육이 전투가 될 때 교사의 전투력을 떨어뜨리는 듯 보이는 학생인권이 환영받을 수 있을까? 학생의 인권보다 더 중요한 것은 교사의 통제력이라는 생각이 힘을 얻는 것 아닌가?

수업을 듣고자 하는 나머지 학생들에게 피해를 주는 행동은 제지해야 마땅하다고 생각할 수도 있다. 그런데 교사가 학생을 눌러야만 그 일이 가능해질까? 피해를 받는다고 생각하는 학생들이 좀 조용히 해 달라고 부탁할 힘을 갖는 건 불가능할까? 게다가, 떠드는 학생은 체벌하는 교사 앞에서는 말을 듣는 척하다가도 덜 무서운 교사가 들어오는 시간에는 또다시 수업을 방해하지 않을까? 아니면, 그 분풀이를 자기보다 힘이 약한 다른 학생에게 하지 않을까? 수업을 방해하는 이유는 다양할 수 있다. 수업 자체가 인생에 별 의미가 없어서일 수도 있고 그 수업이 자기와는 안 맞아서 그럴 수도 있으며, 다른 데 관심이 쏠려서일 수도 있고, 교사나 친구들의 관심을 받고 싶어서일 수도 있다. 이유를 알아야 바꿀 수 있다. 교사가 그 이유를 읽어 내는 안목을 갖고 있을 때 교사의 권위는 자연스럽게 형성되지 않을까? 학생들도 이유와 해결책을 찾아내는 데 동참할 때, 교사와 학생이 함께 만들어 가는 수업이 되는 것은 아닐까? 진도를 나가는 것 못지않게 여러 사람들과 '어울려 살아가는 법'을 배우고 문제를 해결하는 힘을 기르는 것 역시 중요한 배움이 아닐까?

교권 침해의 주범은 학생이다?

경기지역의 한 사립고등학교에서 교장이 '학생들의 복장이 불량하다'는 이유로 교실에서 학생들이 보는 가운데 담임교사들을 체벌한 사실이 밝혀졌다. 8일 경기도교육청의 말을 종합하면, 2학기 개학 다음 날인 지난달 24일, 경기지역 사립고에서 김 아무개(81) 교장이 점심시간에 1~3학년 학생들의 복장과 두발 상태를 점검하면서 이른바 '용의 복장'이 불량한 학급의 담임교사들에게 책임을 물어 체벌한 것으로 드러났다. 상당수 담임교사들은 칠판 등에 손을 짚은 채 회초리로 엉덩이를 맞았으며, 해당 학급의 학생들은 교장이 자신들의 담임교사를 체벌하는 모습을 지켜봐야 했다. 일부 교사는 교장의 체벌을 거부하며 강하게 반발했다고 교육청은 전했다. (……)

– 「학생들 지켜보는데…교장이 '교사 엉덩이 체벌'」, 〈한겨레〉, 2010년 9월 9일.

사람들은 흔히 학생 지도가 교사의 권리라고 생각한다. 교장이 학생 생활 지도를 소홀히 했다는 이유로 교사를 폭행했다는 고등학교의 사례나 일제고사 성적이 낮다며 교장이 교사의 손바닥을 때렸다는 사건을 살펴보면, 사실 학생 지도는 교사의 권리가 아니라 의무라는 생각이 든다.

학생의 두발과 복장을 잡지 않으면 수업 분위기가 흐트러지고 교사의 가르칠 권리가 침해되는 만큼 교사는 학생의 생활을 지도할 권리가 있다는 생각을 어떻게 봐야 할까? 그나저나 두발이나 복장이 수업 분위기와 상관 있는 이유는 뭘까? 현재의 수업 자체가 학생의 개성을 억압해야만 가능한 구조이기 때문은 아닐까? 교사에게 가르칠 권리가 있다면 어떻게 가르칠지 결정할 수 있어야 하는데, 현재 학교에서 교사는 아무리 다양한 내용과 방법으로 가르치고 싶어도 입시 위주의 틀에서 벗어나기 힘들다. 짧은 시간 내에 입시에 나올 법한 많은 지식을 효율적으로 전달하기 위해서는 주입식 교육이 필요하고, 그렇게 하려면 학생도 일사불란한 자세로 조용히 입 다물고 필기를 해야 한다. 주어진 틀을 벗어날 수 없다면, 교사의 가르침은 권리가 아니라 의무가 아닐까? 두발·복장 규제는 교사의 가르칠 권리를 위해서가 아니라 입시 위주 교육의 효율성을 위해 존재해 왔던 것은 아닐까?

교사들 스스로 교권이 침해됐다고 느끼는 상황들을 살펴봐도 교권 침해의 주범은 학생이 아님을 알 수 있다. 교권 붕괴를 이유로 학생인권조례나 체벌 금지 정책을 앞장서서 반대하고 있는 한국교원단체총연합회(교총)가 내놓은 통계 자료만 봐도 교권 침해는 주로 다른 이유로 일어난다. 2008년 당시 1순위로 꼽힌 교권 침해 유형은 "학부모의 부당 행위"였고, 2순위가 "학교 안전사고 처리 과정에서 교사에게 책임을 전가하거나 과중한 배상을 요구하는 것", 그리고 3순위가 "교직원 간의 갈등"이었다. 학부모의 부당 행위는 학부모의 불만을 듣고 공정하게 중재해 주는 절차가 없다 보니 서로 목소리가 높아지고 폭력이 일어나기도 한다. 학교 안전사고 문제 역시 학교안전공제회가 보상 기준을 까다롭게 정해 놓고 범위도 제한하다 보니 불만이 쌓인 학부모가 개별적으로 교사에게 책임을 묻게 되는 결과가 빚어진다. 그리고 교직원 간의 갈등은 대개 관리자와 교사 사이의 갈등이다.

교사 단체인 전국교직원노동조합(전교조)이 제시한 자료를 살펴봐도, 학생 지도 과정에서 일어나는 학생과의 갈등보다 관리자와의 갈등이 더 많은 비중을 차지한다. 수업 시간 중에 교장이나 교감이 함부로 교실에 들어와 간섭하거나, 교사에게 부당한 지시를 해서 일어나는 갈등이다. 휴가나 육아휴직 같은 교사의 '쉴 권리'가 제대로 보장되지 않는 문제 역시 학생과의 갈등보다 더 자주 일어나는 교권 침해 유형으로 집계되고 있다. 2010년 10월, 전교조 참교육연구소가 교사 1천5백여 명을 대상으로 '누가 교권을 침해한다고 생각하느냐'고 물어보자, 교육부가 1순위, 교육청이 2순위, 학교 관리자가 3순위를 차지했다. 학생이 교권을 침해한다고 답한 교사보다 그렇지 않다고 답한 교사의 수가 더 많았다. 교사들은 교권이 지켜지려면 교사의 기본권과 자율성이 보장되어야 하고, 학교 운영의 민주화나 입시 경쟁 교육의 해소가 필요하다고 답했다. 학생에 대한 통제를 강화해야 한다는 대답은 3%에 불과했다. 결국, 교권을 침해하는 몸통은 제쳐 둔 채 학생과의 대립만 부풀려지다 보니, 교사들이 정작 찾아야 할 교권도 찾지 못하고 오히려 학생을 불신하게 되는 악순환이 이루어지는 것이다.

존중되어야 할 교권은 무엇인가?

교사의 가르칠 권리	교사의 대표적 의무
▶ 교육과정 결정 및 편성권 　국가의 권한 ▶ 교재의 선택.결정권 　검·인정 교과용 도서 사용 ▶ 교육 내용 및 방법 결정권 　초·중등학교 소극적 보장 ▶ 성적 평가권	▶ 법령 준수 의무 ▶ 복종 의무 ▶ 직무 전념 의무 ▶ 친절 의무 ▶ 품위 유지 의무 ▶ 정치활동 금지 의무 ▶ 집단행동 금지 의무

교권이 학생을 누르는 힘(권력)이 아니라 외부의 부당한 간섭과 통제 없이 '가르칠 권리'를 의미한다면 존중되어야 한다. 사실 이 권리는 학생의 학습권을 위해 존재하는 것이다. 교사가 자기 전문성과 양심에 따라 가르칠 자유를 누릴 때, 외부의 부당한 간섭은 줄고 학생은 더 다양하고 수준 높은 수업을 받을 수 있기 때문이다. 그렇게 되려면 교사가 수업의 내용과 방식, 수업시간의 자리 배치, 교재 선택, 교육 효과에 대한 평가 등을 자유롭게 결정할 수 있어야 한다. 이때 교사가 고려해야 할 비판적 감시자이자 소중한 조언자는 바로 학생이다. 수업에 대해 가장 정확한 평가를 내려 줄 사람이 바로 학생이기 때문이다.

　　그런데 우리 사회에서 교사의 '가르칠 권리'의 형편은 어떤가? 사실 이 권리에는 갖가지 의무와 제한 요건이 붙어 있다. 실제로 교육과정을 결정하는 것은 교사가 아닌 국가다. 교사는 이에 따르지 않으면 안 되는 '복종 의무'를 진다. 대학교수는 수업 교재를 직접 결정할 수 있지만,

중·고등학교 교사들은 마음에 들지 않더라도 검·인정 교과서만 사용해야 한다. 교육 내용도, 평가 방식이나 시험 내용도 학교 관리자나 외부의 검열을 받아야 한다. 교사가 수업 중에 한 발언이나 보조 교재로 만든 자료가 정부에 비판적이라는 이유로 처벌받는 사례도 종종 있다. 결국, 지시받은 대로 가르치라는 소리다. 원래 교육의 정치적 중립성은 수업이 정치 권력에 따라 휘둘리지 않도록 하기 위해 나온 것인데, 한국에서는 정권이 바뀔 때마다 교육과정이 바뀌고 그 정권이 내건 슬로건이 교육 내용을 좌지우지하는 일이 반복되어 왔다. 정권이 '새마을운동'을 외치면 학교에선 새마을 교육이 일제히 이루어지고, 정권이 '녹색성장'을 외치면 학교에선 녹색성장 교육을 해야 하는 형편이다.

또한, 교사의 의무는 교육의 자율성을 침해하는 것은 물론, 교사이기 전에 사람으로서 당연히 누려야 할 권리까지 심각하게 제한하고 있다. 사람을 친절하게 대하는 일은 좋지만, 모든 사람에게 웃는 것을 의무로 부과한다면 숨 막히는 '피에로들의 사회'가 되지 않을까? 마찬가지로, 교사에게 친절 의무를 부과하는 건 곤란하지 않을까? 정치활동 금지나 집단행동 금지 의무 역시 교사를 침묵시키는 도구로 사용된다. 교사 역시 한 사람의 시민인데, 정치에 대해서는 입도 열지 말라, 정부를 비판하지도 말라, 모여서 주장하지도 말라는 것은 기본적인 인권을 빼앗는 일 아닐까? 2009년, 교사들이 정부의 잘못을 꼬집는 시국선언을 했다는 이유로 대량 징계를 당하고 소송을 당하는 일이 있었다. 이렇게 정부나 윗사람의 눈치나 보며 복종을 강요당하는 사람이 학생들 앞에서 당당하게 자유로운 수업을 할 수 있을까? 교사가 정권이 좋아하는 의견이 아니라 세상을 바라보는 다양한 시각을 제시해 줄 때, 학생들도 세상을 보는 힘을 기를 수 있지 않을까?

교권이 교사도 사람이기에 누려야 할 인권을 이야기하는 것이라면, 이 또한 존중되어야 한다. 최근 교사를 상대로 한 학생 폭력 사건이 계속 이어지고 있다. 2009년 한 고등학생이 교사에게 "누나, 사귀자!"라면서 희롱하는 장면이 담긴 동영상이 인터넷에 퍼져 문제가 된 적이 있었다. 이런 사건이 터지면 "요즘 학생들 무섭다", "교사 노릇 하기 힘들겠다", "교권이 추락 수준을 넘어 붕괴하고 있다"며 혀를 차는 반응이 주로 나온다. 이때 사람들이 떨어졌다고 우려하는 교권은 교사의 '권위'일까? '학생 통제력'일까? 폭력으로부터 보호받을 '인권'일까?

학생들 중에도 공부를 잘하는 학생과 못하는 학생, 힘이 센 학생과 약한 학생, 집안 배경이 좋은 학생과 그렇지 않은 학생이 있고 이에 따라 대접도 달라진다. 교사들도 남교사냐 여교사냐, 힘이 있는 생활지도부 교사냐 아니냐에 따라 학생들에게 다른 대접을 받는다. 소위 학교에서 '센' 남학생들은 무서운 남교사에게는 복종하지만 나이 어린 여교사는 만만하게 대한다. 기간제 여교사라면 표적으로 선택되기 더 쉽다. 결국, 앞에서 언급한 사건은 단지 학생이 교사에게 대든 사건이 아니라, 여성이라는 약자의 위치, 비정규직이라는 약점을 악용한 폭력 사건이다. 이 문제를 교사의 권위 문제로 보면 피해를 입은 교사는 학생을 제대로 다루지 못하는 '무능 교사'라는 낙인이 찍힌다. 반면에, 이 문제를 사회적 약자에 대한 강자의 폭력으로 보면, 학교 안 권력 구조와 폭력적 문화가 보인다.

"학생에게 맞는 교사가 늘고 있다"는 이야기를 대할 때도 정말 사람들이 폭행을 당한 교사의 인권을 걱정하는 것인지, 학생을 누를 수 있는 교사의 권력 또는 권위를 걱정하는 것인지 따져 봐야 하지 않을까? 2010년 10월 전남 순천에서 일어난 '여교사 여중생 머리채 드잡이' 사건만 해도 그렇다. 사건의 발단은 이러하다. 교사가 수업 중 딴짓을 하는 학생을 훈계하다 뒷머리를 때리자 학생이 자리를 박차고 일어나 교실 밖으로 나가려고 했다. 이를 가로막으려던 교사가 학생의 머리채를 잡자 학생도 반발해 교사의 머리채를 잡고 실랑이를 벌였다. 그런데 학생의 사과에도 학교는 강

제 전학을 결정했다. 발단이 된 교사의 체벌은 어느새 잊혀지고, 교사의 머리채를 잡은 학생의 행동만이 괘씸죄로 처벌받은 것이다. 이 사건이 가르쳐 준 교훈은 '폭력은 안 된다'는 것일까, 아니면 '힘없는 사람은 당할 수밖에 없다'는 것일까?

교사의 가르칠 권리는 너무도 초라하고, 교사이기 이전에 사람으로서 마땅히 누려야 할 기본적 인권은 갖가지 덫에 걸려 있다. 그러다 보니 교사도 학생 지도·통제권에만 더더욱 매달리게 되고, 그것이 교권의 본질인 양 이야기되는 것은 아닐까? 진정 존중되어야 할 교권이란 학생을 통제할 권리가 아니라 교육의 자유와 교사의 인권이 아닐까?

교권을 새롭게 이해한다면 배움의 의미도 달라질 수 있을 것이다. 아무리 가치 있는 배움도 도를 지나치면 그 가치를 느낄 수 없다. 여백이 없는 수업, 쉼이 없는 수업, 서로를 존중하지 않는 수업은 그 공간에 모인 사람들을 지치게 만든다. 교사에게서 뭔가 배울 점이 있을 때, 교사를 통해 좋은 질문을 만났을 때, 학생들은 누가 시키지 않아도 자연스럽게 교사에게 감화된다. 학생의 입과 눈과 귀를 열어 주는 교사에게 학생들의 마음은 사로잡힌다. 반면에, 교사가 이런저런 규칙을 앞세워 몰아세우거나 학생을 침묵시키고자 힘을 사용한다면, 그때 교사의 권위는 보잘것없는 권위 의식으로 떨어지게 마련이다. 침묵이 강요되는 교실에서는 의문이 허용되지 않고, 의문이 제기되지 않는 수업은 배움의 기쁨과는 거리가 멀다. '어떻게 사는 것이 인간다운 모습인가'를 고민하도록 하지 않고 시키는 대로만 행동하도록 요구하는 교실에서 배움은 이루어지지 않는다. 권위는 강요한다고 나오는 것이 아니라 자연스럽게 형성되는 것이고, 또 한 사람에게 권위가 집중되는 것은 위험하다. 학생과 교사가 서로를 존중할 때, 학교에 인권의 공기가 흐를 때, 입시에 옥죄인 교육이 얼마나 교육답지 못한지도 드러나기 시작할 것이다.

④ 인권이 살면 규칙이 죽는가?
'법과 규칙이 살아 있는 학교'가 놓친 질문들

교사 | 여러분은 학교의 규칙을 어겨 벌을 받은 적 있나요?

학생 | 아침에 교복을 입는데 이름표 한쪽이 떨어져 덜렁거렸어요. 전날 엄마에게 기워 달라고 해야 하는데 깜빡한 거죠. 덜렁덜렁 달고 가는 게 창피해서 떼어 내 호주머니에 넣고 등교하다 교문에서 걸려 벌로 운동장 쓰레기를 주웠어요. 복장 불량에 해당되면 생활지도 선생님이 시키는 청소를 해야 하거든요.

교사 | 복장 불량을 말하니까 학교, 교도소, 군대의 공통점을 풍자한 우스갯소리가 생각나네요. 그중 하나가 '복장이 똑같다'는 거거든요. 학교 규칙은 다수의 학생이 서로 피해를 입지 않고 학교생활이 혼란스럽지 않도록 한다는 필요에 따라 만들어졌고 그래서 지키는 것이지요. 학교의 규칙을 국가나 사회로 범위를 넓힌 개념이 법입니다. 그러면 법이 왜 필요한지 알겠지요. 때로는 규칙이나 법을 지키는 것이 거추장스럽고 번거롭지만, 법이 없다면 우리 학교 또는 우리 사회가 더 큰 희생을 치러야 할지도 모르기 때문에 생겨난 것이지요.

학생 | 그렇지만 법이나 규칙이 때로는 부당할 때도 있어요. 나쁜 의도나 고의가 아닌 실수 또는 모르고 잘못한 사람을 무조건 죄인으로 몰아붙이는 일도 있잖아요. 제 경우에도 이름표를 달기 싫어서 안 단 게 아니라 떨어진 것을 미처 꿰매지 못한 거잖아요.

교사 | 그래요. 규칙이나 법은 때로 선량한 사람을 억울하게 할 때도 있어요. 그래서 법은 누구에게나 공평하게 적용되어야 한다는 의미로 '만인 앞에 평등하다'고 하지요. 하지만 법의 판결이 그렇지 못할 때는 "귀에 걸면 귀고리, 코에 걸면 코걸이"라는 말도 있어요.

– 「윤영이 선생님과 함께하는 NIE-법치주의」, 〈부산일보〉, 2010년 1월 26일.

법치주의를 주제로 학생들에게 신문 읽기 수업을 한 내용을 편집한 기사이다. 이 수업에서는 학교 규칙을 국가나 사회로 넓힌 개념이 바로 법이라고 말한다. 교사는 복장을 규제하는 규칙의 폭력성을 지적하나 싶다가 곧이어 다수의 학생이 피해를 입지 않고 혼란을 막으려면 그 규칙을 지켜야 한다고 역설한다. 자기 경험에 비추어 법이나 규칙이 부당할 수도 있지 않으냐고 말하는 학생에게 교사는 그래서 법은 만인에게 공평하게 적용되어야 한다고 말한다. 뭔가 헛도는 느낌이다. 교사의 말대로 법치주의란 만들어진 법을 지키고 공평하게 적용하는 것을 말할까? 교복에 이름표를 꿰매어 달도록 하는 규칙은 과연 옳은가라는 질문을 던지지 않고 규칙이니까 지켜야 한다고 생각하는 것이 법치주의일까?◀

◀ 2009년 11월, 국가인권위원회는 교복에 꿰매어서 고정시키는 명찰이 학생의 이름을 강제로 노출시키는 인권 침해이므로 개선이 필요하다고 지적했다.

법치주의에서 말하는 법치(法治)란 보통 인치(人治)에 상대되는 개념으로 쓰인다. 권력을 쥔 국왕이나 정치인이 제멋대로 지배하는 것이 아니라, 명확하게 만들어진 법의 테두리 안에서 권력 행사가 제한되어야 한다는 뜻이다. 그리고 그 법은 민주적 절차에 따라 정당한 내용으로 만들어져야 한다. 그래야 법의 가면을 쓰고 권력자가 시민을 폭력으로 굴종시키거나 주류의 힘으로 사회적 약자의 인권을 침해하는 일이 생기지 않기 때문이다. 이처럼 원래 법치주의는 국가의 횡포를 제한하기 위해 나온 것이다.

학교에서 학생들에게 가장 큰 영향을 미치는 법은 바로 학교의 규칙, 곧 학칙이다. 학칙은 학교운영위원회 심의를 거쳐 학교장이 정하도록 되어 있다. 학생은 학칙을 지켜야 할 의무가 있고, 학칙을 어긴 학생에게는 가벼운 훈계부터 벌점, 교내 봉사, 심하게는 퇴학까지 징계가 내려진다. 학칙을 어기는 일은 학내 질서를 어지럽히는 무책임한 행동으로 평가된다. 정부도 앞장서서 '법과 규칙이 살아 있는 학교 만들기'를 이야기하고 있다. 그런데 학교에서 흔히 이야기되는 학칙 준수 논리는 법치주의의 기본 원리에 부합하는 것일까? 법치주의의 이름을 가져오긴 했지만 과연 그 알맹이도 제대로 된 법치주의일까?

누가 정한 규칙인가?

솔직히 어이가 없었다. 우리가 뭐 큰 사고라도 쳤나? 기껏 해 봐야 전단지를 붙인 것뿐인데. 학생부장 선생님은 이렇게 말했다. "합법적인 절차를 밟아야지 왜 이런 짓을 하냐"라고. 선생님들이 말하는 합법적인 절차라는 건 학생회를 가리킨다. 하지만 학생회는 껍데기뿐이다. 학생부 선생님이 몽둥이 들고 서 있는 학생회에서 무슨 말을 할 수 있겠는가. 거기다가 그동안 아무리 학생회에서 말이 나와도 교사들이 위에서 잘라 버리면 그만이었다. 학생회에는 아무런 힘도 없다.

– 김성호, 〈머리를 찾으려면 우리의 입도 찾자〉(국가인권위원회 2010 인권 에세이 공모전 중등부 최우수상 작품)

학교에서 규칙이니 지켜야 한다고 말할 때 학생들이 반사적으로 내뱉는 말 가운데 하나는 이것이다. "그 규칙은 누가 만들었는데요? 선생님들끼리, 어른들끼리 만든 것 아닌가요?" 앞의 글을 쓴 김성호 학생은 교내 곳곳에 두발 자유를 주장하는 전단지를 붙였다는 이유로 교사에게 꾸중을 듣는다. 그 과정에서 교사가 겉으로 문제 삼은 것은 '두발 자유 주장'이 아니라 '합법적인 절차를 지키지 않았다'는 것이었다. 학생은 학생회를 통해서만 자기 의견을 제시할 수 있다는 것이 이 학교가 정해 놓은 '법'이었다. 그 법을 따르지 않고 자유롭게 전단지를 붙이는 행동은 '질서를 어지럽히는 행동'으로 평가받았다.

학칙을 정할 때 학생들은 대개 그 결정 과정에 참여하지 못한다. 학생회를 통해 의견을 제시할 수 있다고는 하지만, 의견을 수렴하는 과정은 형식적이고, 학생회의 의견을 귀담아듣고 결정에 반영하는 학교는 손에 꼽을 정도다. 어쩌다 학생들의 참여를 적극 이끌어 내면서 학칙을 정한 학교의 사례가 언론에 소개되기도 하는데, 이는 일반적인 학교들은 학생들의 의견을 거의 듣지 않는다는 의미이기도 하다. 일반적이라면 언론에 소개될 만한 가치가 없을 테니까. 학칙을 정하는 과정에서 학생회 대표의 의견을 듣는 절차를 거치는 학교도 간혹 있기는 하다. 하지만 의견 조사나 공론화 과정 없이 학생회 대표 몇몇의 입에서 나온 의견이 곧 다수 학생의 의견과 일치한다고 보기는 힘들다.

법치주의는 단순히 '법이면 무조건 따라야 한다'고 말하는 것이 아니다. 법치주의는 "짐이 곧 법이다!"라고 외치던 시대에 국왕이 자기 멋대로 권력을 휘두르는 것을 막고자 만들어진 이념이다. 따라서, 법치주의에서 말하는 법은 시민들의 뜻을 모아 민주적으로 만들어진 법을 말한다. 결국, 법치주의는 민주주의라는 기반 위에서만 진정한 의미를 갖는다.

학교에서 규칙과 질서를 지켜야 한다고 말하기 전에 먼저 따져 봐야 하는 것이 있다. 학칙은 민주적 절차를 거쳐 만들어졌는가? 정해진 학칙은 학생의 의견을 반영하고 있는가? 학칙은 학생들의 생활에 직접적 영향을 미친다. 그럼에도 그 학칙을 학생이 아니라 교사들끼리 모여 정한다면, 또는 교사와 학부모들끼리만 정한다면, 왕과 귀족들이 멋대로 법을 만들었던 시대와 다를 바가 없다.

외국 여러 나라에서는 학생들이 학칙을 만드는 것은 물론 학교 운영에 참여하는 것이 당연한 일로 자리 잡고 있다. 한국의 몇몇 대안학교에도 이런 제도가 갖추어져 있다. 유엔아동권리협약◀에는 "어린이와 청소

◀
1989년 유엔 총회에서 채택된 국제 인권조약이다. 세계 모든 나라에서 18세 미만 어린이와 청소년이 누려야 할 기본적 권리를 제시하고 있다. 한국 정부도 유엔아동권리협약에 서명했고, 이 국제 인권법에 따를 의무가 있다.

년이 본인에게 영향을 미치는 모든 문제에 대해 자유롭게 의견을 표현할 권리가 있고 그 의견에는 적절한 비중이 부여되어야 한다"고 나와 있다. 학교 안에서 학생들 한 사람 한 사람이 자유롭게 의견을 드러내고 학생들의 뜻에 따라 학칙이 만들어질 때, "규칙이니 따라야 한다"는 목소리도 존중받지 않을까? 민주적 방식으로 만들어질 때 '최상의 법'은 아니더라도 '최악의 법'은 피할 수 있다.

누구를 향한, 무엇을 위한 규칙인가?

제4조 정치적 자유는 타인을 해치지 않는 한 무엇이든지 할 수 있음이다. 그러므로 저마다의 자연적 권리의 행사는 사회의 다른 구성원에게도 같은 권리를 향유하도록 보장하기 위한 제한 이외에는 제약을 받지 아니한다. 이 제약은 법률에 의해서만 규정된다.
제5조 법은 사회에 해로운 행위가 아니라면 금지할 권리를 가지지 아니한다. 법에 의하여 금지되지 않는 것은 어떤 일이라도 방해되지 않으며, 또 법이 명하지 않은 것은 누구에게도 강요할 수 없다.

– 〈인간과 시민의 권리선언〉(1789) 중에서

법치주의가 권력자의 횡포를 제한하기 위해 출현한 개념인 만큼, 법은 권력자의 횡포에 맞서 시민의 인권을 보장한다는 목표에 부합해야 한다. 법이 으르렁거려야 할 대상은 힘을 남용할 가능성이 있는 권력자다. 세계 인권 역사의 이정표가 된 '프랑스 인권선언'을 보더라도 법은 인권을 제한할 수 있는 무소불위의 힘이 아니라, 시민의 권리를 보장하는 수단이라는 의미를 지닌다. 당연히 이 선언은 법을 만들고, 집행하고, 어긴 이들을 처벌하는 국가를 향해 외치고 있다. 반면에, 학교에서 규칙 준수를 요구할 때나 정부가 '규칙과 질서가 살아 있는 학교'를 만들어야 한다고 목소리를 높일 때, 이 요구들은 누구를 향하고 있는가? 학교 권력이 아니라 바로 학생이다.

학교에서도 법치가 이루어져야 한다는 말은 '학교의 권력이 법과 규칙에 따라 제한적으로 행사되어야 한다'는 뜻으로 해석되어야 마땅하다. 학교 구성원들의 인권 보장을 위해 규칙이 만들어졌을 때, 학생에 대해서도 규칙 존중을 요구할 명분이 생기는 것이다. 그런데 지금 학교에서는 거꾸로 뒤집혀진 법치주의만 남아 있는 모양새가 아닌가? 학생의 인권을 보장해야 한다는 상위법◀이 아주 쉽게 무시당하는 가운데, 그 무법지대 위에 학생의 인권을 침해하는 학칙만이 오롯이 남아 학생을 향해 으르렁거리고 있지 않은가? 때로는 정해진 규칙이 없는데도 학교장의 한마디가 곧 학교 방침이 되어 강요되는 일도 허다하다. 보충수업과 자율학습을 강제로 실시해서는 안 된다는 교육청의 합법적 지침을 무시하고, 참여를 강제하거나 까다로운 요건을 두어 참여할 수밖에 없게끔 만드는 일이 대표적이다. 학생들에게는 법과 규칙을 그토록 강조하는 사람들이 왜 학교가 법치주의의 기본을 무너뜨리는 행동에 대해서는 같은 목소리를 내지 않는 것일까?

"어쨌든 규칙이니까 따라야 한다"는 말은 그 규칙의 정당성은 따져 보지 않는 태도이다. "아무리 불합리해도 규칙은 규칙이니 지켜야 한다"는 말은 중세의 신학자 터툴리아누스가 "불합리하기 때문에 믿는 것이 곧 신앙"이라고 말한 것을 연상시킨다. 학교에서 규칙은 신의 지위를 차지하고 있는가? 프란츠 카프카의 소설 〈법 앞에서〉에는 "법이란 누구에게나 언제나 개방되어 있어야 마땅한 것"이라고 생각하고 법 앞에 찾아온 한 사

◀
유엔아동권리협약은 "학교 규율은 학생의 존엄성을 침해해서는 안 된다", "교육의 목적은 기본적 인권과 자유에 대한 존중심을 키우는 데 있다"고 말한다. 이와 같은 국제협약은 국내법과 동일한 효력을 갖는다고 헌법에는 명시돼 있다. 또 초중등교육법에는 "학교의 설립자, 경영자, 관리자는 헌법과 국제조약에 명시된 학생들의 인권을 보장할 의무를 진다"고 정해 놓고 있다.

람이 문지기에게 가로막혀 끝내 문 앞에서 죽는다는 이야기가 나온다. 거대한 법의 문 앞에서 맹목적으로 조아리고 있기만을 요구받는다면, 법치주의는 사람을 위한 것이라고 할 수 있을까? 학교 규칙이 학생의 인권을 침해하는 것은 아닌지 질문하는 학생들, 문제가 있는 규칙이라면 고쳐야 한다고 요구하는 학생들이 환영받지 못하는 학교에서, 법치주의가 이토록 모욕당하는 곳에서, 과연 학생들은 법치주의의 참뜻을 배울 수 있을까? 법과 규칙이 그 앞에서 무력감을 느끼게 만드는 거대한 무엇일 때, 법과 민주주의, 법과 인권의 거리는 갈수록 멀어질 수밖에 없다.

◀
1965년 미국의 베트남전쟁에 반대하는 의미로 검은 완장을 차고 학교에 갔다 정학 조치를 당했던 고등학생. 팅커는 학교의 결정이 부당하다며 소송을 제기해 결국 승소 판결을 받았다.

규칙을 지키지 않는 행동은 혼란만 가져올까?

인간은 불복종의 행위에 의해 끊임없이 진보했다. 양심이나 신념에 의해 권력 앞에서 '아니요'라고 용감하게 말한 사람들이 있었기 때문에 인간의 정신적 발전이 가능했을 뿐만 아니라 지적 발전 또한 불복종-새로운 사상을 억누르려는 권위, 변화를 몰상식한 것으로 규정하려는 기존의 오랜 견해들의 권위에 대한 불복종-하는 능력에 의해 이루어졌다.

— 에리히 프롬, 〈심리학적 도덕적 문제로서의 불복종〉

역사를 되돌아보면 알 수 있습니다. 우리는 규칙을 어기더라도 기존의 것에 도전해야 할 때가 있습니다. 항상 있는 그대로의 현실에 맹목적으로 따를 수는 없습니다.

— 메리 베스 팅커◀

인권을 부당하게 제한하는 학칙이나 학교 방침에 항의하거나 따르기를 거부하는 학생들에게는 여러 가지 딱지가 붙는다. 규칙을 우습게 여기는 학생이다, 학교 질서를 어지럽히는 학생이다, 학교 공동체를 해치는 이기적인 행동이다 등, 부정적인 평가가 주를 이룬다. 사람에게는 누구나 정도의 차이는 있지만 혼란과 위험을 피하고 안정된 삶을 바라는 마음이 있다. 그래서 인권을 주장하는 학생에게 '무질서', '혼란', '붕괴' 등의 딱지를 붙이면, 그 주장을 위험해 보이게끔 만드는 데 효과적이다. 그런데 인권을 주장하는 것, 규칙을 어기는 행동은 혼란과 무질서만 가져올까? 다수에게 피해를 주는 행동일까?

사실, '인권 주장=무질서'라는 등식은 전형적인 '미끄러운 비탈길 오류'를 저지르고 있다. 어떤 한 규칙이 부당하므로 바꿔야 한다고 요구하는 것, 그리고 모든 규칙이 무너져 감당할 수 없는 무질서가 초래되는 것 사이에는 수많은 중간 과정이 있다. 그럼에도 그 중간 과정을 몽땅 생략하고 극단적 결과만 들이대는 것은 타당하지 않다. 그 사이에 놓인 길이 꼭 '미끄러운 비탈길'뿐일까? 위험한 길을 보수하는 공사는 잠시 불편을 줄 수는 있지만 감당하기 힘든 혼란을 가져오지는 않는다. 만약 학생의 항의, 규칙을 지키지 않는 행동이 곧 학교의 질서를 무너뜨릴 수 있다면, 사실 그 질서는 너무나 경직돼 있기에 그만큼 허술한 것은 아닌가. 그 질서를 따르고 있는 학생들, 그 질서가 지켜져야 한다고 생각하는 학생들이 걷기에도 아슬아슬한 비탈길은 아니었던가? 그렇다면 그 비탈길은 누구를 위해 유지되어야 하는가.

"혼란을 막기 위해서는 규칙이 바뀌기 전까지는 따라야 한다"는 주장은 어떻게 봐야 할까? 학교 규칙이 정의롭지 못하다고 생각하는 학생들이 선택할 수 있는 길은 세 가지다. 어차피 바뀌지 않을 테니 따르는 것, 규칙이 개정될 때까지 노력하는 것, 아니면 당장 그 규칙을 어기고 무시하는 것이 그것이다. 대화를 통해 유연하게 문제를 해결해 나가는 것이 헛된 희

망에 불과하다고 판단될 때 직접 불복종을 택하는 학생이 생겨난다. 아무리 설문조사 결과를 내놓고 공청회와 개정을 요구해도 두발 규정은 바뀌지 않고 시간만 흘러갈 때, 두발 규정을 어기는 길을 택하는 것이다. 학생에게 예배 참석을 강요하는 것이 문제라고 얘기해도 제도가 바뀌지 않을 때, 예배 참석을 거부하는 길을 택하는 것이다. 이때 규칙을 어겼다는 사실 자체가 아니라, 규칙을 어기면서까지 학생이 이야기하고자 하는 내용이 무엇인지에 귀를 기울이는 것이야말로 학교가 취해야 할 바람직한 태도가 아닐까? 무단횡단이 계속 늘어난다면, 무단횡단을 하는 시민들의 준법 의식을 탓하기 전에 필요한 곳에 횡단보도가 있는지부터 살펴보아야 한다.

사회심리학자 에리히 프롬은 불복종을 혼란과 악으로 보는 시각을 비판하면서 기존의 현실과 규칙에 저항하는 불복종을 통해 세상이 좀 더 살 만한 곳으로 진보해 왔다고 말한다. 헨리 데이비드 소로는 세계를 뒤흔든 명저로 꼽히는 《시민의 불복종》이라는 책에서 "우리는 먼저 인간이어야 하고, 그 다음에 국민이어야 한다. 법에 대한 존경심보다는 먼저 정의에 대한 존경심을 기르는 것이 바람직하다"고 썼다. 학교에서도 경직된 준법 의식이 아니라 먼저 인권 의식과 정의감을 가르쳐야 하지 않을까. 규칙이 사람들 위에 군림하는 학교에서 법치주의의 기반인 인권과 민주주의를 배울 수는 없다. 유하 시인의 시구처럼 학교에서 배운 것이 "많은 법들 앞에서 내 상상력을 최대한 굴복시키는 법"이라면, 그 교육은 학생을 위한 것이라고 말할 수 없을 것이다. 법 없이도 살 사람, 곧 자신과 타인에게 동시에 책임 있게 행동할 줄 아는 사람이 많아진다면, 인권도 살고 법도 사는 것 아닐까.

5 탯줄은 몇 살에 끊기나?

학생인권, 가족과 부모의 벽 넘기

빈칸에 공통으로 들어갈 말은 무엇일까?

학생부 교사 | 우리도 두발 자유 해 주고 싶지만 _____ 들이 싫어해서 안 돼요.

교육청 | _____ 들의 알 권리와 교육 수요자로서의 권리를 보장하기 위해 학생들이 상벌점을 받을 때마다 _____ 들의 휴대전화로 문자 메시지가 가도록 할 것입니다.

담임교사 | 보충수업 참가 _____ 동의서에 사인 받아서 내일까지 내라.

교사 | 넌 무슨 애가 그렇게 학교에 불만이 많고 사고만 치니? 다음 주 중에 _____ 오시라고 해!

학생 | 오늘 성적표 나오는 날인데 _____ 이 또 뭐라고 할지 걱정이다, 걱정.

학생인권은 흔히 학교와 학생 또는 교사와 학생 사이의 관계 문제로 여겨진다. 그런데 학생인권이라는 드라마에서 주연이 아닌 듯하면서도 빠지지 않고 등장하는 사람이 있으니, 바로 학부모다. 학부모가 이 드라마에서 맡고 있는 배역의 비중은 결코 작지 않다. 학생들이 억울한 일을 겪을 때 학생의 편을 들어 주는 사람으로 등장하기도 하고, "내 자식 놈이니 때려서라도 정신 차리게 해 주세요"라고 말하는 사람으로 출연하기도 한다.

청소년의 삶에서 가족은 때로는 학교보다 더 큰 영향력을 미친다. 학생들이 가장 두려워하는 말 가운데 하나가 "부모님 모셔 와!"다. 학부모가 자녀에 대한 지도권을 학교에 넘겨주었기 때문에 학교는 학생을 지도하고 관리할 책임과 동시에 권리가 있다고 여기는 사람이 많다. 그래서 정작 학교에서 생활하는 건 학생인데도 학부모에게 더 자세히 설명하고 학부모의 의견을 더 비중 있게 고려한다. 학생이 보충수업이나 자율학습에 참여할지를 결정할 때도 학생 자신이 아니라 학부모의 동의 여부를 물어본다. 학교의 주요 사항을 결정하는 학교운영위원회를 구성할 때도 학부모 대표는 모시지만 학생 대표는 초대받지 못한다. 성적과 발달특기사항 등 학생의 학교생활에 관한 온갖 정보가 기록되는 교육행정정보시스템(NEIS)에도 학부모는 접속할 수 있지만 학생은 접근 불가다. 이렇게 보면 학부모가 사실상 최종 결정권자가 된다. 학생이 원하지 않아도 학부모가 결정하면 두말없이 따라야 할 일은 너무도 많다. 학교에서 부당한 일을 겪은 학생이 뭔가 항의를 하려 해도 학부모가 학교의 처사를 두둔하거나 참으라고 하는 경우엔 어쩔 도리가 없다.

사실, 학교보다 집에서 더 큰 문제가 일어나는 경우도 적지 않다. 교사의 체벌을 문제 삼는 학부모 중에도 집에서 자녀를 때리는 이들이 있다. 학교에서 일어나는 종교 강요는 공식적으로나마 금지되어 있지만, 가정에서의 종교 강요는 부모의 정당한 양육 방식으로 이해된다. 학교에서 이루어지는 일기장 검사가 학생의 사생활을 침해한다는 국가인권위원회 결정이 나와 있지만, 자녀의 일기장을 몰래 읽어 보는 학부모를 막을 방도는 없다. 입시에 별 도움이 안 되는 동아리 활동을 교사가 그만두라 하면 어떻게든 버티지만, 집에서 그만두라며 용돈을 끊으면 계속할 도리가 없다. 이런 일들은 밖으로 잘 드러나지 않는 데다 문제로 바라보는 사람도 많지 않다.

학생은 아직 미성숙하고 경제적, 정서적으로 부모(보호자)에게 의존해서 살고 있는 만큼, 학부모가 자녀의 삶과 교육에 영향력을 행사하고 권한을 갖는 것이 당연하다는 생각을 어떻게 봐야 할까? 학부모의 판단을 학생의 판단보다 더 중시하는 것은 당연한 일일까? 학생의 인권은 무대 밖으로 밀려나고 학부모의 자녀 지도권과 학교의 학생 지도권이 무대 위에서 껴안거나 다투는 장면을 계속 보고 있어야 할까?

무엇이 나를 위한 것인지 어떻게 알지?

자유의 원리는 정신적으로 성숙한 사람들에게만 적용될 수 있다는 사실은 굳이 부연할 필요가 없다. ······ 미개사회에 사는 사람들도 이 대상에서 제외하는 것이 좋다. 미개인들을 개명시킬 목적으로 그 목적을 실제 달성하는 데 적합한 수단을 쓴다면 이런 사회에서는 독재가 정당한 통치 기술이 될 수 있다.

– 존 스튜어트 밀, 《자유론》 중에서

"이게 다 너를 위한 거야." 학생이 아니라 학부모가 최종 결정권을 행사할 때 흔히 따라 나오는 말이다. 이 말에는 여러 가지 메시지가 담겨 있다. 학생은 미성숙하므로 성숙한 부모가 대신 판단해 주어야 더 바람직한 결과를 얻을 수 있다는 것, 충동적이고 미성숙한 학생을 보호하기 위해서는 어른의 통제가 필요하다는 것, 그리고 다 자식 잘되라고 하는 간섭인 만큼, 마음에 들지 않더라도 받아들여야 한다는 것 등이다. 학생이 정말 미성숙한지 아닌지를 따지는 일은 제쳐 두고 이런 질문을 던져 보자. 좋은 것을 강요하는 것은 과연 괜찮은 일일까? 그것이 정말 본인에게 좋은 것인지는 어떻게 알 수 있나?

　　1859년 《자유론》을 내놓아 유명해진 영국의 철학자, 존 스튜어트 밀은 자유의 소중함을 이야기하는 책에서 "자유는 정신적으로 성숙한 이에게만 허용되어야 한다"고 썼다. 또, 미개인을 개명시키기 위해서는 독재도 정당화된다고 했다. 당시 유럽 강대국들이 아시아, 아프리카 등 세계 여러 나라를 침략하고 그 나라 사람들을 지배한 식민 정책을 정당화한 논리도 이와 같았다. 한 나라 안에서 여성이나 노예를 미개인으로 바라보고 그들을 억압하는 일을 정당화한 논리도 그랬다. 그리고 지금도 이 논리가 별다른 저항 없이 적용되는 집단이 바로 미성년자이다.

어떤 이유로든 한 집단에 대한 독재가 정당화되는 순간, 그 독재의 논리는 사회 전역으로, 세계 곳곳으로 전파될 수 있다는 깨달음은 2차 세계대전에 대한 반성으로부터 유엔(UN)이 만든 '세계인권선언'에 잘 반영돼 있다. 아무런 자격 없이, 단지 인간이라는 이유만으로 누구나 권리의 주인이 될 수 있어야 한다는 게 바로 인권의 원칙이다. 그리고 인권을 보장한다는 말은 자기 삶에 대한 통제권은 자기에게 있어야 함을 인정한다는 뜻이다. 만약 성숙한 사람에게만 인권이 보장된다면 그것은 특정한 사람만 누리는 특권이다. 아니면, 성숙한 사람들만 누리는 '성숙권'이라고 불러야 하지 않을까? "난 네가 싫어"라는 말로든 "너를 위해서야"라는 말로든, 그 사람에게서 결정권을 빼앗는다면 그것은 온전한 사람으로 보지 않는다는 뜻은 아닐까.

옛날, 바닷새가 노나라에 날아와 앉았다. 노나라 임금은 이 새를 친히 종묘 안으로 데리고 와 술을 권하고, 아름다운 궁궐의 음악을 연주해 주고, 소와 돼지, 양을 잡아 대접했다. 그러나 새는 어리둥절해하고 슬퍼하기만 할 뿐, 고기 한 점 먹지 않고 술도 한 잔 마시지 않은 채 사흘 만에 결국 죽어 버리고 말았다.

- 《장자莊子》〈지락(至樂)편〉

《장자》〈지락편〉에 나오는 바닷새 이야기는 '너를 위해서' 뭔가를 일방적으로 해 주는 태도가 어떤 비극적 결말을 가져오는지 잘 보여 준다. "누구나 자신의 문제에 관해서는 최고의 판관"이라는 말이 있다. 물론, 혼자 결정을 내리기에 앞서 신뢰할 만한 사람의 의견을 물어보고 참고해서 결정하는 것이 더 좋은 경우도 있다. 한 발 물러서 있기 때문에 좀 더 객관적으로 보고 현명한 조언을 해 줄 수 있기 때문이다. 하지만 그 사람이 보지 못한 걸 나는 볼 수 있다. 결국, 문제를 해결할 힘은 자기 자신에게 있다. 스스로 결정해야 나중에 후회가 되어도 자신이 책임지고 성숙할 수 있다.

주위 사람의 관심이나 도움을 기대할 수 없는 삶은 쓸쓸하다. 그러나 그토록 기대했던 관심과 도움이 '간섭과 강요'로 변질된다면, 그 삶은 더더욱 불행하다. 내 삶이지만 내가 사는 것이 아니게 된다. "너를 위해서"라는 말이 학생 자신의 욕구와 결정을 무시하는 주문이 되어서는 안 된다. 그 말이 아무리 선한 의도에서 나온 것일지라도, 본인에 대한 존중이 빠져 있다면 그것은 사랑이 될 수 없다. 학부모의 경우도 예외가 아니다. 자녀는 나로부터 왔지만 '내 것'은 아니니까. "결국 선택은 너의 몫이지만, 무엇이 널 위해 좋은 것인지 얘기해 보자"라는 태도가 중요하지 않을까.

권리의
주인은 누구인가?

"우리 부모 세대는 탯줄을 끊지 못했지."

"뭐라고?"

주혁은 침묵했다. 긴 말을 준비하는 모양이다. 한참 후 주혁은 침묵한 적도 없다는 듯이 말을 시작했다.

"자식을 자궁 밖으로 내보낸 후에도, 자식이 학교를 가고 취직을 해도 탯줄이 주렁주렁 이어져 있어. 끊임없이 영양분을 공급해서 자식이 살아 있도록 하는 것이 부모의 일이라고 믿지. 물론 엄청난 자기희생이지만 또한 엄청난 책임 회피야. 자식에게 영양분을 직접 모으는 방법을 가르치지 않거든. 그건 학교가 해 줄 거라고 믿지. 그런데 학교에서 가르치는 것은 상급 학교에 가는 방법뿐이야. 결국 졸업장은 따지만 그때도 탯줄은 이어져 있어. 아는 것이라곤 상급 학교로 가는 방법뿐이고. 더 이상 갈 학교도 없으니 방법은 두 가지지. 탯줄을 부여잡고 빈둥거리거나 세상을 온통 학교로 만들거나."

— 이영도 단편소설, 〈봄이 왔다〉 중에서

자녀는 부모로부터 왔지만, 부모의 것은 아니다. 권리의 주인은 개인이지, 그가 속한 가족이나 가족을 대표하는 가장이 아니다. 공부할 권리의 주인은 학생이지 학부모가 아니다. 그럼에도 학교에서는 학부모들이 원한다는 이유로 자율학습을 강제하고, 학생의 인권을 제한한다. 보충수업도 학부모가 원하면 빠질 수 없고, 부모가 원하면 자율학습이 아니라 학원을 선택해야 한다. 그렇다면 공부할 권리, 학습권은 학생의 권리가 아니라 의무가 아닌가. 학교는 학부모의 자녀 지도권을 넘겨받은 기관, 학부모의 권리를 위해 존재하는 곳이 아니라, 학생의 학습권을 위해 세워진 곳이다.

아무리 자녀를 사랑하는 부모라고 할지라도 공부를 대신해 주거나, 학교를 대신 다녀 줄 수는 없는 노릇이다. 학교에서 결국 당하는 것은 학생 자신이다. 학교의 모든 결정은 학생에게 영향을 미치고, 그 결과 학부모의 삶도 흔들리고 변한다. 부모와 자녀는 다른 인격체이기에 서로 의견이 같을 수도 있고 다를 수도 있다는 건 당연하다. 부모가 옷을 사다 주면 자녀는 환호성을 지를 수도 있고 옷장에 처박아 둘 수도 있다. 이 당연한 이치를 학교생활에서도 인정해야 하지 않을까.

  몇 해 전까지만 해도 민법에는 "미성년자인 자(子)는 부모의 친권에 복종해야 한다"는 조항이 포함돼 있었다. 자녀를 기른다는 이유만으로 자녀의 인격과 운명까지 지배할 권리는 없다는 생각이 조금씩 자라난 결과, 그 조항은 사라졌다. 그러나 여전히 자녀를 부모의 소유물 또는 딸린 존재 정도로 생각하는 인식이나 제도가 곳곳에 남아 있다. 여전히 민법에서는 부모(보호자)가 갖는 친권(親權) 가운데 일부로 자녀가 살 곳을 지정할 권리와, 법원의 허가를 얻어 감화 또는 교정 기관에 자녀를 위탁할 수 있는 징계권을 인정하고 있다. 교육 정책을 결정하는 자리에 학부모 대표나 단체는 초대받아도 학생들은 초대받지 못한다. 아기가 태어나면 즉시 탯줄을 자르지만, '사회적 탯줄'은 잘리지 않은 채로 남아 있는 셈이다. 이 탯줄을 자르고 부모와 청소년이 서로 다른 사람이라는 걸 인정할 때, 청소년의 권리의 주인은 바로 청소년 자신이라는 걸 확실하게 할 때, 친권의 울타리를 넘어설 수 있을 것이다.

희생은 희생을 부른다

집을 나오고 나니 하나에서 열까지 다 힘들다. 그중에 가장 힘든 것은 텅텅 빈 지갑! 계획된 '출가'가 아니라서 모아 둔 돈도 없고, 당장 돈을 벌 수 있는 특별한 기술이나 인맥도 없고, 알바를 하려고 해도 노동부의 허가증이 필요한 나이여서 일자리를 구할 수도 없다. 지금 얹혀사는 곳은 신림이고 학교는 구로여서 학교에 가려면 버스와 지하철을 타야 해서 차비도 많이 든다. 밥 사 먹느라 또 돈 들고……. 수입은 없는데 지출을 계속해야 하니 빚이 생겼다. 거기다 앞으로 급식비에, 학교운영지원비에, 고등학교 가려면 입학금에 교복 값, 준비물 비용도 만만치 않고, 소풍·수련회비도 내야 하는데……. 아프면 병원비도 내야 하고 계속 얹혀살기 그러니까 월세도 내야 하는데……. 아무리 아껴 살아도 돈 나갈 구멍이 너무 많다. 내가 공부하고 싶어도 돈이 없어서 못 할 수도 있다고 생각하니 우울했다. (중략)

두 번째로 날 힘들게 하는 건 보호! 알바를 할 때나 휴대전화를 살 때도 보호자 동의가 없으면 어쩔 수가 없다. 보호자 동의 없이 할 수 있는 일은 손에 꼽을 정도로 드물다. 그나마 엄마와 예전에 한 약속 중 하나가 '고등학교 입학에 한해서 보호자 동의를 해 준다'라는 것이어서 고등학교는 돈만 되면 갈 수는 있을 것 같다. 이런 생각이 들었다. 내 삶이고 내가 할 일들인데 나보다 왜 보호자가 중요한 걸까? 내가 가고 싶은 길과 부모님이 갔으면 하는 길이 다른 건 당연한 거잖아. 서로 다른 인격체니까. 자식은 부모의 소유물도 축소판도 아닌 하나의 인격체잖아. 그런데도 청소년에게는 선택할 권리도, 스스로 자기 인생을 만들어 나갈 권리도 없다. (후략)

─ 「돌아갈 수 있을까, 돌아가야 할까-가출 소년 따이루, 자유를 찾아 집을 나오다」, 〈인권오름〉, 2008년 1월 9일.

가출한 중학생이 〈인권오름〉이란 매체에 기고한 글이다. 부모가 요구하는 삶과 다른 삶을 살기로 한 학생이 겪는 고단함이 잘 드러나 있다. 집을 나와 다른 곳에서 살고 싶어 하든, 같이 살아도 정신적으로 독립하고 싶어 하든, 부모로부터 독립을 꿈꾸는 학생들에게 어김없이 돌아오는 이야기가 바로 "부모가 너희를 먹여 살린다"는 말이다. 부모가 없는 경우는 예외겠지만, 틀리지 않은 얘기다. 사정이 이렇다 보니, 먹여 살리는 부모가 더 많은 권한을 갖는 것이 당연하게 보이기도 한다. 자신의 권리를 내세우면서 부모의 뜻을 거스르는 학생은 "부모는 등골 빠지게 고생하는데 바라는 것만 많다"는 비난을 듣는다.

사실, 부모의 입장에서 보면 고생해서 키운 자식이 자기 뜻과는 다른 결정을 내릴 때 걱정되고 서운한 마음도 들 수 있다. 부모의 뜻과 다른 결정을 내릴 때면 사람들은 왠지 모를 죄책감을 느낀다. 그런데 부모와 자녀 관계를 이렇게 한쪽의 일방적 희생으로만 해석할 수 있을까? 부모는 자식을 낳느라고 고생했지만, 자식도 태어나느라 고생한 것 아닐까. 부모도 기르느라 고생했지만, 자식도 자라느라 고생한 것 아닐까.

학생이 부모의 반대를 무릅쓰고 제 뜻대로 밀고 나가려면 많은 희생을 감수해야 한다. 급기야 집을 나오거나 집에서 쫓겨나면, 당장 하늘을 가려 줄 방 한 칸 구하기도 힘들다. 가출 소년 따이루는 얹혀살 집이라도 구했으니 그나마 사정이 나은 편이다. 그래도 당장 내일부터가 걱정이다. 어떻게 버틴다 해도 교육비, 병원비 등 앞으로 해결해야 할 일이 태산이다. 이처럼 가정의 울타리를 벗어나면 고생길이 훤하기 때문에, 청소년들은 대개 자기 뜻을 꺾고 부모의 뜻을 따르는 길을 택한다.

학부모가 자기희생을 내세워 자녀의 뜻을 꺾는 일이 반복되지 않으려면, 학생이 부모의 희생을 이유로 자기를 희생시키는 일이 반복되지 않으려면, 학생이 부모에게 의존하지 않고 자립할 수 있는 조건이 갖추어져야 한다. 사실, 부모에게 의존하는 삶이 개인의 잘못은 아니지 않은가? 부모에게 얹혀사는 주제에 권리나 주장한다고 비난하기보다는, 부모는 자식 때문에 자기를 희생하고 자식은 부모 때문에 자신의 꿈을 포기할 수밖

에 없는 구조를 바꿔야 하지 않을까? 유럽의 몇몇 나라에서는 청소년이 혼자 살거나 커플로 동거할 경우, 집 월세의 50~60%를 정부에서 보조해 준다. 반면에, 한국에서는 청소년의 자립을 지원해 주는 제도를 찾아보기 힘들다. 부모도 자식 하나 키우려면 온갖 고생을 해야 한다. 그러다 보니 더 간섭할 일이 많아지고, 노후를 보장받기 위해서라도 '말 잘 듣고 공부 잘하는 아이'로 키우고 싶은 욕심이 강해지는 건지도 모른다. 그렇다면 부모가 양육 부담에서 좀 더 자유로워질 때, 자녀에 대한 강요도 줄어들지 않을까? 학생 본인의 의견과 결정을 존중하는 사회라면 그 학생이 성장하는 데 필요한 자원을 부모에게만 책임지우지 않고 사회가 공적으로 책임져야 한다. 그래야만 부모와 청소년 양쪽이 모두 자신의 삶을 제대로 누릴 수 있는 사회가 만들어질 것이다.

학생인권을 주장하는 것은 학부모가 가진 것을 빼앗아 오자는 것도 아니고, 학부모를 학생의 삶에서 밀어내고 간섭하지 말라고 외치는 것도 아니다. 그것은 학부모의 위치를 제자리로 되돌려 놓아야 한다는 이야기이고, 학생과 학부모가 같이 살아가기 위해 어떤 관계를 맺어야 하는지에 대한 문제 제기이다. 부모는 자녀가 믿고 의지할 수 있는 든든한 언덕이자 조력자가 될 수 있다. 그러나 간혹 부모라는 이유로 주연의 자리를 대신 차지하고 자녀에게 불행을 강요하기도 한다. 학부모가 주인공으로 나설 무대는 자신의 삶이어야 한다. 학생인권은 이렇게 자녀의 삶에만 붙잡힌 채 자기 무대를 잃어버린 학부모도 자유를 되찾아야 한다는 이야기를 함께 건네고 있다.

6 학교는 어떻게 '찌질이'를 만드나?

학교 안 차별 들여다보기

학교에선 어떤 학생이 잘나가나? 교사들은 어떤 학생을 예뻐하고, 학생들 사이에선 누가 인기가 있나? 학교가 좋아하는 '완소' 학생의 조건을 찾아 빈칸에 써 보자.

	외모/ 신체 특성	성적	성격	집안	능력(장기)	기타
학교(교사)가 좋아하는 학생						
학생들 사이에서 인기 있는 학생						

아마도 쓱싹쓱싹 빈칸을 채워 넣었을 것이다. 목록에 자기 이야기를 적은 사람도 있고, 부러워하는 누군가의 이야기를 적은 사람도 있을 것이다. 학교가 사랑하는 학생과 학생들 사이에 인기 있는 학생은 같은가, 다른가? 학교에서 좋아하는 학생들은 쉽게 짐작할 수 있다. 공부 잘하는 학생, 외부 대회에 나가서 상을 받아 올 만큼 남다른 능력을 지닌 학생, 리더십이 있는 학생, 학교 규정을 잘 지키는 학생, 집안이 좋은 학생 등. 게다가, 요즘에는 학교가 선호하는 조건을 두루 갖춘 이른바 '엄친아'(엄마 친구 아들), '엄친딸'(엄마 친구 딸)이 차고 넘친다. 이렇게 학교가 예뻐하는 학생들이 학생들 사이에서도 인기가 높거나 영향력을 가지고 있는가?

반대로, 앞의 목록 어디에서도 자기 이야기는 찾을 수 없는 사람, 학교에 분명 함께 다니고 있지만 '유령' 취급을 받는 사람, 학교에서 제대로

기 한번 펴기 힘든 학생들이 있다. 이들이 사회적으로는 주로 소수자, 비주류, 마이너리티(minority)라고 불리는 사람들이다. 이 유령 같은 존재들이 두드러질 때가 있다. 교사에게 혼이 나거나 친구들에게 놀림을 받을 때가 바로 그런 때다. 무엇 하나 학교에서 예쁨을 받을 만한 구석이 없는 이 유령들은 같은 실수를 해도 더 많이 혼나고 모욕을 당하곤 한다. 학생들 사이에서도 '찌질이'나 '왕따' 취급을 받거나 무시나 빈정거림의 대상이 되기도 한다. 심지어 자기를 숨겨야 안전하다고 느끼는 이들도 있다. 이들은 그저 학교에 머물 수 있다는 것만으로도 감사히 여겨야 하는 처지에 놓이기도 하고, 도저히 학교를 견딜 수 없어 가방을 챙겨 나오기도 한다.

학생이라도 다 같은 학생이 아니다. 신라 시대에 성골, 진골, 6두품 같은 신분제도가 있었던 것처럼, 학교 안에서도 다양한 기준에 따라 학생들의 등급이 매겨진다. 공부를 잘하나 못하나, 장애가 있나 없나, 집이 잘사나 못사나, 어떤 능력을 갖고 있나 등에 따라 학생들 사이에서도 힘의 차이가 존재한다. 학교는 이 차이를 어떻게 대하나? 학교에서는 공식적으로는 친구들끼리 사이좋게 지내고 차별해서는 안 된다고 말한다. 그런데 사실은 학교가 학생들을 더 구분짓고 차별을 만들어 내고 있다.

나는 학생이 아닌가요?

저기 저 남성이 말하는군요. 여성은 탈것으로 모셔 드려야 하고, 도랑은 안아서 건너 드려야 하고, 어디에서나 최고 좋은 자리를 드려야 한다고. 아무도 내게는 그런 적 없어요. 나는 탈것으로 모셔진 적도, 진흙 구덩이를 지나도록 도움을 받은 적도, 무슨 좋은 자리를 받아 본 적도 없어요. 그렇다면 나는 여성이 아닌가요? 날 봐요! 내 팔을 보라고요! 나는 땅을 갈고, 곡식을 심고,

수확을 해 왔어요. 그리고 어떤 남성도 날 앞서지 못했어요. 그래서 나는 여성이 아닌가요? 나는 남성만큼 일할 수 있었고, 먹을 게 있을 땐 남성만큼 먹을 수 있었어요. 남성만큼이나 채찍질을 견뎌 내기도 했어요. 그래서 나는 여성이 아닌가요? 난 열세 명의 아이를 낳았고, 그 아이들 모두가 노예로 팔리는 걸 지켜봤어요. 내가 어미의 슬픔으로 울부짖을 때 그리스도 말고는 아무도 내 말을 들어주지 않았어요. 그래서 나는 여성이 아닌가요?

– 소저너 트루스, 〈나는 여성이 아닌가요?〉(1851년) 중에서

여성에게 선거권이 주어지지 않았던 시절인 1851년, 미국 오하이오 주에서는 여성권리대회가 열렸다. 남성들이 대회장 주변에 몰려들어 야유를 퍼부었다. 험악한 분위기 때문에 아무도 나서지 못하고 있을 때, 한 여성이 연단을 향해 걸어 나갔다. 흑인 여성 소저너 트루스였다. 그녀가 말하려고 앞으로 나서자 놀랍게도 이번엔 여성들이 그녀를 막아섰다. 여성의 인권을 함께 외치기 위해 모인 '여성'들이 그녀를 막아섰던 이유는 '흑인 여성이 여성을 대표할 수 없다'는 것이었다. 소저너 트루스는 수많은 백인 여성들 앞에서 "내가 부잣집 백인 여성들과는 다르게 생기고 다르게 살아왔다고 해서 여성이 아닌 거냐?"고 청중들을 향해 호소했다. 남성들이 "숙녀 먼저(Lady first.)"라고 말할 때 그 숙녀에 한 번도 포함된 적이 없었던 여성, 남성들의 보호를 받아야 하는 연약한 여성이 아니라 남성들만큼, 때로는 남성들보다도 더 힘겨운 일을 감당하며 살아온 여성, 자식이 노예로 팔려가는 모습을 지켜보면서 같은 어미로서 울부짖었지만 어미로서의 슬픔을 누구에게서도 공감받아 본 적이 없는 여성, 흑인 노예로 살아온 내 삶도 여성 인권을 이야기하는 자리라면 함께 이야기되어야 하지 않겠냐고 말이다.

여성의 대표 얼굴로 누구를 떠올리느냐에 따라 잊히는 여성들이 생겨나듯, 학생의 대표 얼굴로 누구를 떠올리느냐에 따라 잊히는 학생들도 생

겨나는 것 아닐까. 공익광고나 포스터에 등장하는 학생의 모습을 떠올려 보자. 대개 단정하게 교복을 차려입은 똘똘한 인상의 남학생이나 여학생이 등장한다. 그들에게는 장애가 없다. 그들은 행복해 보인다. 그들은 한국에서 나고 자란 부모를 갖고 있다. 그들은 '반장 타입'이다. 그들은 모두 인문계 학교에 다니고 있다. 그들은 도시에 산다. 이처럼 어떤 특성을 가진 일부 학생이 다른 모든 학생을 대표한다. 교육정책의 초점도 학생의 대표 주자들에게 맞추어져 있다. 그러다 보니 장애 학생, 전문계고 학생, 다문화가족 학생, 성적이 낮은 학생, 입시가 아니라 취업을 준비하는 학생, 농어촌에 사는 학생들은 교육정책의 주변부로 밀려나기 마련이다.

학생들을 다 같은 존재로만 생각하면, 학생인권의 내용도 반쪽이 될 수밖에 없다. 학생인권 하면 으레 사람들은 두발 규제나 체벌 문제를 떠올린다. 그러나 어떤 학생들에게는 이보다 더 절박한 문제가 있다. 휠체어를 이용하는 학생은 매일 등교하는 것부터가 전쟁이다. 학습 장애를 갖고 있는 학생은 '특수학교에나 가지 왜 일반학교에 와서 여러 사람을 고생시키나?'라는 따가운 시선을 견뎌 내야 한다. 그들의 이야기는 학생인권을 말하는 자리에서 잘 들리지 않는다. 한국인은 단군의 핏줄을 이어받은 단일민족임을 자랑하는 학교에서, 한국인 피가 아닌 피가 섞여 있는 학생들은 어깨가 움츠러든다. 그들의 이야기도 학생인권을 말하는 자리에서 잘 들리지 않는다. 유창한 영어 실력과 외국 어학연수 경험이 기본이 되어 가는 학교에서 수업이 끝나자마자 아르바이트를 하러 달려가 밤 11시, 12시까지 일을 해야 하는 학생들의 처지는 주목받지 못한다. 그들의 이야기 역시 학생인권을 말하는 자리에서 잘 들리지 않는다. 이들은 말한다. "나는 학생이 아닌가요?"

학생은 학생이지만, 다 똑같은 학생은 아니다. 그래서 학생에게도 존중받을 권리가 있다는 말은 더욱 풍부하게 해석되어야 한다. 학생이라는 신분 때문에 모욕당하거나 권리를 제한당해서도 안 되지만, 그 학생이라는 말이 누군가를 빼놓은 말은 아닌지도 동시에 살펴보아야 한다. 장애를 갖고 있다고 해서, 다문화가족의 구성원이라고 해서, 입시가 아닌 취업을 준비하는 사람이라고 해서 학생이 아니란 말인가?

모든 능력은 성적으로 통한다?

지난 1일 서울의 한 자율형 사립고에 원서를 내러 간 중학교 3학년의 김정식 군(15·가명)은 얼굴이 하얘져 집으로 돌아왔다. 어머니 박모 씨가 이유를 묻자 김 군은 "학교에서 '네 성적으로는 와 봐야 낙제할 테니 다른 학교를 알아봐라. 원서를 받아 줄 수 없다'고 했다"고 말했다. 김 군은 "태어나서 처음으로 모멸감을 느꼈다"며 눈물까지 보였다.
화가 난 박 씨는 교장을 찾아가 "자율형 사립고는 내신 50% 이내면 누구나 원서를 낼 수 있는 곳 아니냐"고 따졌다. 교장은 "김 군의 내신 성적으로는 우리 학교 아이들을 따라올 수 없다"는 입장을 고수했다. 김 군의 성적은 내신 상위 25%였다. 박 씨가 교장에게 "아이가 공부를 다소 소홀히 한 것은 사실이지만 3년 간 회장을 맡았고 봉사활동도 열심히 했다"고 하자, 교장은 "인성보다는 공부를 시켜서 명문대에 보내야 한다"고 말했다. 교장은 김 군의 외모와 복장을 언급하면서 "여학생에게 관심을 가지면 공부는 물 건너간다"며 원서를 내지 말도록 종용했다.

– 「"낙제 뻔하니 지원하지 마" 교육 포기한 자율고」, 〈경향신문〉, 2010년 12월 10일.

수능이 끝나고 입시 결과가 발표되면, 학교 교문 앞에는 명문대 합격생 명단이 적힌 커다란 현수막이 나붙곤 한다. 소위 명문대에 합격한 학생이 학교의 명예를 빛낸 얼굴로 칭송받는 동안, 내세울 만한 대학에 들어가지 못했거나 아예 대학을 포기한 학생들은 조용히 졸업할 날만 기다리며 회색빛 시간을 보내야 한다. 2006년 국가청소년위원회가 남녀 중고생 2,910명을 대상으로 학교생활에서 겪는 어려움이나 인권 침해 사례를 물었더니 30% 가까이가 '성적 차별'을 첫째로 꼽았다. 성적 우수자에게만 개방되는 면학실이나 기숙사를 운영하면서 특별 우대인지 특별 관리인지를 하는 학교도 부지기수이고, 성적 우수자에게만 보충수업이나 영어교육 기회를 제공해서 노골적으로 우대하는 학교도 점차 늘고 있다.

학교는 "서러우면 열심히 공부해서 인정받으면 될 거 아니냐"며 학생들의 경쟁 심리를 부추긴다. 성적은 그 학생의 능력이고 능력은 노력의 결실이라고 말한다. 특별 대우는 그들이 노력으로 얻어 낸 대가인 만큼 공정한 보상책이라고 말한다. 그러다 보니 공부 잘하는 몇몇 잘나가는 학생을 제외한 나머지 학생들은 '잉여' 취급을 받아야 한다. "네 성적에 잠이 오냐?" 이런 말이 지배하는 공간에서 다수의 '잉여'들은 자기를 긍정하기 힘들다. '다 내가 못나서 그런 건데 누굴 탓하겠어?' 학교 공부도 지겹고 아무리 노력해도 경쟁의 사다리를 밟고 올라갈 수 없을 것 같은 학생들은 친구 만나는 재미, 급식 먹는 재미로 꾸역꾸역 학교생활을 견디거나, 그것도 안 되면 아예 학교 밖으로 짐을 챙겨 나오기도 한다.

학생회 역시 대개 공부 잘하는 학생들이 리더십을 익히거나 리더십이라는 또 다른 스펙을 쌓는 무대로 여겨진다. 학생회장 선거에서 성적 제한 규정을 두는 것도 당연한 일처럼 받아들여진다. 같은 말도 누가 하느냐에 따라 무게감이 달라지기도 한다. 성적이 좋지 않은 학생이 인권 이야기를 꺼내면 "학생의 본분부터 다하고 권리를 따져라!"는 소리가 돌아온다. 인권을 찾을 자격도 성적이 되는 학생들에게만 주어지는 것이다. 그런데 과연 성적은 노력의 결과일까? 능력은 노력하는 자에게 주어지는 달콤한 보상일까?

이 질문에 대한 답을 찾으려면 먼저 '학업 능력은 과연 공정하게 길러지는가?'를 짚어 보아야 한다. 모두 답을 알고 있다. 개천에서 용 나던 시절은 갔다. 부모가 얼마나 경제적으로 뒷받침해 줄 수 있느냐, 그리고 부모가 얼마나 공부했고 다양한 학습 지원을 해 주느냐에 따라 학생들의 성적도 달라진다. 아주 몇몇의 예외를 빼고는 말이다. 서울대 입학생, 각종 고시를 통과하는 사람들의 다수가 든든한 집안 배경을 갖고 있다. 집에 돈이 있어야 입학사정관의 눈에 들 수 있는 조건을 갖출 수 있다. 학습지와 학습 정보가 넘쳐 나는 시대지만, 시각장애를 가진 학생이 점자나 음성 지원이 되는 책을 구하기는 너무나 어렵다. 누구는 어학연수를 다녀오는 방학 때, 누구는 교통비나 학원비라도 벌려고 아르바이트 자리를 전전해야 한다. 누구는 수학 문제를 풀 때, 누구는 아버지의 폭력을 피해 밤길을 헤매 다니며 눈물을 쏟는다. 누구는 고급 승용차를 타고 질주하고 누구는 맨발로 뛰어야 한다. 그렇다면 맨발로 뛴 사람은 뛰지 않은 것인가? 뛰었는데도 승용차의 속도를 따라잡을 수 없어 뛰지 않은 것처럼 보인 것은 아닌가.

두 번째로, '공부 잘하는 것만이 높이 평가받는 것은 공정한가?'를 살펴보아야 한다. 우리 사회에서 어떤 능력은 각광받고 어떤 능력은 제 가치를 인정받지 못한다. 아무리 자동차 정비를 잘해도, 아무리 대형 버스 운전을 잘해도 그 사람이 가진 능력은 사회에서 별로 내세울 게 못 된다. 스웨덴에서는 국회의원의 월급과 버스 기사의 월급이 큰 차이가 나지 않는다고 한다. 서민의 발이 되어 주는 버스, 사람의 생명을 실어 나르는 버스를 운전하는 일의 가치를 높이 평가하기 때문이다. 그런데 입시 성적만 높이 평가되는 한국에서는 누군가의 또 다른 능력과 노력은 주목받지 못한다. 어떤 학생은 만화를 잘 그리기 위해 노력하고 실력도 좋은 편이지만, 학교에서 만화는 공부를 방해하는 것 정도의 취급을 받는다. 어떤 학생은 인터넷 검색 능력이 뛰어나지만, 그 능력은 학교 공부를 위해서 발휘되고 성적으로 증명되어야 인정받을 수 있다. 어떤 학생은 리더십이 뛰어나지만, 그 능력은 성적과 '더불어' 증명되어야 한다. 공부도 잘하고 리더십도 있어야 지도자의 위치에 오를 수 있다. 학교에서 공식적으로 인정받지 못하는 능력은, 있어도 쓸쓸하다.

마지막으로, '돈이 안 되는 능력은 능력이 아닌가?'를 짚어 보아야 한다. 세상에서는 거래되는 능력이 있고, 거래가 되진 않지만 자기나 타인의 삶에 기쁨이나 도움을 주는 능력도 있다. 어떤 학생은 친구에게 무슨 일이 일어났는지 금세 알아채고 먼저 물어봐 준다. 힘든 일이 있을 때 먼저 말을 건네 주는 친구가 있으면 세상이 외롭지만은 않다. 어떤 학생은 돈이 별로 없어도 하루 종일 신나게 놀 수 있는 다양한 방법을 알고 있다. 그런 친구가 있으면 하루가 그리 심심하지 않다. 어떤 학생은 자기의 어려운 처지를 감추지 않고 말하는 솔직함과 용기를 갖고 있다. 그런 친구가 있으면 사람과 세상에 대한 이해가 깊어지고 힘도 얻는다. 어떤 학생은 유머 감각이 뛰어나다. 그런 친구가 있으면 활력소가 된다. 이 고마운 능력들이 학교에서는 별로 대접받지 못한다.

학교에서 인정하는 능력은 공정한 경주와 노력의 결실로 이야기되지만, 사실은 그렇지 않은 경우가 대부분이다. 승패가 이미 예정돼 있는 경주를 공정하다고 말하고, 뒤처지거나 패배한 이들이 자기 탓을 하도록 만드는 것이야말로 폭력이고 숨겨진 차별이 아닐까? 학교에서 인정하지 않는 능력, 돈이 되지 않는 능력을 가진 이들을 무능력하다고 얘기해도 될까?

◀ 커밍아웃은
"Coming out of the closet(벽장에서 나오기)"란 말에서 유래한 것으로 성소수자가 자기 정체성을 긍정하고 외부에 밝히는 과정을 말한다. 반대로 아웃팅(Outing)은 본인의 의사를 묻지 않거나 본인의 의사에 어긋나게 성소수자라는 정체성이 외부에 알려지는 일을 말한다.

학교는 차별을 어떻게 만들어 내나?

"커밍아웃◀을 하기 전에 많은 고민을 했어. 역시나 가장 두려운 건 무시와 따돌림 같은, 사람들의 냉담한 반응이었지. 하루하루가 힘겨웠어. 나는 정신병에 걸린 것도 아닌데, 떳떳하지 못할 이유가 없는데도 자꾸만 숨기려 하는 내 모습에 화도 났어. 나 자신을 부정하는 것 같아서 말이야. 커밍아웃을 하고 난 후 학교에서는 친구들이 나를 보고 '게이 새끼'라며 혐오감을 드러내고 따돌리더니 결국 나를 화장실로 데려가 옷을 찢고 때리기까지 했지. 선생님들은 집에 전화를 걸어 부모님께 '아웃팅'을 하고, 부모님은 내가 동성애자라서 삶이 힘들어질 것이라고 하셨어. 혼란스러운 시기의 어린 나이라 충동적인 감정이 나타나는 것뿐이라고, 차차 나아질 거라고 내 손을 잡고는 정신과 병원으로 향하셨지.

학교에서 보는 교과서에서조차도 우리는 '위험 인물'이야. 보건 교과서와 체육 교과서에서는 에이즈 감염의 원인을 동성애로 규정하고, 다른 교과서들에서도 이성애만이 정상적이고 당연한 것으로 여겨지고 있어. 동성애에 대해 또 다른 편견과 왜곡을 그들이 만드는 거지. 교사조차도 수업 중 호모포비아적 발언을 일삼고 있고, 이성애만이 정상적이라 가르치고 있지.

이러한 학교, 이런 내용의 교과서, 이런 생각을 하는 교사들에게 배우면 배울수록, 나는 점점 나 자신을 부정하게 되고, 다른 학생들에게는 결국 동성애자는 혐오해야 할 대상이라는 편견을 자리 잡게 하고 있어. 이러한 교육은 우리에게 그저 고통일 뿐이야."

– 「청소년 성소수자를 만나다」, 〈인터넷 뉴스 바이러스〉, 2010년 1월 6일.

"다름과 틀림은 다르다. 다르다고 틀린 것은 아니다. 차이를 인정하고 차별해서는 안 된다." 차별은 나쁘다고 하면서 흔히 하는 이야기이다. 사회가 함께 나누고 지향해야 할 가치를 배우는 곳이 학교라면, 학교는 당연히 차별을 예방하는 데 기여해야 한다. 그런데 학교에서 도리어 차별하는 법을 가르치기도 한다.

학교에서는 학년이 나누어져 있다. 급식은 선배부터 먹어야 하고, 후배는 선배를 깍듯이 대하고 선배의 '지도'를 따라야 한다. 때로 학교는 고학년으로 이루어진 선도부에게 같은 학년과 저학년의 품행을 단속하고 벌점을 매길 권력을 넘겨주기도 한다. 거창한 신입생 신고식과 선후배 간의 분명한 위아래는 동아리의 전통을 이어 나가는 힘으로 여겨지고 묵인된다. 이처럼 학년을 철저히 나누고 고학년이 우월의식을 갖도록 만드는 문화는 학생 간 폭력을 길러 내는 거름이기도 하다.

같은 학생인권 문제도 학생들 각자의 처지에 따라 다른 방식으로 일어나기도 한다. 대개 두발 규제라고 하면 짧은 머리나 강제 이발 장면을 떠올린다. 그런데 남학생은 머리가 규정 이상으로 '길다'는 게 문제가 되는 반면, 여학생은 여자답지 못하게 머리가 너무 '짧다'는 게 문제가 될 때도 있다. 교복 바지의 품을 줄인 남학생은 '규정 위반'이 문제가 되지만, 치마 길이를 줄인 여학생은 규정 위반과 함께 '조신하지 못한 행동'이 문제가 된다. 교사의 언어 폭력도 대상에 따라 달라진다. "반 평균이나 깎아먹는 녀석"이라는 표현이 여학생에게로 가면 "너는 얼굴도 그 모양인데 공부도 못하면 누가 데려가겠냐!"로 바뀐다.

아예 특정 집단을 암묵적으로, 때로는 노골적으로 차별하는 일도 일어난다. 교과서에서는 '아버지-어머니-자녀'로 이루어진 가족만이 '정상적'인 가족인 양 그려진다. 집안 형편으로 급식비를 내지 못하는 학생을 '공짜로 밥을 축내고 급식비나 떼어먹으려는 파렴치한'인 양 취급하는 교사들이 있다. 학생과 마찰이 생겼을 때 "부모가 이혼한 가정에서 커서 아이에게 문제가 있다"는 식의 진단을 내뱉는 교사들이 있다. 종교적인 신념이나 건강상의 이유로 고기를 먹지 않는 학생은 고려조차 되지 않아 똑같은 급식비를 내고도 반찬 두 가지 정도는 기본으로 포기해야 한다. "십대가 되면 자연스레 이성에 눈뜨게 된다"고 교과서가 말할 때, 자연스레 동성에게 호감을 느낀 이들은 자신을 '비정상'으로 생각하게 된다. 주위 사람들에게 알려질까, 놀림이나 모욕을 당하지 않을까 전전긍긍 하루하루를 살아야 하는 성소수자 학생들에게 학교는 늘 폭풍전야와 같은 공간이다.

학교는 학생의 배움을 위해 존재하는 공간이다. 학생이 배움의 기쁨을 누릴 수 있으려면 각자의 차이를 존중받아야 하고, 정서적으로 상처받는 일이 없어야 한다. 그런데도 학교가 적극 퍼뜨리는 편견이, 때로는 무신경이 차별을 만들고 확산시키고 누군가를 자기 비하나 고통 속으로 몰아넣는다면, 학교란 모든 학생을 위하는 척하는 지독한 위선의 공간인 것은 아닌가?

나는 '그들'이 아니다?

제일 먼저 그들은 공산주의자를 잡으러 왔지만
나는 공산주의자가 아니었으므로 아무 말도 하지 않았다.
그리고 그들은 노동조합원을 잡으러 왔지만
나는 노동조합원이 아니었으므로 아무 말도 하지 않았다.
그리고 그들은 유대인을 잡으러 왔지만
나는 유대인이 아니었으므로 아무 말도 하지 않았다.
마지막으로 그들은 나를 잡으러 왔지만
나를 위해 말해 줄 사람은 아무도 없었다.

— 마르틴 니묄러, 〈그들이 왔다〉

한때 히틀러와 나치 당의 지지자였던 마르틴 니묄러 목사는 교회에 대한 나치의 탄압을 비판하면서 반나치 운동과 평화운동에 힘썼던 사람이다. "나를 위해 말해 줄 사람은 아무도 없었다." 그의 이 고백은 나와는 상관없거나 아주 먼 일이라고 생각했던 문제가 사실은 내 목줄을 죄는 문제일 수 있음을 잘 보여 준다. 히틀러 시대의 독일이 아니라, 바로 지금 한국의 학교에 적용해 그의 말을 바꾸어 보면 어떤 결과가 나올까. 학교에 의해 '잡혀가는' 학생들, 문제아로 지목되는 학생들, 비정상 또는 '찌질이'로 손가락질을 받는 학생들은 과연 누구인가? 그 학생들 속에 나는 포함되어 있는가? 지금은 아니라도 결국 내 문제로 성큼 다가왔을 때, 나를 위해 이야기해 줄 사람이 아무도 남아 있지 않으면 어떻게 될까?

누군가가 차별받아야 할 이유를 만들어 낼 수 있는 곳이라면, 다른 누군가도 희생양이 될 수 있는 곳이다. 흔히 사람들은 '누가 찌질이인가'를 궁금해 하고 그 학생이 찌질이로 지목된 데는 다 납득할 만한 이유가 있을 것이라 생각한다. 누군가 따돌림을 당해야 할 이유, 누군가 그런 대접을 받아도 싼 이유를 찾아내기 시작한 칼날은 결국 부메랑이 되어 나의 목을 겨눌 수 있다. 반에서 따돌림에 적극 동조했던 무리였다가 한순간에 따돌림의 피해자가 되어 버린 학생들의 얘기가 낯설지 않듯이. 주위 전문계고와 비교하면서 으쓱대던 인문계 고등학생이 전교에서 1, 2등 하는 학생과 비교하면 영원한 '삼류인생'으로 주눅 들 수밖에 없듯이 말이다.

    2010년 7월 9일 청소년 인권운동 단체인 '아수나로' 회원들은 일제고사와 경쟁 교육에 반대하는 집회를 열고 이렇게 외쳤다. "시험이 없으면 낙오자도 없다(No test, no loser)." 원래 찌질해서 낙오자가 된 게 아니라, 패배자를 만들어 내는 시험 때문에 패배자가 생겨난다는 이야기다. 지금껏 우리 사회가 패자에게 탓을 돌려 왔다면, 놀랍게도 이 청소년들은 패자를 만들어 내는 시험이야말로 문제라고 지적하고 있는 것이다. 그와 마찬가지로, 정상과 비정상, 우월함과 열등함을 나누는 기준 자체에 대해서도 질문을 던져 보아야 하지 않을까? 물고기는 날지 못하지만, 하늘이 아니라 바다를 기준으로 보면 바다 저 깊은 바닥에서부터 해수 표면까지 날아오를 수 있는 것처럼 말이다. 그렇다면 기준을 정하는 힘은 누가 갖고 있는지, 그 기준은 왜 생겨났는지, 그 기준은 어떤 이들의 욕심을 채워 주고 있는지 따져 봐야 하지 않을까? 나와 상관없어 보이는 이들이 당하는 문제가 나와 어떻게 연결되어 있는지 따져 볼 때, 내 삶에 예정된 패배와 차별도 사라질 것이다.

인권, 교문을 넘다
ⓒ 배경내 외 2011

초판 1쇄 발행 2011년 6월 7일
초판 10쇄 발행 2020년 11월 2일

지은이 공현 박민진 배경내 오혜원 정주연 조영선
펴낸이 이상훈
편집인 김수영
본부장 정진항
인문사회팀 권순범 김경훈
마케팅 천용호 조재성 박신영 조은별 노유리
경영지원 정혜진 이송이

펴낸곳 한겨레출판(주) www.hanibook.co.kr
등록 2006년 1월 4일 제313-2006-00003호
주소 서울시 마포구 창전로 70(신수동) 화수목빌딩 5층
전화 02-6383-1602~3 **팩스** 02-6383-1610
대표메일 book@hanibook.co.kr

ISBN 978-89-8431-449-8 03370

• 값은 뒤표지에 있습니다.
• 파본은 구입하신 서점에서 바꾸어 드립니다.